总顾问　徐显明
总主编　张　伟

欧洲儿童权利法律手册

Handbook on European law relating to the rights of the child

译　　　著

张伟　刘林语　　欧盟基本权利机构　欧洲理事会

中国政法大学出版社

2021·北京

文库编委会

总顾问

徐显明

总主编

张　伟

学术顾问（以姓氏拼音为序）

班文战　　常　健　　陈佑武　　陈振功　　樊崇义　　龚刃韧　　韩大元

李步云　　李君如　　刘海年　　刘小楠　　柳华文　　陆志安　　齐延平

曲相霏　　单　纯　　舒国滢　　宋英辉　　孙世彦　　汪习根　　王灿发

夏吟兰　　杨宇冠　　张爱宁　　张晓玲　　张永和

国际特邀顾问

Bård A. Andreassen（挪威奥斯陆大学挪威人权中心教授）

Barry Craig（加拿大休伦大学学院校长）

Bert Berkley Lockwood（美国辛辛那提大学教授）

Brian Edwin Burdekin AO（瑞典罗尔·瓦伦堡人权与人道法
研究所客座教授）

Florence Benoît-Rohmer（法国斯特拉斯堡大学教授）

Gudmundur Alfredsson（中国政法大学人权研究院特聘教授）

执行编委

张　翀

"人权文库"总序

　　"人权"概念充满理想主义而又争议不断，"人权"实践的历史堪称跌宕起伏、波澜壮阔。但不可否认的是，当今世界，无论是欧美发达国家，还是发展中国家，人权已经成为最为重要的公共话语之一，对人权各个维度的研究成果也蔚为大观，认真对待人权成为了现代社会的普遍共识，尊重和保障人权成为了治国理政的重要原则。正如习近平总书记所强调的："中国人民实现中华民族伟大复兴中国梦的过程，本质上就是实现社会公平正义和不断推动人权事业发展的进程"。

　　——人权之梦，是实现民族伟大复兴中国梦的应有之义。改革开放四十年以来，中国政府采取了一系列切实有效的措施，促进人权事业的进步，走出了一条具有中国特色的人权发展道路。在沿着这条道路砥砺前进的过程中，中国人权实践取得了举世瞩目的成就，既让广大人民群众体会到了实实在在的获得感，也向国际社会奉献了天下大同人权发展的"中国方案"。

　　——人权之梦，是我们对人之为人的尊严和价值的觉悟和追求。过去几年来，中国政府加快推进依法治国的重大战略部署，将"人权得到切实尊重和保障"确立为全面建成小康社会的重要目标，建立和完善保障人权的社会主义法律体系。《民法总则》《慈善法》《反家庭暴力法》《刑事诉讼法》《民事诉讼法》等一系列法律陆续出台或得到修订，中国特色人权发展道路的顶层设计被不断丰富和完善。

　　——人权之梦，是人类历史发展的必然趋势和时代精神的集中体现。1948年《世界人权宣言》颁布以后，人权事业的普及、发展进入了新的历史阶段。1993年第二次世界人权大会通过的《维也纳宣言和行动纲领》，更是庄严宣称："所有人的一切人权和基本自由……的普遍性不容置疑。"我国于 1991 年发表了第一份人权白皮书《中国的人权状况》，其序言里指出："享有充分的人权，是长期以来人类追求的理想。"2004 年"国家尊重和保障人权"被写入《宪法》，2007 年，人权又被写入《中国共产党章程》。自 2009 年以来，中国先后制定并实施了三期国家人权行动计划，持续加大人权保障力度。

今年适逢我国改革开放四十周年和《世界人权宣言》颁布七十周年，中国政法大学人权研究院决定着手策划出版"人权文库"丛书。文库着眼国内外人权领域，全面汇集新近涌现的优秀著作，囊括专著、译著、文集、案例集等多个系列，力求凝聚东西方智慧，打造成为既具有时代特色，又具备国际视野的大型人权丛书，为构建我国人权话语体系提供高品质的理论资源。这套丛书的筹备和出版得到了中宣部的大力支持，并有赖其他七家国家人权教育基地和国内学界多位专家学者的积极参与，同时还要感谢中国政法大学出版社的倾力相助。

此刻正值一年中收获的季节，文库的第一本著作即将面世，"九万里风鹏正举"，我们期待并且相信"人权文库"将会硕果累累，"人权之梦"终将照入现实。

是为序。

文库编委会　谨识

2018 年 9 月

前　言

　　这本关于欧洲儿童权利的法律手册是由欧盟基本权利机构、欧洲理事会与欧洲人权法院登记处共同编写的。它是（上述机构）共同编写的欧洲法律手册系列中的第四本。前几本欧洲法律手册的内容分别涉及欧洲反歧视法，庇护、边界和移民法以及数据保护的法律。

　　这一新的联合编写项目是在庆祝《儿童权利公约》（目前所有欧洲国家均已批准）生效25周年之际开展的，该手册旨在阐明在确保儿童享有普遍人权方面发挥重要作用的欧洲法律标准。

　　儿童也是权利主体。因此，本手册旨在提高人们对保护和促进儿童权利的欧洲法律标准的了解和认识。其中，《欧洲联盟条约》规定了欧盟成员国促进保护儿童权利的义务。《欧盟基本权利宪章》、欧盟相关条例和指令以及欧盟法院的判例为保护儿童权利做出了突出贡献。欧洲理事会出台了大量保护儿童具体权利的公约，从儿童在网络空间的权利和安全到儿童的收养均有涉及。这些公约（包括欧洲人权法院的判例和欧洲社会权利委员会的决定）有助于补充《欧洲人权公约》和《欧洲社会宪章》给予儿童的保护。

　　本手册是为非法律专业人士、法官、检察官、儿童保护当局以及负责确保对儿童权利进行法律保护的其他从业者和相关组织编写的。

　　我们要感谢托·列法德（Ton Liefaard）教授、西蒙纳·弗洛雷斯库（Simona Florescu）法学硕士、玛格丽特（Margaret Fine）法学博士、卡尔·汉森（Karl Hanson）教授、厄休拉·基尔凯利（Ursula Kilkelly）教授、罗伯塔·鲁吉耶罗（Roberta Ruggiero）博士、海伦·史塔福（Helen Stalford）教授和沃特·范登霍尔（Wouter Vandenhole）教授对起草本手册所做的贡献。我们还要感谢所有在筹备过程中提供意见和支持的人们。

斯内季亚纳·萨马季奇-马尔科维奇
（Snežana Samardžić-Marković）
欧洲理事会民主总干事

康斯坦丁诺斯·马诺洛普洛斯
（Constantinos Manolopoulos）
欧盟基本权利机构主任

缩略语

CJEU	欧盟法院（2009 年 12 月之前被称为"欧洲法院"，ECJ）
CoE	欧洲理事会
CPT	欧洲防止酷刑和不人道或有辱人格的待遇或处罚委员会
CRC	《儿童权利公约》
CRD	消费者权利指令
CRPD	《联合国残疾人权利公约》
ECHR	《保护人权与基本自由公约》（俗称《欧洲人权公约》）
ECOSOC	联合国经济及社会理事会
ECtHR	欧洲人权法院
ECPT	《欧洲防止酷刑和不人道或有辱人格的待遇或处罚公约》
ECSR	欧洲社会权利委员会
EEA	欧洲经济区
EEC	欧洲经济共同体
ESC	《欧洲社会宪章》
EU	欧盟
FCNM	欧洲理事会《保护少数者框架公约》
FRA	欧盟基本权利机构
GC	大审判庭（欧洲人权法院）
GPSD	《一般产品安全指令》

GRETA	打击人口贩卖问题专家组
ICCPR	《联合国公民权利和政治权利国际公约》
ICERD	《消除一切形式种族歧视国际公约》
ICESCR	《经济、社会和文化权利国际公约》
ILO	国际劳工组织
PACE	欧洲理事会议会
TCN	第三国公民
TEU	《欧洲联盟条约》
TFEU	《欧洲联盟运作条约》
TSD	《玩具安全指令》
UCPD	《关于内部市场中商家对消费者不公平商业行为的指令》
UN	联合国
UNHCR	联合国难民事务高级专员

如何使用本手册

　　本手册概述了欧盟和欧洲理事会成员国内的儿童基本权利，内容丰富。它承认儿童不仅是所有人权/基本权利的受益者，而且由于其特殊性应当受到特殊监管。儿童权利本身是一个跨部门的法律领域，而本手册所关注的则是该领域中那些对儿童权利特别重要的法律。

　　本手册旨在帮助那些不是专门从事儿童权利的法律从业人员。它广泛适用于律师、法官、检察官、社会工作者和其他与国家当局合作的人员，以及可能面临相关法律问题的非政府组织和机构。本手册以欧盟与欧洲理事会这两个独立法律制度下的法律法规作为参照，对每个章节所涉及的欧盟法律以及《欧洲人权公约》《欧洲社会宪章》和欧洲理事会其他文件规定的内容进行一一介绍。首先，每章均在开头列举一张表格，表格内容系欧盟和欧洲理事会这两个独立的法律制度下分别适用的相关法律。其次，每章就主题涉及的法律规定从欧盟与欧洲理事会两个法律制度依次进行具体介绍，使得读者可以明确了解这两个法律制度的交叉之处以及它们的不同之处。特殊情况下，本手册还会列举《儿童权利公约》和其他国际文件的规定。

　　欧洲理事会成员国（也是《欧洲人权公约》缔约国）中的非欧盟成员国的相关从业人员可以直接在涉及欧洲理事会的章节查阅与本国相关的信息。而欧盟成员国的从业人员将需要同时使用欧洲理事会和欧盟两个部分的内容，因为这些国家受到欧盟和欧洲理事会法律规定的共同约束。对于需要更多信息的读者，可以在手册的"拓展阅读"部分找到更专业的资料参考列表。

　　《欧洲人权公约》的规定是通过简要提及与该手册主题有关的一些

欧洲人权法院案件来阐述的。这些案件都是从欧洲人权法院现有的关于儿童权利问题的判决和决定中挑选出来的。

根据欧盟法院（2009 年 12 月之前被称为"欧洲法院"）判例法的解释，欧盟的法律主要来自于已通过的立法以及条约的相关规定（尤其是《欧洲联盟基本权利宪章》）来确定。

本手册中所述或引用的判例法是研究欧洲人权法院和欧盟法院这两个机构判例法的重要依据。因篇幅及概括性介绍目的，本手册主要涵盖了 2015 年 1 月 1 日之前的欧洲儿童权利法律的发展情况，但是尽可能地介绍了后续的发展趋势。

本手册包括导言章节，在此章中简要说明了欧洲理事会法律和欧盟法律所确立的两个法律制度的功能。随后本手册内容分为 10 个章节，具体涉及下列问题：

◎公民权利和自由；

◎平等；

◎个人身份问题；

◎家庭生活；

◎替代性照料和收养；

◎保护儿童免遭暴力和剥削；

◎经济、社会和文化权利；

◎移民和庇护；

◎消费者和数据保护；

◎儿童在刑事司法和其他替代性程序中的权利。

每章阐述的内容分别是上述不同的主题，但是对其他主题和章节的交叉引用能更全面地让读者了解其适用的法律框架。在每章开头部分通常会首先介绍本章的关键内容。

目　录

1. 欧洲儿童权利法导论：背景和主要原则

欧　盟	相关主题	欧洲理事会
《迁徙自由指令》(Free Movement Directive)(2004/38/EC)，第 2 条第 2 款第(c)项	"儿童"作为法律上的人	《打击人口贩卖行动公约》(Convention on Action against Trafficking in Human Beings)，第 4 条第 4 款；《保护儿童免受性剥削和性虐待公约》(Convention on the Protection of Children against Sexual Exploitation and Sexual Abuse)《兰萨罗特公约》(Lanzarote Convention)，第 3 条第 1 款；欧洲人权法院，马克兹诉比利时(Marckx v. Belgium)，第 6833/74 号，1979 年(当法院作出判决时，申请人只有 6 岁)
《保护青年工作者指令》(Young Workers Directive)(94/33/ EC)，第 3 条	保护工作中的年轻人	《欧洲社会宪章》(修订版)，第 7 条(对儿童和青年的保护)
《基本权利宪章》(Charter of Fundamental Rights)，第 14 条第 2 款(受教育权)	享受免费义务教育的权利	
《基本权利宪章》，第 21 条(不歧视)	禁止基于年龄的歧视	

欧　盟	相关主题	欧洲理事会
《基本权利宪章》,第32条(禁止童工和保护工作中的青少年); 《关于打击对儿童的性虐待和性剥削及儿童色情制品的指令》(Directive on combating the sexual abuse and sexual exploitation of children and child pornography)(2011/93/EU); 《打击人口贩卖指令》(Anti-Trafficking Directive)(2011/36/EU)	禁止剥削童工	《欧洲社会宪章》(修订版),第7条(对儿童和青年的保护)
《基本权利宪章》,第24条(儿童权利); 《欧洲联盟条约》(Treaty on European Union),第3条第3款	对儿童权利的一般保护	
《基本权利宪章》,第7条(尊重私人和家庭生活)	尊重私人和家庭生活的权利	《欧洲人权公约》,第8条(尊重私人和家庭生活的权利); 《非婚生子女法律地位公约》(Convention on the Legal Status of Children born out of Wedlock); 《欧洲儿童收养公约》(修订)(Convention on the Adoption of Children [revised]); 《关于与儿童联系的公约》(Convention on Contact Concerning Children);

续表

欧　盟	相关主题	欧洲理事会
		《欧洲儿童权利行使公约》(Convention on the Exercise of Children's Rights)； 欧洲人权法院,马斯洛夫诉奥地利(Maslov v. Austria)[GC],第1638/0323号,2008年(申请人因小时候犯罪而受到驱逐)
欧盟法院,C-413/99,鲍姆巴斯特和R诉内政部国务秘书(Baumbast and R v. Secretary of State for the Home Department),2002年； 欧盟法院,C-200/02,朱坤钱-凯瑟琳和陈曼-拉维特诉内政部国务秘书(Kunqian Catherine Zhu and Man Lavette Chen v. Secretary of State for the Home Department),2004年； 欧盟法院,C-148/02,卡洛斯·加西亚·阿维略诉比利时(Carlos Garcia Avello v. Belgian State),2003年； 欧盟法院,C-310/08,伦敦哈罗区诉内政部国务秘书和利米克·哈桑·易卜拉欣(London Borough of Harrow v. Nimco Hassan Ibrahim and Secretary of State for the Home Department),2010年；	迁徙自由	

续表

欧　盟	相关主题	欧洲理事会
欧盟法院，C-480/08，玛丽亚·泰西拉诉伦敦兰贝斯区和内政部国务秘书（Maria Teixera v. London Borough of Lambeth and Secretary of State for the Home Department），2010年		

第一章主要介绍了儿童权利法在欧洲的发展历程，在实践中适用遵循的主要原则，以及欧洲法处理儿童权利的主要内容，从而为后续各章节的主题分析打下基础。

1.1. 核心概念

关键点

●欧洲儿童权利法是建立在国内和国际层面的现有法律规则之上的。

1.1.1. 欧洲儿童权利法的范围

在提到欧洲儿童权利法时，欧洲理事会和欧盟法律框架下的法律文件是其主要法律渊源（条约、公约、次级立法和判例法），也是研究重点所在。在某些情况下，还包括影响欧洲儿童权利法发展的其他法律渊源，例如重要的政策文件、准则或其他无法律约束力的法律文件/"软法"。

儿童是权利的主体，而不仅仅是受保护的对象。鉴于其具体特点，儿童是所有人权或基本权利的受益者，亦是特殊监管的对象。由于儿童的法律行为能力有限，许多欧洲判例法是由儿童的父母或儿童的其他法定代表人提起的诉讼。虽然本手册旨在说明法律如何保障儿童的具体利益和需求，但也强调了父母或监护人或其他法定代表人对保障儿童权利的重要性，并提及了儿童照顾者最主要的权利和责任。在此情况下，《儿童权利公约》[1] 的做法被采纳，即父母的责任必须以儿童的最大利益为首要关切，并以符合儿童不同阶段接受能力的方式履行。

1.1.2. "儿童"作为法律上的人

根据国际法，《儿童权利公约》第 1 条规定："儿童系指 18 岁以下的任何人。"这是目前通用的对"儿童"的法律定义，也同样适用于欧洲。

根据欧盟法律，不论在条约、从属法规或判例法中，都没有关于"儿童"的统一和正式的定义。不同情况下，欧盟法律对儿童的定义可能有很大差异。例如，关于欧盟公民及其家庭成员迁徙自由权利的法律中将"儿童"定义为"21 岁以下的直系后裔或亲属[2]"，该定义是基于生物和经济学上的概念，而不是基于未成年人本身。

有的欧盟法律根据儿童的年龄赋予其不同的权利。例如，《关于保护青年工作者的欧盟第 94/33 号指令》（简称为《保护青年工作者指令》[3]），规定了欧盟成员国儿童获得正规就业的渠道和条件，并且区分"年轻人"（统称所有年龄在 18 岁以下的人的概括性术语），"青少年"（任何年龄在 15 岁以上 18 岁以下的，不再接受全日制义务教育的人）和"儿童"（年龄在 15 岁以下的未成年人——他们基本上禁止被正式雇佣）。

欧盟法律中特别是社会保障、移民和教育等和儿童利益关系紧密的领域，其采用的儿童定义，与欧盟成员国国内法律对儿童的定义并不一

----

〔1〕 UN, General Assembly (1989), Convention on the Rights of the Child, 20 November 1989.

〔2〕 Directive 2004/38/EC of the European Parliament and of the Council of 29 April 2004 on the right of citizens of the Union and their family members to move and reside freely within the territory of the Member States amending Regulation (EEC) No. 1612/68 and repealing Directives 64/221/EEC, 68/360/EEC, 72/194/EEC, 73/148/EEC, 75/34/EEC, 75/35/EEC, 90/364/EEC, 90/365/EEC and 93/96/EEC, OJ L 158, 30 April 2004 and OJ L 158, 29 April 2004, Art. 2 (2) (c).

〔3〕 Directive 94/33/EC of 20 August 1994 on the protection of young people at work, OJ 1994 L 216, Art. 3.

致。在这些情况下，国内法通常会采用《儿童权利公约》中的儿童定义。

而且根据欧洲理事会的法律，大多数与儿童有关的文件都采用《儿童权利公约》对儿童的定义。例如欧洲理事会《打击人口贩卖行动公约》[1] 第 4 条第 4 款或欧洲理事会《保护儿童免受性剥削和性虐待公约》[2]（《兰萨罗特公约》）第 3 条第 1 款。

《欧洲人权公约》虽然没有载有儿童的定义，但其第 1 条规定了各国有义务确保其管辖范围内的"人人"享有公约权利。《欧洲人权公约》第 14 条规定人人享有公约规定的权利，"不得基于任何理由歧视"，包括基于年龄[3]。欧洲人权法院接受儿童自身或者儿童的法律代表提出的申请，不论儿童年龄大小[4]。在其判例中，它接受了《儿童权利公约》的定义[5]，认同儿童是指"18 岁以下的人"的概念。

该定义同样适用于《欧洲社会宪章》及欧洲社会权利委员会[6]。

1.2. 欧洲儿童权利法的背景

迄今为止，欧洲儿童权利法中的大多数规定是由欧盟和欧洲理事会制定的。除联合国外，其他国际机构（例如海牙国际私法会议）也通过了一些重要的文件，以继续推动欧洲法律的发展。虽然这些国际机构和组织彼此独立运作，但它们之间的联系越来越密切[7]。其中欧洲理事会与欧盟之间的跨机构合作尤为突出。

---

〔1〕 Council of Europe, Convention on Action against Trafficking in Human Beings, CETS No. 197, 15 May 2005.

〔2〕 Council of Europe, Convention on the Protection of Children against Sexual Exploitation and Sexual Abuse, CETS No. 201, 25 October 2007.

〔3〕 ECtHR, Schwizgebel v. Switzerland, No. 25762/07, 10 June 2010. See also FRA and ECtHR（2010）, p. 102.

〔4〕 See, for example, ECtHR, Marckx v. Belgium, No. 6833/74, 13 June 1979,（当法院作出判决时，作为申请人只有 6 岁）。

〔5〕 ECtHR, Güveç v. Turkey, No. 70337/01, 20 January 2009; ECtHR, Çoşelav v. Turkey, No. 1413/07, 9 October 2012.

〔6〕 ECSR, Defence for Children International（DCI）v. the Netherlands, No. 47/2008, 20 October 2009, para. 25.

〔7〕 例如，在第 5 章说明了欧盟家庭法律是如何规范跨境儿童诱拐的，根据 1980 年 10 月 25 日的《国际性非法诱拐儿童民事事项公约》（简称为《海牙儿童诱拐公约》）。

1.2.1. 欧盟：儿童权利法的发展以及保护范围

过去，儿童权利在欧盟法律中是以零散的形式发展起来的。历史上，欧洲儿童法的主要目的是解决宏观经济和政治举措中与儿童有关的具体问题，例如在消费者保护[1]和人员自由流动[2]领域。然而最近，儿童权利问题作为更加协调的欧盟议程的一部分，在三个关键的里程碑事件中得到了解决：

● 欧盟《基本权利宪章》的出台；

● 2009 年 12 月《里斯本条约》的生效；

● 《欧盟委员会关于在欧盟外部行动中为儿童设立特别场所》以及《欧盟理事会关于促进和保护儿童权利准则》的通过。

第一个里程碑事件是 2000 年[3]推出的欧盟《基本权利宪章》。随着《里斯本条约》于 2009 年 12 月 1 日生效，《基本权利宪章》获得了与欧盟条约相同的法律地位（《欧洲联盟条约》第 6 条）。它责成欧盟及其成员国在执行欧盟法律时保护其所载的权利。《基本权利宪章》第一次详细提到了在欧盟宪法层面规定的儿童权利，包括承认儿童接受免费义务教育的权利（第 14 条第 2 款），禁止基于年龄的歧视（第 21 条）和禁止剥削童工（第 32 条）。重要的是《基本权利宪章》载有一项关于儿童权利的专门条款（第 24 条）。该条款阐明了三项主要的儿童权利原则：根据其年龄和成熟程度自由表达意见的权利（第 24 条第 1 款）；在与之有关的所有行为中，将其最大利益作为首要考量的权利（第 24 条第 2 款）；以及定期与父母双方保持个人联系和直接见面的权利（第 24 条第 3 款）。

第二个关键的里程碑事件是《里斯本条约》，如上所述，它于 2009 年 12 月 1 日[4]生效。这项文件通过修改《欧洲联盟条约》和前欧洲共

---

〔1〕 For example, Directive 2009/48/EC of the European Parliament and of the Council of18 June 2009 on the safety of toys, OJ 2009 L 170, 其旨在强制执行儿童玩具的安全措施。

〔2〕 For example, Directive 2004/38/EC.

〔3〕 EU (2012), Charter of Fundamental Rights of the European Union, OJ 2012 C 326.

〔4〕 EU (2007), Treaty of Lisbon amending the Treaty on European Union and the Treaty establishing the European Community, signed at Lisbon, OJ 2007 C 306, pp. 1~271.

同体条约（现在的《欧洲联盟运作条约》[1]），对欧盟进行了重要的体制、程序和宪法修改。这些变化提高了欧盟保护儿童权利的能力，特别是通过将"保护儿童权利"确定为欧盟普遍声明的目标之一（《欧洲联盟条约》第3条第3款）以及作为欧盟对外关系政策的重要方面（《欧洲联盟条约》第3条第5款）。《欧洲联盟运作条约》中还包括了更具体的儿童问题，使欧盟能够颁布旨在打击性剥削和禁止人口贩卖的立法措施（第79条第2款第4项和第83条第1款）。

已经通过的《关于打击对儿童的性虐待、性剥削和儿童色情制品指令》[2]以及《关于防止和打击贩卖人口和保护其受害者指令》[3]，其中也载有考虑儿童受害者特殊需要的条款。最近制定的《关于支持和保护犯罪被害人权利的最低标准的指令》中，许多规定也适用于儿童[4]。

第三个重要的里程碑事件是在更具战略性的政策层面上确立的，最初是在欧盟对外合作议程的范围内，后来发展到了处理欧盟内部事务方面。具体地说，欧盟委员会（European Commission）通过了《欧盟促进和保护儿童权利的指导方针》[5]，欧盟委员会通过了在欧盟的对外行动中为儿童提供特殊场所的规定，[6]从而将儿童权利的保护纳入欧盟与非欧盟成员国之间的所有活动。同样，在2011年欧盟委员会通过了《欧盟儿童权利议程》，确定了欧盟各成员国制定其儿童权利法和政策

---

〔1〕 See consolidated versions of European Communities (2012), Treaty on European Union (TEU) and Treaty on the Functioning of the European Union (TFEU), OJ 2012 C 326.

〔2〕 Directive 2011/93/EU, OJ 2011 L 335, p. 1.

〔3〕 Directive 2011/36/EU, OJ 2011 L 101, p. 1.

〔4〕 Directive 2012/29/EU, OJ 2012 L 315, p. 57.

〔5〕 Council of the European Union (2007), EU Guidelines for the promotion and protection of the rights of the child, Brussels, 10 December 2007.

〔6〕 European Commission (2008), A special place for children in EU external action：Communication from the Commission to the Council, the European Parliament, the European Economic And Social Committee and the Committee of the Regions, COM (2008) 55 final, Brussels, 5 February 2008.

的主要优先事项[1]。该议程还包括保护儿童有关的立法程序，例如上述通过的关于儿童受害者权利的指令。

最近，欧盟委员会通过的一项全面战略进一步完善了前述内容，支持该战略的成员国通过一系列早期干预措施，来解决贫困和社会排斥问题（例如为学龄前和小学儿童提供支助）。[2] 虽然这一特别倡议与《议程》一样没有法律约束力，但它们都具有重要意义，因为它们勾勒出欧盟儿童权利法的规范性和方法论路径——这一蓝图与《儿童权利公约》紧密联系，同样属于儿童保护、参与和不歧视的原则范畴内。

欧盟只能在条约赋予其权限的情况下立法（《欧洲联盟运作条约》第2条至第4条）。由于儿童权利保护是跨部门的领域，对欧盟的立法权限的解释需要通过个案加以阐明。迄今为止，欧盟在儿童权利相关方面的立法领域有：

●数据和消费者保护；

●庇护和移徙；

●在民事和刑事事项方面的合作。

《欧洲联盟运作条约》第6条第1款和欧盟《基本权利宪章》第51条第2款规定，《基本权利宪章》没有扩大欧盟的管辖权，也没有修改或赋予欧盟新的授权或任务。只有当欧盟机构和成员国执行欧盟法律时，《基本权利宪章》条款才能够适用。尽管宪章条款对欧盟始终具有约束力，但只有当成员国在欧盟法律范围内采取行动时，才对其具有法律约束力。

以下各章对欧盟在相应章节所涉及领域中的管辖权进行了简要介绍。

1.2.2. 欧洲理事会：儿童权利法的发展以及保护范围

与欧盟相比，欧洲理事会自成立以来就被明确授权保护和促进人

---

〔1〕 European Commission（2011），An EU agenda for the rights of the child：Communication from the Commission to the European Parliament，the Council，the European Economic and Social Committee and the Committee of the Regions，COM（2011）0060 final，Brussels，15 February 2011.

〔2〕 European Commission（2013），Investing in children：breaking the cycle of disadvantage，Recommendation 2013/112/EU，Brussels.

权。其主要的人权条约是《保护人权和基本自由公约》或称《欧洲人权公约》(ECHR)，它是由所有欧洲理事会成员国批准的公约，其中载有对儿童权利的具体规定。主要内容如下：第 5 条第 1 款第 4 项规定以教育督导为目的对儿童进行的合法拘留；第 6 条第 1 款规定在保障未成年人利益的情况下，进行公平和公开听证的权利；第 1 号议定书第 2 条规定了受教育的权利，要求各国尊重父母对子女的宗教和哲学信念教育。除此之外，《欧洲人权公约》的所有其他一般规定都适用于包括儿童在内的所有人。其中有些是和儿童密切相关的，如保障尊重私人和家庭生活权利的第 8 条以及禁止酷刑、不人道和有辱人格的待遇和处罚的第 3 条。欧洲人权法院通过对《欧洲人权公约》规定的固有积极义务进行解释，制定了大量有关儿童权利的判例法，其中多次引用《儿童权利公约》的规定。因此，欧洲人权法院是根据具体情况对个案涉及的儿童权利进行分析，没有全面解释《欧洲人权公约》规定的儿童权利。

欧洲理事会的其他主要人权条约《欧洲社会宪章》[1] (1996 年修订[2]) 规定了对社会权利的保护，并对儿童权利作出了具体规定。该宪章载有两项对儿童权利保障至关重要的规定。首先，第 7 条确立了缔约国保护儿童不受经济剥削的义务。其次，第 17 条要求缔约国采取一切适当和必要的措施，确保儿童得到所需的照料、援助、教育和培训（包括免费初等和中等教育），以保护儿童和青年免受忽视、暴力或剥削，并为被剥夺家庭支助的儿童提供保护。《欧洲社会宪章》的执行由欧洲社会权利委员会监督，该委员会由独立专家组成，他们通过集体申诉程序或国家报告程序来促使成员国的法律和实践与《欧洲社会宪章》相一致。

此外，欧洲理事会还通过了一系列涉及儿童权利的具体问题的条约。其中包括：

---

〔1〕 Council of Europe, European Social Charter, CETS No. 35, 18 October 1961.

〔2〕 Council of Europe, European Social Charter (revised), CETS No. 163, 3 May 1996.

● 《非婚生儿童的法律地位公约》[1]；

● 2008 年修订的《儿童收养公约》[2]；

● 《关于与儿童联系的公约》[3]；

● 《欧洲儿童权利行使公约》[4]；

● 欧洲理事会《保护儿童免受性剥削和性虐待公约》（《兰萨罗特公约》）[5]。

最后，在政策上值得注意的是，2006 年欧洲理事会启动了"为了儿童，共建美好欧洲"计划，这是一个解决儿童权利问题的横向行动计划，并且制定了一系列领域内关于儿童权利的标准文件[6]。目前其优先关注四个关键领域[7]：

● 促进儿童友好的服务和机制；

● 消除对儿童的一切形式的暴力；

● 保障处境不利的儿童的权利；

● 促进儿童参与。

欧洲理事会启动该项儿童权利计划的主要目标是保证其所有成员国均执行儿童权利领域的国际标准，特别是促进《儿童权利公约》的执行，重点是四项基本原则：不歧视、保障儿童的生命和发展权利、将儿童的最大利益作为决策者的首要考虑，以及儿童被倾听的权利。[8]

---

〔1〕 Council of Europe, European Convention on the Legal Status of Children born out of Wedlock, CETS No. 85, 15 October 1975.

〔2〕 Council of Europe, Convention on the Adoption of Children (Revised), CETS No. 202, 27 November 2008.

〔3〕 Council of Europe, Convention on Contact concerning Children, CETS No. 192, 15 May 2003.

〔4〕 Council of Europe, European Convention on the Exercise of Children's Rights, CETS No. 160, 25 January 1996.

〔5〕 Council of Europe, Convention on the Protection of Children against Sexual Exploitation and Sexual Abuse, CETS No. 201, 25 October 2007.

〔6〕 For more information, see http://www.coe.int/t/dg3/children/.

〔7〕 Council of Europe, Committee of Minister (2011), Council of Europe Strategy for the Rights of the Child (2012~2015), CM (2011) 171 final, 15 February 2012.

〔8〕 Ibid.

该项儿童权利计划对目前已通过的若干儿童权利文件进行监督，提供实践指导，以完善具有约束力的相关法律措施，包括：

● 儿童友好型司法准则；[1]

● 儿童友好型保健准则；[2]

● 关于保护儿童免遭暴力的综合国家战略建议；[3]

● 关于儿童权利及对儿童和家庭友好的社会服务的建议；[4]

● 关于 18 岁以下儿童和青年参与的建议。[5]

因此，该方案确立了欧洲在儿童权利保障标准制定方面的核心地位，并通过各种途径确保了在制定标准时首要考虑儿童意见。该方案还旨在支持《欧洲人权公约》和《欧洲社会宪章》的执行，并促进与儿童、青年和家庭有关的其他现有欧洲理事会法律文件的完善[6]。

1.3. 欧洲儿童权利法和联合国《儿童权利公约》

关键点

● 欧洲儿童权利法主要是建立在联合国《儿童权利公约》基础上的。

所有欧盟和欧洲理事会成员国都是《儿童权利公约》的缔约国，这使得《儿童权利公约》在欧洲至关重要。它实际上为欧洲国家设置

---

〔1〕 Council of Europe, Committee of Ministers (2010), Guidelines on child friendly justice, 17 November 2010.

〔2〕 Council of Europe, Committee of Ministers (2011), Guidelines on child-friendly health care, 21 September 2011.

〔3〕 Council of Europe, Committee of Ministers (2009), Recommendation CM/Rec (2009) 10 of the Committee of Ministers to member states on integrated national strategies for the protection of children from violence, 18 November 2009.

〔4〕 Council of Europe, Committee of Ministers (2011), Recommendation Rec (2011) 12 on children's rights and social services friendly to children and families, 16 November 2011.

〔5〕 Council of Europe, Committee of Ministers (2012), Recommendation Rec (2012) 2 on the participation of children and young people under the age of 18, 28 March 2012.

〔6〕 Council of Europe, Committee of Ministers (2011), Council of Europe Strategy for the Rights of the Child (2012~2015), CM (2011) 171 final, 15 February 2012.

了普遍的法律义务，对欧洲各机构发展和适用儿童权利的方式产生了连锁反应。

通过这种方式，《儿童权利公约》已成为欧洲人权法发展的试金石，并且使得欧洲理事会和欧盟的影响力逐渐扩大。特别是在欧洲范围内将《儿童权利公约》的原则和规定纳入有约束力的文件和判例法，使得该公约更具实际效力，并为寻求援引欧洲儿童权利法的人们开辟了更有效的执行渠道。本手册提供了一些这方面的具体例子。

欧盟本身不是也不能成为《儿童权利公约》的缔约国，因为在公约中没有任何法律制度允许国家以外的实体加入。然而，欧盟根据欧盟法律的一般原则（从成员国共同的宪法传统中吸取的成文和不成文的原则），以补充和指导对欧盟条约的解释（《欧洲联盟条约》第6条第3款）。欧盟法院的裁决确认，任何欧盟成员国所承担的义务不应与该国根据其国内宪法和国际人权承诺所承担的义务相抵触[1]。由于所有欧盟成员国都批准了《儿童权利公约》，欧盟必须遵守其中所载的原则和规定。按照欧盟条约的规定，至少在欧盟职权范围内的事项上是应当遵守这些原则的。

欧盟的其他条约，特别是欧盟《基本权利宪章》加强了这一义务。《基本权利宪章》第24条直接受到《儿童权利公约》规定的启发，包括"保护儿童权利和责任的原则"，特别是儿童最大利益原则（《儿童权利公约》第3条），儿童参与原则（《儿童权利公约》第12条），儿童与其父母生活和（或）享有家庭联系的权利（《儿童权利公约》第9条）。

欧洲理事会在其儿童权利议程中表明《儿童权利公约》在指导欧盟儿童权利发展方面的重要性。该议程指出："《儿童权利公约》的标准和原则必须继续指导欧盟儿童权利的一系列政策和行动"[2]。秉承着

---

〔1〕 For example CJEU, C-4/73, J. Nold, Kohlen-und Baustoffgroßhandlung v. Commission of the European Communities, 14 May 1974.

〔2〕 European Commission (2011), An EU Agenda for the Rights of the Child, COM (2011) 0060 final, Brussels.

这一精神，与儿童有关的法律文件几乎毫无例外地都明确提及了《儿童权利公约》，或更含蓄地提及保障儿童权利原则，例如"最大利益原则"，儿童有权参加影响他或她决定的原则，或保护儿童免遭歧视原则。

欧洲理事会，与欧盟类似，不是一个法律上受到《儿童权利公约》约束的组织，尽管所有的欧洲理事会成员国都分别是该公约的缔约国。而且，对《欧洲人权公约》不能在真空中解释，而必须在符合国际法一般原则的情况下加以解释。在解释时，应考虑到《欧洲人权公约》缔约国之间适用的任何国际法的规则，特别是关于普遍保护人权的规则。《欧洲人权公约》对其缔约国在儿童权利领域中所承担的具体义务也必须根据《儿童权利公约》加以解释[1]。欧洲社会权利委员会在其决定中也明确提及《儿童权利公约》[2]。此外，欧洲理事会制定标准和条约的行为受到该公约原则和规定的影响。例如，《儿童友好型司法准则》[3] 直接受到《儿童权利公约》一系列规定和联合国儿童权利委员会一般性意见的影响[4]。

1.4. 欧盟法院在解释和执行欧洲儿童权利方面的作用

1.4.1. 欧盟法院

欧盟法院可以对多种法律行为作出判决。在儿童权利案件中，欧盟法院迄今为止审理的还是初步资料（《欧洲联盟运作条约》第 267条）。[5] 在这些审理程序中，国内法院或法庭要求欧盟法院对欧盟主要

---

〔1〕 ECtHR, Harroudj v. France, No. 43631/09, 4 October 2012, para. 42.

〔2〕 ECSR, World Organisation against Torture (OMCT) v. Ireland, Complaint No. 18/2003, 7 December 2004, paras. 61~63; ECSR, Defence for Children International (DCI) v. the Netherlands, Complaint No. 47/2008, 20 October 2009.

〔3〕 Council of Europe, Committee of Ministers (2010), Guidelines on child friendly justice, 17 November 2010.

〔4〕 See UN, Committee on the Rights of the Child (2007), General Comment No. 10 (2007): Children′s rights in juvenile justice, CRC/c/GC/10, 25 April 2007; UN, Committee on the Rights of the Child (2009), General Comment No. 12 (2009): The right of the child to be heard, CRC/C/GC/12, 1 July 2009; and UN, Committee on the Rights of the Child (2013), General Comment No. 14 (2013) on the right of the child to have his or her best interest taken as a primary consideration (art. 3, para. 1), CRC/C/GC/14, 29 May 2013.

〔5〕 唯一的例外是宣告无效的案件：CJEU, C-540/03, European Parliament v. Council of the European Union〔GC〕, 27 June 2006.

法律（即条约）或欧盟次要法律（即决定和立法）进行解释，这些法律与国内法院或法庭正在审理的国内案件有关。

直到最近几年，欧盟法院也只审理了少量的儿童权利案件。但是，随着更明确的儿童权利立法措施和更突出的儿童权利议程的制定，欧盟法院可能会审理更多关于儿童权利的案件。

欧盟法院的大多数判决是针对自由流动和欧盟公民身份方面的儿童权利，欧盟法院在这些领域享有长期的管辖权。而且欧盟法院明确承认基于欧盟国籍，儿童享有基于公民身份的各项欧盟福利，从而扩大了儿童的独立居留权以及社会权利和受教育权利。[1]

迄今，欧盟法院只在一个案件中直接使用《儿童权利公约》来解释与儿童权利有关的欧盟法律，即动态媒体有限责任公司诉阿维德媒体公司案。该案涉及德国对进口 DVD 和视频实行标签检查的合法性，这些 DVD 和视频已经在英国受到类似的检查限制。欧盟法院认定，德国的标签检查是对欧盟自由流动货物条款的合法限制（否则将不能适用这种双重限制程序），因为它们旨在保护儿童的福利。欧盟法院通过参考《儿童权利公约》第 17 条作出该决定，鼓励缔约国制定适当的准则，以保护儿童不受媒体产生的可能损害其福祉的信息和资料之害。[2] 但是，在为保护儿童而设立的审查程序方面也同样适用比例原则，这些程序应是易获得的，并可能在合理期限内完成。[3]

在其他情况下，欧盟法院还提到了《儿童权利公约》中一般的人权原则（如儿童的最大利益和表达意见权利），特别是在跨境诱拐儿童

---

〔1〕 See CJEU, C-413/99, Baumbast and R v. Secretary of State for the Home Department, 17 September 2002; CJEU, C-200/02, Kunqian Catherine Zhu and Man Lavette Chen v. Secretary of State forthe Home Department, 19 October 2004; CJEU, C-148/02, Carlos Garcia Avello v. Belgian State, 2 October 2003; CJEU, C-310/08, London Borough of Harrow v. Nimco Hassan Ibrahim and Secretary of State for the Home Department [GC], 23 February 2010; CJEU, C-480/08, Maria Teixerav. London Borough of Lambeth and Secretary of State for the Home Department, 23 February 2010. 这些案件将在第 8 章和第 9 章中再次讨论。

〔2〕 CJEU, C-244/06, Dynamic Medien Vertriebs GmbH v. Avides Media AG, 14 February 2008, paras. 42 and 52.

〔3〕 Ibid., paras. 49 and 50.

案件中告知其判决结果。[1]

除此之外，欧盟历来对赋予《儿童权利公约》决定性效力持谨慎态度，特别是在政治敏感领域，例如移民管制。[2] 尽管这在最近的判例中有所改变，如下文各章所述。自欧盟《基本权利宪章》通过以来，欧盟法院提到其关于儿童权利的条款，往往与《儿童权利公约》的规定如出一辙，因为这些条款用词十分相似。

1.4.2. 欧洲人权法院

针对个人提出的申请，欧洲人权法院主要根据《欧洲人权公约》第34条和第35条作出决定。欧洲人权法院对所有涉及《欧洲人权公约》及其议定书的解释和适用的事项都有司法管辖权（《欧洲人权公约》第32条）。

与欧盟法院相比，欧洲人权法院在儿童权利方面有丰富的判例。虽然，根据《欧洲人权公约》第8条，许多关于尊重私人和家庭生活权利的案件是从父母而不是儿童权利的角度考虑的，而根据其他实质性条款审理的案件不一定会涉及父母，会更明确地关注儿童权利，例如免受不人道和有辱人格待遇的权利（《欧洲人权公约》第3条）或公正审判权（《欧洲人权公约》第6条）。

虽然欧洲人权法院在处理或代表儿童提出的索赔时经常提到《儿童权利公约》，但它并没有系统地赋予其决定判决的效力。在某些情况下，《儿童权利公约》所阐明的儿童权利原则对欧洲人权法院的判决推理产生了深远的影响，特别是在法院对《欧洲人权公约》第6条（公正审判权）的解释中，儿童待遇与法律相抵触的情形（见第11章）。在其他方面，法院的做法可能与《儿童权利公约》的做法稍有不同，例如在法庭上听取儿童的意见（见第2章）。有些案件中，法院已经明确地根据《儿童权利公约》作出判决。

---

〔1〕 CJEU, C-491/10 PPU, Joseba Andoni Aguirre Zarraga v. Simone Pelz, 22 December 2010. Seefurther Chapter 5.

〔2〕 CJEU, C-540/03, European Parliament v. Council of the European Union〔GC〕, 27 June 2006.

例如：马斯洛夫诉奥地利案件[1]涉及将申请人驱逐出境，该申请人作为未成年人曾被判多项刑事犯罪。欧洲人权法院认为，在涉及少年犯的驱逐措施方面，保障儿童最大利益的义务包括按照《儿童权利公约》第40条促进儿童重返社会的义务。法院认为通过驱逐来阻断儿童的家庭或社会关系无法帮助儿童实现重返社会的目的。[2] 因此，《儿童权利公约》是被用来认定驱逐构成对申请人根据《欧洲人权公约》第8条（尊重家庭生活）享有的权利的不相称干涉的理由之一。

1.5. 欧洲社会权利委员会

欧洲社会权利委员会由15名独立和公正的专家组成，他们通过集体申诉程序或国家报告程序[3]来确保成员国的法律和实践与《欧洲社会宪章》相一致。特定的国家和国际组织可以对加入《欧洲社会宪章》并接受申诉程序的缔约国提出集体控诉。到目前为止，申诉的内容包括缔约国是否在经济剥削儿童，[4] 儿童的身体健康，[5] 移徙儿童的健康权利[6]和残疾儿童受教育权[7]等方面侵犯了《欧洲社会宪章》规定的儿童权利。

---

〔1〕 ECtHR, Maslov v. Austria［GC］, No. 1638/0323, 23 June 2008.

〔2〕 Ibid. , para. 83.

〔3〕 For more information, see the ECSR website: www. coe. int/t/dghl/monitoring/socialcharter/ECSR/ECSRdefault_en. asp.

〔4〕 ESCR, International Commission of Jurists（ICJ）v. Portugal, Complaint No. 1/1998, 9 September 1999.

〔5〕 ESCR, World Organisation Against Torture（OMCT）v. Greece, Complaint No. 17/2003, 7 December 2004.

〔6〕 ESCR, Defence for Children International（DCI）v. Belgium, Complaint No. 69/2011, 23 October 2012.

〔7〕 ECSR, Mental Disability Advocacy Center（MDAC）v. Bulgaria, Complaint No. 41/2007, 3 June 2008, para. 35.

> 例如：国际法学家委员会诉葡萄牙[1]案件中，尽管葡萄牙立法确认了《欧洲社会宪章》第 7 条第 1 款规定最低就业年龄为 15 岁，但该规定没有得到充分的执行。欧洲社会权利委员会认为《欧洲社会宪章》旨在实现不论在理论上，还是在实践上都能保护儿童权利，因此必须有效地实施相关立法。欧洲人权法院注意到在葡萄牙存在大量非法雇佣儿童的情形，这种情况违反了《欧洲社会宪章》第 7 条第 1 款的规定。

---

[1] ESCR, International Commission of Jurists（ICJ）v. Portugal, Complaint No. 1/1998, 9 September 1999.

2. 基本公民权利和自由

欧 盟	相关主题	欧洲理事会
《基本权利宪章》,第 10 条(宗教自由)和第 14 条(受教育权)	思想、良心和宗教自由	《欧洲人权公约》,第 9 条(宗教自由)和第 14 条(禁止歧视); 《欧洲人权公约第 1 号议定书》第 2 条(父母有权确保其子女的教育符合其信仰的权利); 欧洲人权法院,道格鲁诉法国(Dogru v. France),第 27058/05 号,2008 年(在一所公立中学佩戴伊斯兰头巾); 欧洲人权法院,克万西诉法国(Kervanci v. France),第 31645/04 号,2008 年(在公立中学佩戴伊斯兰头巾); 欧洲人权法院,格热拉克诉波兰(Grzelak v. Poland),第 7710/02 号,2010 年(小学和中学对宗教教育的替代方案); 欧洲人权法院,劳齐等人诉意大利(Lautsi and Others v. Italy),第 30814/06 号,2011 年(在公立学校竖立十字架)

续表

欧　盟	相关主题	欧洲理事会
《基本权利宪章》,第 11 条(言论自由)	言论和信息自由	《欧洲人权公约》,第 10 条(言论自由); 欧洲人权法院,汉迪赛德诉英国(Handyside v. the United Kingdom),第 5493/72 号,1976 年(禁止出版一本为儿童写的书); 欧洲人权法院,加斯金诉英国(Gaskin v. the United Kingdom),第 10454/83 号,1989 年(请求查阅记录其儿童时期的案卷)
《基本权利宪章》,第 24 条(儿童权利); 欧盟法院,C-491/10 PPU,何塞巴·安多尼·阿吉雷·萨拉加诉西莫内·佩尔兹(Joseba Andoni Aguirre Zarraga v. Simone Pelz),2010 年(在国际儿童诱拐方面儿童被听取意见的权利)	被听取意见的权利	《欧洲人权公约》,第 6 条(公正审判); 《欧洲儿童权利行使公约》,第 3、4、6 和 7 条; 欧洲人权法院,沙欣诉德国(Sahin v. Germany),第 30943/96 号,2003 年(诉讼程序中在法庭上听取儿童的意见)
《基本权利宪章》,第 12 条(集会和结社自由)	集会和结社自由权	《欧洲人权公约》,第 11 条(和平集会和结社自由); 欧洲人权法院,基督教民主人民党诉摩尔多瓦(Christian Democratic People's Party v. Moldova),2006 年第 28793/02 号(参加公共场合的集会)

　　所有人都享有各种法律文件所规定的公民权利和自由,尤其是欧盟

《基本权利宪章》和《欧洲人权公约》，欧洲人权法院对此作了解释。除了《基本权利宪章》之外，没有欧盟法律文件专门规定本章所讨论的适用于儿童的公民权利。然而，在欧洲理事会的层面上，特别是通过欧洲人权法院判例法，这些公民权利的范围和解释在过去几年来得到广泛发展。

本章介绍欧盟《基本权利宪章》第二编所列的自由，因为它们对儿童权利保护有较大影响。它具体分析了儿童享有思想、良心和宗教自由（第2.1节），父母的权利及其子女的宗教自由（第2.2节），言论和信息自由（第2.3节），被听取意见的权利（第2.4节）以及集会和结社自由权（第2.5节）。

2.1. 思想、良心和宗教自由

关键点

●欧盟《基本权利宪章》和《欧洲人权公约》所保障的思想、良心和宗教自由，包括改变其宗教信仰以及单独地或者同他人在一起的时候，公开地或者私自地，在礼拜、传教、实践仪式中表示其宗教或者信仰的自由。

●父母有权确保其子女的教育和教学符合其宗教、哲学和教育学的信念。

●父母有权利和义务在儿童行使思想、良心和宗教自由的权利时，以符合儿童不同阶段接受能力的方式，向儿童提供指导。

2.1.1. 儿童的宗教信仰自由权

根据欧盟法律，欧盟《基本权利宪章》第10条保证人人享有思想、良心和宗教自由。这项权利包括改变其宗教信仰以及单独地或者同他人在一起的时候，公开地或者私自地，在礼拜、传教、实践仪式中表示其宗教或者信仰的自由。基于良心而反对的权利要在国内法中予以确认（《基本权利宪章》第10条第2款）。

根据欧洲理事会法律，《欧洲人权公约》第9条规定了思想、良心和宗教自由的权利。从欧洲人权法院的判例法中可以提取出宗教信仰自由权的三个维度，分别是：内心信仰的自由、改变宗教信仰的自由以及表达宗教信仰的自由。前两个维度的宗教信仰自由是绝对的，国家在任何情况下都不能限制它们[1]。但是，如果基于合法目的和民主社会的必要，那么第三个维度——表达宗教或信仰的自由能够通过法律规定加以限制。（《欧洲人权公约》第9条第2款）。

在判例法中，欧洲人权法院在解决有关儿童思想、良心和宗教自由的问题时，主要涉及受教育权和公立学校制度。在欧洲各国，学校应当如何对待宗教信仰是被广泛讨论的话题。

例如：道格鲁诉法国和克万西诉法国[2]的案件，这两个案件的主人公分别是两名年龄为11岁和12岁的女孩。由于她们拒绝在体育课上取下头巾，被法国公立中学要求退学。欧洲人权法院指出，限制申请人表达其宗教信仰的权利是为了遵循公立学校的世俗要求。法国政府认为，在体育课上戴面纱，如伊斯兰头巾，是不符合健康和安全要求的。欧洲人权法院认可学校行为的合理性，因为学校的决定权衡了申请人表达宗教信仰的权利，与保护他人的权利和自由以及公共秩序的要求。因此，法院判决上述学校对未成年人表达宗教的自由的干涉是合理的，与其所追求的目标相称。因此，该规定没有违反《欧洲人权公约》第9条。

例如：格热拉克诉波兰案[3]是关于学校未能准许一名学生免于接受伦理课程以及宗教指导，并给予相关成绩的案件。在申请人小学和中学教育期间（年龄在7到18岁之间），他依照其父母的意愿没有接受宗教教育，其父母自称是不可知论者。并且由于太少学生

---

〔1〕 ECtHR, Darby v. Sweden, No. 11581/85, 23 October 1990.

〔2〕 ECtHR, Dogru v. France, No. 27058/05, 4 December 2008; ECtHR, Kervanci v. France, No. 31645/04, 4 December 2008（available in French）.

〔3〕 ECtHR, Grzelak v. Poland, No. 7710/02, 15 June 2010.

对此感兴趣，学校没有开设伦理类课程。所以他收到的学校成绩单和证书上只有横线，而没有具体"宗教/伦理学"的分数。欧洲人权法院认为，该男孩的学校成绩单中缺乏"宗教/伦理学"的分数，这属于消极对待思想、良心和宗教自由，因为成绩单可能暗示他缺乏宗教信仰。而这是一种毫无根据的偏见。区别对待希望学习伦理类课程的无信仰者和希望学习宗教类课程的学生是不客观和不合理的。上述手段和追求的目标之间也不存在一个合理相称的关系。在这个问题上，国家的自由裁量过度了，因为申请人不表明其宗教或信仰的权利受到了侵犯，这违反了《欧洲人权公约》第9条和第14条的规定。

2.2. 父母的权利及其子女的宗教自由

与《儿童权利公约》相比，欧洲法律对父母在子女宗教自由方面的权利有不同规定。

根据欧盟法律，必须适当尊重父母的权利，确保其子女所受的教育和教学符合他们的宗教、哲学和教育信念，特别是在为儿童选择教育机构的自由方面（《基本权利宪章》第14条第3款）。

根据欧洲理事会法律，特别是《欧洲人权公约第1号议定书》第2条，缔约国在行使其在教育和教学领域所承担的一切职能时，必须考虑到父母的宗教信仰。依据欧洲人权法院的解释，缔约国在这方面承担的义务是广泛的，因为它不仅适用于学校课程安排和教学情况，而且还涉及国家对其各种职能的履行。[1] 它包括公共教育的组织和资助，课程的设置和规划，以客观、批判和多元化的方式（因此禁止国家追求一种

---

[1] See the relevant ECtHR case law: ECtHR, Kjeldsen, Busk Madsen and Pedersen v. Denmark, Nos. 5095/71, 5920/72 and 5926/72, 7 December 1976; ECtHR, Valsamis v. Greece, No. 21787/93, 18 December 1996; ECtHR, Folgerø and Others v. Norway [GC], No. 15472/02, 29 June 2007; ECtHR, Hasan and Eylem Zengin v. Turkey, No. 1448/04, 9 October 2007; ECtHR, Lautsi and Others v. Italy [GC], No. 30814/06, 18 March 2011.

可能被认为是不尊重父母的宗教和哲学信念的灌输目标），传递课程中的信息或知识，以及学校环境的组织，包括在公立学校的教室里摆放十字架。因此，禁止国家向儿童灌输特定的教导目标，这被视为不尊重父母的宗教和哲学信仰。

例如：劳齐等人诉意大利案[1]是有关在公立学校教室里放置十字架的行为。一位家长抱怨说，她孩子就读的公立学校教室里放置了十字架，这种行为与她教育儿童所遵循的世俗主义原则相违背。欧洲人权法院大审判庭发现，根据《欧洲人权公约第1号议定书》第2条第2款的规定，国家有权决定是否可以在公立学校的教室中放置十字架，因为这是其在教育和教学方面职权的一部分。法院认为，原则上这一决定属于被告国（意大利）管辖权范围，而且在欧洲公立学校也没有达成统一宗教信仰的共识。所以，十字架（基督教的代表）在公立学校教室中出现——这无疑是指在学校环境中明显突出强调了国家的主要宗教。然而，这本身并不足以表明被告国（意大利）存在宗教灌输的情况。在欧洲人权法院看来，墙上的十字架本质上只是一个抽象符号，不能被认为对学生的言语或参与宗教活动的行为有影响。大审判庭的结论是，当局决定将十字架保留在申请人子女所就读的公立学校教室的行为，是符合法律规定的。因此，意大利政府尊重了父母根据自己的宗教和哲学信念确保教育和教学的权利。

国际法上《儿童权利公约》第14条第2款要求缔约国尊重父母以符合儿童不同阶段接受能力的方式指导儿童行使其思想、良心和宗教自由的权利和义务。因此，与欧盟《基本权利宪章》第14条第3款相比，《儿童权利公约》的重点是保护儿童表明个人宗教或信仰的自由。根据

---

[1] ECtHR, Lautsi and Others v. Italy [GC], No. 30814/06, 18 March 2011.

《儿童权利公约》，父母有权根据自己的信仰为儿童提供指导和引导，但需要不违背儿童自己的想法。《儿童权利公约》第14条第2款的措辞符合公约规定中父母责任的一般意义：即父母必须履行以符合儿童不同成长阶段接受能力的方式适当指导和引导儿童行使权利的责任（《儿童权利公约》第5条），并将儿童最大利益原则作为首要考量因素（《儿童权利公约》第18条第1款）。

2.3. 言论和信息自由

关键点

●欧盟《基本权利宪章》和《欧洲人权公约》都保障言论自由权，其中包括在不受公共当局干预的情况下持有意见和接受、传播信息和思想的自由。

●信息自由权不包括获得儿童幼托记录的权利。

●获得信息提供者的同意，从而查阅儿童幼托记录符合《欧洲人权公约》第8条（尊重私人和家庭生活的权利），前提是独立权威机构在决定是否应当准许查阅方面具有最终发言权。

根据欧盟法律，言论自由的权利包括持有意见和接受、传播信息和思想的自由，而不受公共权力和国界的限制（欧盟《基本权利宪章》第11条）。

根据欧洲理事会的法律，《欧洲人权公约》第10条保证了言论自由，只有在依据法律规定，且为了实现第10条第2款所列合法目标，并在民主社会必要的情况下，才可以加以限制。

在判例法中，欧洲人权法院强调，"言论自由"是民主社会的重要基础之一，也是社会进步和每个人发展的基本条件之一。言论自由不仅保障那些易于被接受的、被视为无关或无害的"信息"或"想法"，还保障那些使国家或人民反感、震惊或不适的"信息"或"想法"。[1]

---

〔1〕 See, for example, ECtHR, Handyside v. the United Kingdom, No. 5493/72, 7 December 1976, para. 49.

例如：在汉迪赛德诉英国案件中[1]，欧洲人权法院认定，英国当局对一本名为《小红校书》的书实施禁令属于《欧洲人权公约》关于道德保护的第 10 条第 2 款规定的例外情形。该案解决的是涉及儿童获得与其年纪和成熟度相适应的信息权利的问题，这是言论自由权的一个方面，且关乎儿童利益。这本书是由丹麦语翻译而来，适用于学龄前儿童。在书中作者质疑了一系列现有的社会规范，包括性行为和毒品。年轻人在其成长的关键阶段，可能把书中的某些段落理解为鼓励他们沉溺于对他们有害的早熟活动，甚至触犯刑法。因此，根据欧洲人权法院判决，有资格的英国法官"在行使自由裁量权时，有权在这种情况下认为该书会对许多阅读该书的儿童和青少年的道德产生有害的影响"。[2]

此外，还有其他有关儿童的案件涉及《欧洲人权公约》第 10 条中寄养儿童获取信息权利。

例如：加斯金诉英国[3]的案件涉及一个大部分童年时光生活在寄养家庭的人。地方当局对他的寄养经历作了保密记录。这些记录包括医生、学校教师、警务人员及缓刑官、社会工作者、健康顾问、寄养父母及住宿学校职员的各类报告。当申请人要求查阅这些记录以便对地方当局提起人身伤害诉讼时遭到拒绝。因为这类记录的保密性是为了公众利益，并保证儿童保育服务机构的正常运作。如果记录提供者在今后的报告中不愿意坦率地陈述，此类服务就会受到损害。欧洲人权法院承认，在儿童时期接受国家照料的人在"获得

---

〔1〕 Ibid.
〔2〕 Ibid. , para. 52.
〔3〕 ECtHR, Gaskin v. the United Kingdom, No. 10454/83, 7 July 1989.

了解和明白其童年和早期发展所必需的信息"[1] 方面享有重要利益。虽然公共记录的保密性需要得到保证，但像英国，要求对记录的访问必须获得记录者同意的制度，在找不到记录者或记录者出于不当理由拒绝的时候，被记录者为了个人利益查阅其记录是可以的。这在原则上符合《欧洲人权公约》第 8 条的规定。在这种情况下应该由独立机构最终决定是否准许查阅。而本案中政府没有向申请人提供此类程序。因此，欧洲人权法院认定违反了《欧洲人权公约》第 8 条规定的申请人权利。然而，法院没有发现违反《欧洲人权公约》第 10 条的情况，并且重申获得信息的自由权利是禁止政府随意限制个人获取他人希望或可能愿意提供的信息，但并不强迫国家向个人提供这些信息。

2.4. 被听取意见的权利

关键点

●根据欧盟法律，儿童有权自由发表意见。对涉及儿童的事项，应当根据他们的年龄和成熟程度考虑他们的意见。

●根据《欧洲人权公约》，没有规定要求儿童必须出庭参与案件审理。是否需要出庭是根据每宗个案的具体情况而作出评估，并根据该儿童的年龄及成熟程度而定。

●根据联合国法律，在影响儿童的所有问题上，儿童自由表达自己意见的权利已被确认为《儿童权利公约》的一般原则之一。

根据欧盟法律，欧盟《基本权利宪章》第 24 条第 1 款规定，儿童可以自由表达自己的意见，并应根据其年龄和成熟程度考虑这些意见。这项规定具有普遍适用性，不限于特定程序。欧盟法院与《布鲁塞尔二号法规（二）》都解释了这项规定的含义。

---

〔1〕 Ibid. , para. 49.

例如：何塞巴·安多尼·阿吉雷·萨拉加诉西莫内·佩尔兹[1]一案，涉及将一名儿童从西班牙移交到德国，该行为违反了监护权的规定。欧盟法院被问及德国法院（即儿童被移交的法院）是否能够拒绝西班牙法院（原籍国）的强制执行令，因为西班牙法院没有听取该儿童的意见，从而违反了第2201/2003号条例（《布鲁塞尔二号法规（二）》）第42条第2款第1项和欧盟《基本权利宪章》第24条的规定。在德国法院审理时，该儿童表达了自己的意见，表示不愿意回到西班牙。欧盟法院认为儿童被听取意见的权利不是绝对的，但如果法院认定是必要的话，就必须为儿童提供一个真正有效的机会来表达自己的看法。它还认为，根据《基本权利宪章》和《布鲁塞尔二号法规（二）》的规定，儿童被听取意见的权利需要满足法定程序和特定的条件，使儿童能够自由表达他们的意见，并要求法院重视这些意见。法院还需要采取一切适当措施，就儿童的最大利益和每个案件的情况安排这种听证会。然而，根据欧盟法院的裁决，该儿童被送交的德国当局，不能以该儿童被听取意见权在原籍国（西班牙）遭到侵犯为由而遣返该儿童。

根据欧洲理事会的法律，欧洲人权法院没有把尊重私人和家庭生活的权利（《欧洲人权公约》第8条）解释为要求法庭必须听取儿童的意见。这是一项基本规则，即国内法院应当对提交的现有证据进行评估，包括评估查明相关事实时使用的手段。国内法院在讨论没有监护权的父母的探视问题时，并不总是要求儿童出庭并听取其意见。这一问题必须根据每个案件的具体情况加以评估，同时适当考虑有关儿童的年龄和成熟程度。此外，在第8条的程序方面，欧洲人权法院通常要求当局采取适当步骤，以必要的保障措施保证当局作出合理决定。

---

[1] CJEU, C‐491/10 PPU, Joseba Andoni Aguirre Zarraga v. Simone Pelz, 22 December 2010；另见第5.4节，其中讨论了本裁定的细节和《布鲁塞尔二号法规（二）》规则的实践。

例如：在沙欣诉德国的案件[1]中，母亲禁止申请人与他4岁的女儿之间有任何联系。德国地区法院裁定，由于父母之间的紧张关系，允许父亲和女儿见面会对该儿童有害。但是这一决定未考虑到儿童是否想继续见到她父亲的意愿。关于儿童出庭并表达意见的问题，欧洲人权法院参考了德国地区法院专家的解释。在举行了几次儿童、其母亲和申请人之间的会议之后，专家认为，询问儿童的过程可能会给她带来伤害，这是法庭上的特别安排所无法避免的。欧洲人权法院认为在这种情况下，《欧洲人权公约》第8条中所隐含的程序要求（在法庭上听取儿童意见）并不等于强迫儿童直接说明她与父亲的关系。

例如：在索末菲尔德诉德国案[2]中，申请人13岁的女儿表示不希望见到申请人，并且这种不见面的情况已经持续了几年。国内法院认为，强迫她和申请人见面会严重扰乱她的情绪和心理平衡。欧洲人权法院接受了她在审理程序中的申请，提供了对其利益的必要保护。[3]

《欧洲儿童权利行使公约》中规定了儿童自由表达意见[4]的权利。该公约旨在通过赋予儿童在司法机关审理的家事诉讼中具体的程序权利，特别是涉及下列父母义务的事项中的诉讼程序权利来保障儿童权利：例如和儿童一起居住和探视儿童的义务。该公约第3条规定了儿童知情权和在诉讼中表达意见的程序性权利。第4条则规定，儿童有权在

---

〔1〕 ECtHR, Sahin v. Germany〔GC〕, No. 30943/96, 8 July 2003, para. 73. 关于国内法院必须评估其所获得的证据，以及被告试图援引的证据的相关性。see also ECtHR, Vidal v. Belgium, No. 12351/86, 22 April 1992, para. 33.

〔2〕 ECtHR, Sommerfeld v. Germany〔GC〕, No. 31871/96, 8 July 2003.

〔3〕 Ibid. , paras. 72 and 88.

〔4〕 Council of Europe, European Convention on the Exercise of Children's Rights, CETS No. 160, 1996.

影响其利益的司法诉讼中申请任命一名特别代表。而第 6 条规定当局必须确保该儿童已收到所有案件审理资料，并在适当情况下亲自征求她或他的意见，并允许儿童表达其观点。

根据国际法，《儿童权利公约》第 12 条第 1 款申明，有主见能力的儿童有权对影响她或他的一切事务自由发表自己的意见，对儿童的意见应根据其年龄和成熟程度给予适当的对待。《儿童权利公约》第 12 条第 2 款还规定，儿童应有机会在影响到儿童的任何司法和行政诉讼中，以符合国家法律诉讼规则的方式，直接或通过代表或适当机构陈述意见。

联合国儿童权利委员会强调，缔约国应直接保障这项权利，通过立法或修订法律，使儿童能够充分享有这项权利[1]。此外，他们必须确保儿童得到一切必要的信息和意见，以便作出有利于她或他的最大利益的决定。儿童权利委员会还注意到，儿童有权不行使这一权利；表达意见是一种选择，而不是一种义务。

2.5. 集会和结社自由权

关键点

●欧盟《基本权利宪章》和《欧洲人权公约》都保证和平集会和结社自由。

●集会和结社自由权保障并促使个人能够与他人一起发展其事业。

根据欧盟法律，欧盟《基本权利宪章》第 12 条规定，人人有权在各层面享有和平集会和结社的自由，特别是在政治、工会和公民事务方面。这意味着人人有权成立和加入工会，以保护其利益。

根据欧洲理事会的法律，《欧洲人权公约》第 11 条第 1 款保障集会和结社自由的权利，但须受第 11 条第 2 款的限制。

欧洲人权法院明确声明儿童有权在公共场合参加集会活动。正如欧

---

〔1〕 UN, Committee on the Rights of the Child, General Comment No. 14 (2013) on the right of the child to have his or her best interest taken as a primary consideration (art. 3, para. 1), CRC/C/GC/14, 29 May 2013.

洲人权法院在基督教民主人民党诉摩尔多瓦案件（*Christian People's Party V. Moldova*）中所指出的那样，阻止父母和儿童参加活动，特别是抗议政府的教育政策，侵犯了父母和儿童的集会自由。

根据国际法，儿童个体和儿童组织可以享受《儿童权利公约》第15条所提供的对结社和和平集会自由权的保护。根据这一规定，儿童参与的各种各样的集会活动得到国际保护。

3. 平等和不歧视

欧　盟	相关主题	欧洲理事会
《基本权利宪章》第三编（平等）包括第 20 条（法律面前人人平等），第 21 条（非歧视）和第 23 条（男女平等）	平等和不歧视	《欧洲人权公约》第 14 条；《欧洲人权公约第 12 号议定书》第 1 条（不歧视）； 《欧洲社会宪章》（修订版），（第 5 节）第 5 条（不歧视）〔1〕
《种族平等指令》（Racial Equality Directive）（2000/43/EC）	禁止基于种族和族裔的歧视	欧洲人权法院，D. H. 等人诉捷克共和国［GC］（D. H. and Others v. the Czech Republic），第 57325/00 号，2007 年（将罗姆儿童安置在特殊学校）； 欧洲人权法院，奥什库什等人诉克罗地亚（Oršuš and Others v. Croatia），第 15766/03 号，2010 年（在小学开设只有罗姆人的班级）； 《保护少数者框架公约》，第 4 条和第 12 条。

---

〔1〕　译者注：本文所指的《欧洲社会宪章》（修订版）是 1996 年版本，而《欧洲社会宪章》是 1961 年 10 月 18 日欧洲理事会成员国会议通过的。1996 年《欧洲社会宪章》保障了 1961 年最初的《欧洲社会宪章》规定的权利，正在逐渐取代 1961 年版本。

续表

欧 盟	相关主题	欧洲理事会
《基本权利宪章》第 45 条（迁徙自由和居住自由）；欧盟法院，C-200/02，朱坤钱-凯瑟琳和陈曼-拉维特诉内政部国务秘书（Kunqian Catherine Zhu and Man Lavette Chen v. Secretary of State for the Home Department），2004 年（来自第三国的父母的居留权）	禁止基于国籍和移民身份的歧视	欧洲人权法院，波诺马诺维诉保加利亚（Ponomaryovi v. Bulgaria），第 5335/05 号，2011 年（临时居民的学费）；《保护少数者框架公约》（Framework Convention for the Protection of NationalMinorities），第 4 条和第 12 条第 3 款
《就业平等指令》（Employment Equality Directive）（2000/78/EC）	禁止基于年龄的歧视	《欧洲人权公约》第 14 条；《欧洲人权公约第 12 号议定书》第 1 条（不歧视）
欧盟法院，C-303/06，科尔曼诉阿特里奇·劳和斯蒂夫·劳［GC］（S. Coleman v. Attridge Law and Steve Law），2008 年	禁止基于其他法律规定理由的歧视	欧洲人权法院，法布里斯诉法国［GC］（Fabris v. France），第 16574/08 号，2013 年（非婚生子女的继承权）

免受歧视是民主社会的基本原则之一。欧盟和欧洲理事会在解释这一原则方面都发挥了重要作用。欧盟各机构通过了一系列与儿童问题高度相关的指令。欧洲人权法院依据《欧洲人权公约》第 14 条关于禁止歧视的规定以及其他公约条款，形成了大量关于免遭歧视的判例法。

欧洲社会权利委员会认为《欧洲社会宪章》第 5 条对不歧视原则的规定与《欧洲人权公约》第 14 条的规定类似：该规定不能独立使用，必须与《欧洲社会宪章》的其他实质性条款结合使用。[1]

本章论述了平等和不歧视的原则，重点论述为何需要有专门针对儿

---

〔1〕 ECSR, Syndicat des Agrégés de l'Enseignement Supérieur (SAGES) v. France, Complaint No. 26/2004, 15 June 2005, para. 34.

童的判例法。首先，本章提供了关于欧洲禁止歧视法的一般情况（第3.1节），然后提出基于族裔出身（第3.2节）、国籍和移民地位（第3.3节）、年龄（第3.4节）和其他基于法律禁止理由导致的儿童平等和歧视问题，包括性别、语言和个人身份（第3.5节）。

3.1. 欧洲禁止歧视法

关键点

●欧盟和欧洲理事会的法律都禁止基于性别、种族、肤色、族裔或社会出身、遗传特征、语言、宗教或信仰、政治或任何其他见解、少数者成员、财产、出生、残疾、年龄和性别而形成的歧视。[1]

●欧洲人权法院指出，当人们在相似情形下受到不同对待时，法院将调查这种差别待遇是否是基于客观合理的理由。如果没有，它将判定这种待遇是歧视性的，且违反了《欧洲人权公约》第14条关于禁止歧视的规定。

根据欧盟法律，欧盟《基本权利宪章》第21条规定禁止歧视是一项独立的原则，也适用于任何其他《基本权利宪章》规定所未涉及的情况。在这项规定中明确禁止歧视的理由包括性别、种族、肤色、族裔或社会出身、遗传特征、语言、宗教或信仰、政治或任何其他见解、少数者成员、财产、出生、残疾、年龄和性取向。相比之下，《欧洲联盟运作条约》第19条只涉及基于性别、种族或族裔出身、宗教或信仰、残疾、年龄和性取向理由的歧视。

欧盟的若干指令禁止在就业、福利制度以及与儿童有关的商品和服务方面的歧视。欧盟理事会的第2000/78/EC号指令规定了就业和职业平等待遇的一般框架（《就业平等指令》[2]），禁止基于宗教或信仰、

---

〔1〕 关于欧洲禁止歧视法，它是由欧洲禁止歧视的各指令和《欧洲人权公约》第14条和第12项议定书构成，其内容见：FRA and ECtHR（2011），and its case law update July 2010-December 2011.

〔2〕 Council Directive 2000/78/EC, OJ 2000 L 303. All EU legal instruments are available on the EU's online portal providing access to EU law eurlex：http：//eurlex. europa. eu/homepage. html.

残疾、年龄和性取向的歧视。欧盟理事会的第 2000/43/EC 号指令，规定平等待遇原则（《种族平等指令》），禁止基于种族或族裔的歧视，不仅在就业和获得商品和服务，而且在福利制度（包括社会保护、社会保障和保健）和教育[1]方面禁止基于种族或族裔的歧视。其余要求是在就业和职业（《性别平等指令》[2]）以及商品和服务的获取和供应（《性别商品和服务指令》）中执行男女平等待遇原则。[3]

根据欧洲理事会的法律，禁止歧视适用于行使《欧洲人权公约》（第 14 条）中规定的任何实质性权利和自由，以及行使国内法或公共权力机构赋予的任何权利（《欧洲人权公约第 12 号议定书》第 1 条）。然而，第 12 号议定书的适用范围有限，因为它只得到少数国家的批准，而且尚未有以该议定书为依据来判决的儿童案件。这两项文件所载的规定都包括详尽的禁止歧视的理由清单：性别、种族、肤色、语言、宗教、政治或其他见解、民族或社会出身、少数者、财产、出生或其他身份。如果欧洲人权法院发现，相似地位的人受到不同的待遇，它将调查其理由是否客观合理[4]。

《欧洲社会宪章》第五节第 5 条还列出了未穷尽的禁止歧视理由清单：种族、肤色、性别、语言、宗教、政治或其他见解、民族或社会出身、健康、少数者身份或出生。本条的附录阐明，基于客观和合理理由的差别待遇不是歧视，例如要求达到某一特定年龄或能力才能得到某种形式的教育[5]。

根据《保护少数者框架公约》[6] 第 4 条，缔约国保障少数者享有

---

〔1〕 Council Directive 2000/43/EC of 29 June 2000 implementing the principal of equal treatment between persons irrespective of racial or ethnic origin, OJ 2000 L 180, 29 June 2000.

〔2〕 Directive 2006/54/EC（recast），OJ 2006 L 204.

〔3〕 Council Directive 2004/113/EC, OJ 2004 L 373, p. 37.

〔4〕 For an overview of the ECtHR case law, see FRA and ECtHR（2011）and its case law update July 2010-December 2011.

〔5〕 Council of Europe, European Social Charter（revised）（1996），Explanatory report, para. 136.

〔6〕 Council of Europe, Framework Convention for the Protection of National Minorities（FCNM），CETS No. 157, 1995.

在法律面前人人平等以及受到法律的平等保护的权利，并禁止歧视少数者。他们还承诺，在必要时采取适当措施，在经济、社会、政治和文化生活的所有领域，促进少数者和大众之间充分有效的平等。

以下各节分析了与儿童特别相关的具体的歧视理由。

3.2. 禁止基于种族或族裔出身的歧视

关键点

● 禁止基于种族和民族血统的歧视。

● 欧盟和欧洲理事会都在教育、就业、保健和住房方面处理过对罗姆人的歧视问题。

● 在特殊学校或班级中属于特定群体的儿童数量过多或存在隔离现象，只有这些特殊学校或班级给予上述儿童适当保障时，这种情况才能被证明是合理的。

根据欧盟法律，《种族平等指令》不仅在就业、商品和服务方面禁止基于种族或族裔的歧视，而且在获得福利、教育和社会保障方面也是如此。罗姆人作为一个特别庞大和脆弱的民族群体，属于该指令保护的对象。在欧盟层面解决对罗姆人歧视的关键标志是通过了《2020年欧盟国家罗姆人一体化战略框架》。[1] 此后，欧盟委员会对欧盟成员国制定的国家战略进行了年度监测。《种族平等指令》至少涵盖了对罗姆儿童至关重要的四个关键领域：教育、就业、保健和住房。在某些情况下，实现充分平等可能需要采取针对罗姆人的积极行动，特别是在这四

---

〔1〕 European Commission (EC) (2011), An EU framework for national Roma integration strategies up to 2020: Communication from the Commission to the European Parliament, the Council, the European Economic and Social Committee and the Committee of the Regions, COM (2011) 173 final, Brussels, 5 April 2011.

个关键领域。[1]

　　根据欧洲理事会的法律，欧洲人权法院已经在几个具有里程碑意义的案例中规范了教育系统中对罗姆儿童的差别待遇问题。这些案件是根据《欧洲人权公约》第14条及其第1号议定书第2条判决的。欧洲人权法院认为，在特殊学校或班级中属于特定群体的儿童数量过多或存在隔离现象，只有这些特殊学校或班级给予上述儿童适当保障时，这种情况才能被证明是合理的。例如专门应罗姆儿童需求设计的考试；对罗姆儿童的学习进展情况进行适当的评价和监测，以便使其学习困难问题得到解决，能够立即融入普通班级；以及采取其他积极措施。因此，在缺乏有效的反种族隔离措施的情况下，延长罗姆儿童在开设正规课程的主流学校里的教育隔离是不合理的。[2]

　　例如：在 D. H. 等人诉捷克共和国[3]一案中，欧洲人权法院发现有大量罗姆儿童在没有任何正当理由的情况下被安置在针对有学习困难儿童的特殊学校中。法院认为这些学校提供的更多是基础性课程，而且可能会造成对罗姆儿童的隔离问题。由此可见，罗姆儿童所受到的教育会加剧他们的学习困难，不利于其随后的个人发展，因为这些教育不利于帮助他们融入主流教育制度和学习大多数人掌握的生活技能。所以，欧洲人权法院裁定这违背了《欧洲人权公约第1号议定书》第2条以及《欧洲人权公约》第14条的规定。

　　例如：在奥什库什等人诉克罗地亚[4]一案中，欧洲人权法院审

---

[1]　European Commission (2014), Joint Report on the application of Council Directive 2000/43/EC of 29 June 2000 implementing the principle of equal treatment between persons irrespective of racial or ethnic origin and of Council Directive 2000/78/EC of 27 November 2000 establishing a general framework for equal treatment in employment and occupation, Report from the Commission to the European Parliament and the Council, COM (2014) 2 final, Brussels, 17 January 2014.

[2]　ECtHR, Lavida and Others v. Greece, No. 7973/10, 30 May 2013 (available in French).

[3]　ECtHR, D. H. and Others v. the Czech Republic [GC], No. 57325/00, 13 November 2007, paras. 206-210.

[4]　ECtHR, Oršuš and Others v. Croatia [GC], No. 15766/03, 16 March 2010, para. 157.

查了在普通小学内是否存在仅有罗姆人的班级这一问题。一般而言，由于儿童对教学所用语言的掌握存在困难而临时被安排到单独的班级中，是不具有歧视性的。这种安排有利于语言困难儿童适应教育系统的特殊需要。但是，这种安排一旦不成比例或完全影响到某一特定族裔群体的成员，就必须实施保障措施。对于在单独班级中的简单安置，欧洲人权法院指出这不是解决这些儿童问题的一般做法，因为没有对儿童掌握语言的程度进行具体测试。关于向儿童提供的课程，有些儿童没有接受任何特殊语言课程，以在最短的时间内获得必要的语言技能。在罗姆儿童达到足够的语言能力后，没有换班制度和监测制度保障其立即和自动转入到混合班级中。因此，欧洲人权法院裁定这违反了《欧洲人权公约》第 14 条和《欧洲人权公约第 1 号议定书》第 2 条的规定。

　　欧洲社会权利委员会认为，尽管对罗姆儿童采取灵活的教育政策可以满足群体多样性的需求，并兼顾了一些群体采取流动或半流动生活方式的事实，但是不应为罗姆儿童建设专门的独立学校。[1]

　　根据欧洲理事会《保护少数者框架公约》第 4 条第 2 款和第 3 款规定，为促进少数民族的有效平等而采取的特别措施，不得被视为是歧视性的。根据欧洲理事会《保护少数者框架公约》第 12 条第 3 款的规定，缔约国还明确承诺为属于少数者的人员提供平等接受教育的机会。欧洲理事会《保护少数者框架公约》咨询委员会根据这一规定定期审查罗姆儿童平等接受教育的情况。[2]

---

　　〔1〕 ECSR, European Social Charter（revised）– Conclusions 2003（Bulgaria）, Art. 17, para. 2, p. 53.

　　〔2〕 See Council of Europe, Advisory Committee on the FCNM, Commentary on Education under the Framework Convention for the Protection of National Minorities（2006）, ACFC/25DOC（200）002.

3.3. 禁止基于国籍和移民地位的歧视

关键点

●欧盟法律范围内对基于国籍歧视的保护比欧洲理事会法律规定的更有限。

●根据欧盟法律下的欧盟《基本权利宪章》第 45 条（迁徙和居住自由）规定，只有欧盟成员国的公民才能享受免受基于国籍歧视的保护。

●《欧洲人权公约》保障在缔约国管辖范围内的所有人都享有公约所载权利。

根据欧盟法律，在人员自由流动方面禁止基于国籍的歧视特别重要。当第三国公民（即非欧盟成员国公民）在符合"长期居民"资格的情况下，在不歧视指令涵盖领域内享有获得平等待遇的权利。要获得这样的资格，除其他条件外，《第三国国民指令》还要求 5 年的合法居留期。[1] 此外，关于家庭团聚权（《家庭团聚法令》[2]）的第 2003/86/EC 号法令允许在这些条件下，合法居住在成员国的第三国国民的家人来到该国（另见第 9.5 节）。

> 例如：陈某案[3]涉及的问题是，第三国国民的子女出生在一个欧盟成员国并持有后者的公民身份，抚养她的母亲是第三国国民，该子女是否有权在其他欧盟成员国居住。欧盟法院裁定，当寻求公民身份的个人满足了某一成员国的要求时，其他的成员国就不能对该母亲及其子女申请居留时的权利提出质疑。欧盟法院明确提出，

---

〔1〕 Directive 2003/109/EC of 23 January 2004 concerning the status of third-country nationals who are long-term residents, OJ 2004 L 16, p. 44.

〔2〕 Directive 2003/86/EC of 3 October 2003 on the right to family reunification, OJ 2003 L 251, p. 12.

〔3〕 CJEU, C-200/02, Kunqian Catherine Zhu and Man Lavette Chen v. Secretary of State for the Home Department, 19 October 2004.

> 如果其养育的儿童是欧盟公民，那么欧盟成员国不能拒绝该父母的居住权，否则将实际上剥夺这名儿童的居住权。

根据欧洲理事会的法律，《欧洲人权公约》保障所有生活在成员国管辖范围内的人都享有该权利，无论是否为公民，而且包括居住在其国境外的但属于成员国有效控制地区的人。因此，关于教育，欧洲人权法院认为基于国籍和移民身份的差别待遇可能构成歧视。

例如：波诺马诺维诉保加利亚[1]一案中涉及未取得永久居留证的外国公民必须支付中等教育学费的问题。作为一个原则问题，一般情况下在教育领域对经济或社会战略一般措施的自由裁量权需要加以限制，原因有两个：

● 受教育权受《欧洲人权公约》的直接保护；

● 教育是一种非常特殊的公共服务，它具有广泛的社会功能。

欧洲人权法院认为，教育花费的增长幅度是随受教育程度的提高而增加，这与教育对个人及整个社会的重要性成反比。因此，虽然外国人接受初等教育收取昂贵费用并不合理，但大学阶段收取这些高额费用是合理的。鉴于中等教育对个人发展、融入社会和提高专业度的重要性，所以中等教育阶段应更严格地审查是否存在差别待遇。法院澄清说，它在国家是否有权剥夺所有非法移民享受其向公民和某些类别外国人提供的教育福利方面不发表意见。但是对该案件，欧洲人权法院认为"不需要考虑到阻止或扭转非法移民的流动"。而且申请人并没有试图非法利用保加利亚的教育制度，因为他们在母亲与保加利亚人结婚后，很小就来到保加利亚生活，所以他们别无选择，只好在保加利亚上学。因此，欧洲人权法院裁定这违反

---

[1] ECtHR, Ponomaryovi v. Bulgaria, No. 5335/05, 21 June 2011, para. 60.

了《欧洲人权公约》第 14 条和《欧洲人权公约第 1 号议定书》第 2
条的规定。

3.4. 禁止基于年龄的歧视

关键点

● 欧盟法律和《欧洲人权公约》都禁止基于年龄的歧视。

根据欧盟法律，欧盟《基本权利宪章》第 21 条明确表示，禁止基
于"年龄"的歧视。第 24 条规定了受保护的基本权利中的儿童权利。
根据欧盟目前禁止歧视的立法，对禁止年龄歧视比对禁止种族和族裔歧
视或禁止性别歧视的保护更为有限。目前只有在寻求工作的情况下禁止
年龄歧视，类似于禁止性取向、残疾和宗教或信仰歧视。

《就业平等指令》适用于依法有权工作的儿童。尽管欧盟所有成员
国都批准的《国际劳工组织关于最低就业年龄的公约》[1] 规定了最低
工作年龄为 15 岁，但欧盟成员国之间在这一最低工作年龄方面仍然存
在分歧[2]。根据《就业平等指令》第 6 条，各成员国可提供正当性依
据，使不同年龄导致的差别待遇合理化。如果这些差别待遇可以被客观
合理地证明是具备合法目标的，并且实现这一目标的手段是适当和必要
的，那么这些差别待遇就不构成歧视了。关于儿童和青年，这种差别待
遇包括在就业和职业培训、就业和职业方面设置特殊条件，以促进他们
的职业融合或确保他们的安全。

根据欧洲理事会法律，《欧洲人权公约》第 14 条和《欧洲人权公
约第 12 号议定书》第 1 条没有在禁止歧视的理由清单中明确提及"年

---

〔1〕 International Labour Organization (ILO) (1973), Convention concerning Minimum Age for
Admission to Employment, No. 138.

〔2〕 European Network of Legal Experts in the non-discrimination field, O'Dempsey, D. and
Beale, A. (2011), Age and employment, European Commission, Directorate-General for Justice,
Luxembourg, Publications Office.

龄"。然而，欧洲人权法院审查了与《欧洲人权公约》保护的各种权利中有关年龄歧视的问题，从而暗示性地将年龄列入"其他地位"。例如，在 D. G. 诉爱尔兰〔1〕和布马尔诉比利时〔2〕案件中，欧洲人权法院发现各国司法系统中对成年人和儿童的拘留在适用《欧洲人权公约》方面的条件有所不同。这种差异源于对成年人和儿童的拘留目的不同，对成年人是出于惩罚性目的，而对儿童是基于预防目的。因此，法院认为"年龄"也能作为歧视的一种理由。

3.5. 禁止基于其他受保护理由的歧视

关键点

●在欧洲有关儿童的判例中，还提到了诸如残疾或出生等歧视原因。

根据欧盟法律，欧盟《基本权利宪章》第 21 条还禁止基于与儿童密切相关的其他理由的歧视，如性别、遗传特征、语言、残疾或性取向。至少在残疾问题上，欧盟法院承认欧盟法律也保护免遭所谓的"联合歧视"，即禁止歧视与具有受保护特征人有特殊联系的人（如残疾儿童的母亲）。

例如：在科尔曼诉阿特里奇·劳和斯蒂夫·劳〔3〕一案中，欧盟法院指出《就业平等指令》虽然包含旨在满足残疾人特别需要的规定。但是，并不能据此得出"必须严格解释《就业平等指令》中所载平等待遇原则"的结论，认为其只禁止针对残疾群体的和基于残疾的直接歧视。欧盟法院指出，该指令并非适用于某一类人，而是适用于歧视的性质本身。因为将其适用范围限制在残疾人群体的解释，

---

〔1〕 ECtHR, D. G. v. Ireland, No. 39474/98, 16 May 2002（另见第 11. 2. 1 节）.

〔2〕 ECtHR, Bouamar v. Belgium, No. 9106/80, 29 February 1988（另见第 11. 2. 1 节）.

〔3〕 CJEU, C-303/06, S. Coleman v. Attridge Law and Steve Law［GC］, 17 July 2008.

会减损该指令的有效性及其欲达到的保护目的。欧盟法院认为，该指令规定的禁止直接歧视并不限于残疾人。因此，如果雇主在同等情况下，基于其子女的残疾（该子女主要由该雇员照顾）对该雇员比其他雇员更为优待，那么这种区别待遇就属于直接歧视，为指令所禁止。

根据欧洲理事会法律，欧洲人权法院还判决了其他有关儿童歧视的案件，例如基于语言[1]或从属关系[2]的歧视。

例如：在法布里斯诉法国[3]一案中，申请人抱怨说，他未能从2001 年颁布的一项法律中受益，该法规定通奸所生的子女与合法的子女享有同等的继承权。根据 2000 年马祖雷克诉法国[4]案，欧洲人权法院认为保护申请人同父异母兄弟和同母异父妹妹继承权的合法目的，并不与他要求继承母亲遗产份额的请求相冲突。在这种情况下，任何待遇上的差别都是歧视性的，因为它们没有客观合理的理由。所以法院认定，它违反了《欧洲人权公约》第 14 条和《欧洲人权公约第 1 号议定书》第 1 条[5]的规定。

对于残疾儿童，欧洲社会权利委员会认为在《欧洲社会宪章》第 17 条第 2 款的适用中对残疾儿童和非残疾儿童进行了区分。然而，将残疾儿童纳入主流学校是一种常态，在这种情况下，学校会根据他们的

---

[1]　ECtHR, Case "Relating to certain aspects of the laws on the use of languages in education in Belgium" v. Belgium, Nos. 1474/62, 1677/62, 1691/62, 1769/63, 1994/63 and 2126/64, 23 July 1968.

[2]　ECtHR, Fabris v. France [GC], No. 16574/08, 7 February 2013.

[3]　Ibid.

[4]　ECtHR, Mazurek v. France, No. 34406/97, 1 February 2000.

[5]　ECtHR, Fabris v. France [GC], No. 16574/08, 7 February 2013.

特殊需要做出安排，特殊教育学校应该是例外[1]。此外，根据《欧洲社会宪章》第 17 条第 2 款，就读特殊教育学校的儿童必须得到充分的指导和培训，以便和主流学校中的儿童一样完成他们的学业[2]。第 7.3 节进一步论述了儿童与教育有关的权利。

根据联合国条约规定，《儿童权利公约》第 2 条以非详尽的形式列出了禁止歧视儿童的理由，特别将"出生"列为其中之一。其中第 2 条规定：

1. 缔约国应尊重本公约所载列的权利，并确保其管辖范围内每一儿童均享受此种权利，不因儿童或其父母或法定监护人的种族、肤色、性别、语言、宗教、政治或其他见解、民族、族裔或社会出身、财产、伤残、出生或其他身份而有任何差别。

2. 缔约国应采取一切适当措施确保儿童得到保护，不受基于儿童父母、法定监护人或家庭成员的身份、活动、所表达的观点或信仰而加诸的所有形式的歧视或惩罚。

---

〔1〕 ECSR, International Association Autism Europe (IAAE) v. France, Complaint No. 13/2002, 4 November 2003.

〔2〕 ECSR, Mental Disability Advocacy Center (MDAC) v. Bulgaria, Complaint No. 41/200, 3 June 2008.

4. 个人身份问题

欧　　盟	相关主题	欧洲理事会
	出生登记和姓名权	欧洲人权法院,约翰逊诉芬兰(Johansson v. Finland),第 10163/02 号,2007 年(拒绝注册以前已经使用的他人姓名); 《保护少数者框架公约》,第 11 条(使用母语姓氏的权利); 《关于儿童收养的欧洲公约》(修订),第 11 条第 3 款(保留被收养儿童的原名)
	个人身份的权利	《欧洲人权公约》,第 6 条(公正审判)和第 8 条(尊重私人和家庭生活的权利); 欧洲人权法院,加斯金诉英国(Gaskin v. the United Kingdom),第 10454/83 号,1989 年(拒绝查阅儿童保育记录); 欧洲人权法院,米奇诉马耳他(Mizzi v. Malta),第 26111/02 号,2006 年(对亲子关系的质疑无效);

欧 盟	相关主题	欧洲理事会
		欧洲人权法院,梅尼森诉法国(Mennesson v. France),第 65192/11 号,2014 年(代孕父亲享受生父待遇); 欧洲人权法院,哥德利诉意大利(Godelli v. Italy),第 33783/09 号,2012 年(关于生母的非身份信息); 《关于儿童收养的欧洲公约》(修订),第 22 条
	身份盗窃	欧洲人权法院,K. U. 诉芬兰(K. U. v. Finland),第 2872/02 号,2008 年(在受害者不知情的情况下将其放置在互联网广告上)
欧盟法院,C-200/02,朱坤钱-凯瑟琳和陈曼-拉维特诉内政部国务秘书(Kunqian Catherine Zhu and Man Lavette Chen v. Secretary of State for the Home Department)(作为欧盟公民的儿童的主要照顾者的居住权); 欧盟法院,C-34/09,杰拉尔多·鲁伊斯·桑布拉诺诉国家工商局(Gerardo Ruiz Zambrano v. Office National de l'Emploi),2011 年(未成年欧盟公民儿童的居住权)	公民身份	欧洲人权法院,吉诺维斯诉马耳他(Genovese v. Malta),第 53124/09 号,2011 年(任意剥夺非婚生子女的公民身份); 《欧洲国籍公约》(European Convention on Nationality); 《欧洲理事会关于避免与国家继承有关的无国籍问题的公约》(CoE Convention on the Avoidance of Statelessness in Relation to State Succession)

欧　盟	相关主题	欧洲理事会
	少数民族身份	《保护少数者框架公约》,第 5 条第 1 款(保留少数民族身份的基本条件)

　　鉴于欧盟在这一领域的能力有限，个人身份问题在欧盟层面还没有普遍得到解决。然而，一方面欧盟法院从行动自由原则的角度对姓名权（特别是其姓名已在一个欧盟成员国中得到承认，在其他成员国中也同样应当得到承认）进行判决。公民身份和居住方面也根据《欧洲联盟运作条约》第 20 条进行了判决。另一方面，欧洲理事会，特别是通过欧洲人权法院的判例法，解释和发展了在个人身份领域的若干基本权利的适用问题。因此，除了在欧盟层面处理个人身份问题的某些领域外，以下各节仅涉及欧洲理事会的法律。

　　本章不涉及具体的基本权利。相反，它讨论了与身份相关的基本权利问题的交叉内容，如出生登记和姓名权（第 4.1 节）；个人身份的权利（第 4.2 节）；确定某人的出生：收养（第 4.3 节）；身份盗窃（第 4.4 节）；公民权利（第 4.5 节）；和属于少数者的儿童身份（第 4.6 节）。在其他章节，特别是关于性虐待（第 7 章）或数据保护（第 10 章）中也讨论了几个相关问题。其中某些权利，例如姓名权，主要被认为是父母的权利，但是从对儿童自身权利的影响来看，这种命名方式会很容易反过来影响到儿童本身。

4.1. 出生登记和姓名权

关键点

　　●拒绝登记已获得接受的儿童姓氏可能违反《欧洲人权公约》第 8 条（尊重私人和家庭生活的权利）。

　　与联合国条约（例如《公民权利和政治权利国际公约》第 24 条第

2 款、《儿童权利公约》第 7 条第 1 款和《残疾人权利公约》第 18 条）不同，欧洲基本权利条约未明确规定出生后立即进行出生登记的权利或自出生获得姓名的权利。

根据欧盟法律，法院从行动自由的角度对待登记姓名的权利。欧盟法院认为行动自由意味着，欧盟成员国无法拒绝承认在另一成员国已经注册的儿童姓氏，如果该儿童是该注册国公民或出生并居住在该注册国。[1]

根据欧洲理事会法律，拒绝对儿童进行出生登记可能会违反有关《欧洲人权公约》第 8 条的规定。

首先，欧洲人权法院认定，姓名是"在家庭和社区内识别个人的一种手段"，属于《欧洲人权公约》第 8 条[2]规定的尊重私人和家庭生活的权利范围。父母选择其儿童的名字[3]和姓氏[4]是他们私生活的一部分。法院认为，国家当局拒绝登记可能对儿童造成伤害或导致偏见的名字是不违反《欧洲人权公约》第 8 条[5]的。但是，拒绝登记不适合儿童却已被接受的姓氏可能违反《欧洲人权公约》第 8 条。

例如：在约翰逊诉芬兰[6]一案中，当局拒绝登记"Axl Mick"这个名字，因为拼写不符合芬兰的命名规则。欧洲人权法院认为，虽然遵守国家命名规则是符合公共利益的，但必须适当考虑到儿童的最大利益。对此，芬兰政府认为这个名字在其他领域已经被正式注册，所以不能再给儿童起这个名字。欧洲人权法院则认为，因为这个名字已经在芬兰得到接受，而且无人声称其对国家文化和语言

---

〔1〕 See CJEU, C-148/02, Carlos Garcia Avello v. Belgian State, 2 October 2003；CJEU, C-353/06, Stefan Grunkin and Dorothee Regina Paul［GC］, 14 October 2008.

〔2〕 ECtHR, Guillot v. France, No. 22500/93, 24 October 1993, para. 21.

〔3〕 ECtHR, Johansson v. Finland, No. 10163/02, 6 September 2007, para. 28；ECtHR, Guillot v. France, No. 22500/93, 24 October 1993, para. 22.

〔4〕 ECtHR, Cusan and Fazzo v. Italy, No. 77/07, 7 January 2014, para. 56.

〔5〕 ECtHR, Guillot v. France, No. 22500/93, 24 October 1993, para. 27.

〔6〕 ECtHR, Johansson v. Finland, No. 10163/02, 6 September 2007.

特征产生了负面影响。最终，欧洲人权法院的结论是，在此案中，公共利益的要求无法阻止父母行使为其儿童起名的权利。因此，法院认定芬兰政府的行为违反了《欧洲人权公约》第 8 条的规定。

欧洲人权法院还认为，规定在出生登记时，应当以丈夫的姓氏为合法子女命名的规则本身并不违反《欧洲人权公约》。但是，在任何情况下必须适用该规则对妇女来说过于严格，而且具有一定的歧视性。因此，违反了《欧洲人权公约》第 8 条和第 14 条的规定。[1]

欧洲理事会《保护少数者框架公约》第 11 条规定，属于少数者的每个人都有权以其少数者语言命名其姓氏和名字，并获得官方认可，但必须符合法律规定。

经修订的《关于儿童收养的欧洲公约》第 11 条第 3 款规定缔约国有可能保留被领养儿童的原有姓氏。[2] 这是一个普遍原则的例外，即被收养儿童与其原有家庭之间的法律关系被保留下来。

4.2. 个人身份的权利

关键点

● 了解自己出身的权利属于儿童私生活的范围。

● 亲权的确立需要谨慎地平衡儿童获知他/她身份的利益，其推定或声称的父亲利益以及公众权益。

● 根据《欧洲人权公约》第 8 条（尊重私人和家庭生活的权利），允许匿名分娩，前提是儿童至少可以获得有关其亲生母亲的非身份信息，并可能要求亲生母亲放弃保密这些信息。

● 被收养的儿童有权获得有关其出身的信息。而亲生父母享有不披露其身份的合法权利，但这不等于绝对否决。

---

〔1〕 ECtHR, Cusan and Fazzo v. Italy, No. 77/07, 7 January 2014, para. 67.

〔2〕 Council of Europe, European Convention on the Adoption of Children (Revised), CETS No. 202, 2008.

根据欧洲理事会的法律，《欧洲人权公约》第8条规定了身份权和个人发展权。个人身份的详细信息和"知悉个人身份重要方面的真相，如父母的身份"[1] 所需的必要信息被认为与个人发展有关。出生和出生环境是儿童私生活的一部分。"关于个人童年、发展和成长历程等高度个人化方面的信息"构成了"个人关于过去和成长经历的主要信息来源"[2]，所以当儿童无法获取这些信息时，就会导致出现违反《欧洲人权公约》第8条的问题。

国际法上《儿童权利公约》第8条对儿童身份权的保护是相当详细和重视的。它禁止非法干涉儿童身份信息的保存，包括法律承认的国籍、姓名和家庭关系。它还保证在儿童被非法剥夺其身份的某些或所有要素时，提供"适当的援助和保护"，以便迅速重新确立其身份。

4.2.1. 确立父子关系

已经有儿童根据欧洲理事会的法律，向欧洲人权法院申诉无法确定其亲生父亲的身份。欧洲人权法院认为，确定儿童与其亲生父亲之间的法律关系是私人生活的一部分（《欧洲人权公约》第8条）。血缘关系是个人身份的一个基本方面。[3] 然而，儿童确立亲子关系的利益必须与推定的父亲利益和公共利益相平衡。事实上，法律规定了儿童有权确认其和亲生父亲的亲子关系，但这并不能对抗父亲反对认定法律上的父子关系的权利。

例如：在米库利克诉克罗地亚[4]一案中，申请人是非婚生子女，通过提起诉讼，以确立其与假定亲生父亲的亲子关系。被告多次拒绝出庭接受法院命令的 DNA 检测，这导致了亲子诉讼延期长达

---

〔1〕　ECtHR, Odièvre v. France [GC], No. 42326/98, 13 February 2003, para. 29.

〔2〕　ECtHR, Gaskin v. the United Kingdom, No. 10454/83, 7 July 1989, para. 36.

〔3〕　ECtHR, Mennesson v. France, No. 65192/11, 26 June 2014, para. 96.

〔4〕　ECtHR, Mikulić v. Croatia, No. 53176/99, 7 February 2002, paras. 64~65.

5年。法院认为，如果根据国内法，被诉的父亲不能被迫接受医疗检查，那么各国必须提供替代手段，以便由一个独立的机构迅速鉴定亲子关系。因此，法院认定该案件中的行为违反了《欧洲人权公约》第8条。

例如：在米奇诉马耳他[1]一案中，由于法律规定的6个月期限已经过去，推定的父亲无法否认其和妻子所生儿童之间的亲子关系。欧洲人权法院根据《欧洲人权公约》第6条（获得公正审判的权利）和第8条（私生活和家庭生活受到尊重的权利）审查了这一案件。法院注意到，在特定时限内，假定的父亲必须搜集证据以否认儿童与其的亲子关系，这是为了确保法律的确定性和保护儿童了解其身份的利益。然而，这些目标并不绝对否定父亲有拒绝承认父子关系的权利。在本案中，出生起就否认父子关系的实际不可能性，给这位假定的父亲带来了过重的负担，侵犯了其诉诸法院的权利和《欧洲人权公约》第6条所载的获得公正审判权利。它还不成比例地侵犯了该父亲根据《欧洲人权公约》第8条所享有的权利。[2]

寻求确定亲生父亲身份的儿童利益和其生父利益有时是一致的。这种情况发生在父亲由于缺乏法律行为能力而无法在国内提起诉讼，以确立与其子女亲子关系的时候。欧洲人权法院认为，当其生父无法提起诉讼以确定亲子关系，使得该儿童完全依赖国家当局的自由裁量来确定亲子关系，这不符合这名非婚生子女的最大利益。[3]

当儿童的法定代理人（在本案中为母亲）不能适当地代表儿童时，例如母亲具有严重残疾，依据儿童的最大利益原则，当局就负有介入确

---

〔1〕 ECtHR, Mizzi v. Malta, No. 26111/02, 12 January 2006.

〔2〕 Ibid., paras. 112~114.

〔3〕 ECtHR, Krušković v. Croatia, No. 46185/08, 21 June 2011, paras. 38~41.

立亲子关系诉讼的积极义务。[1]

在承认准父母和代孕所生子女之间亲子关系的具体案件中，欧洲人权法院原则上承认各国有很大的自由裁量余地，因为欧洲各国在允许或承认代孕亲子关系方面没有达成共识。然而，亲子关系是构成儿童身份的一个基本方面，这就限制了法院的自由裁量权。

例如：梅尼森诉法国[2]一案涉及法国当局基于公共政策理由，拒绝登记在美国代孕出生的儿童。欧洲人权法院认为，这种拒绝登记不属于侵犯申请人的尊重家庭生活权利的行为，法院认为申请人在法国依旧能够享受家庭生活，他们可能面临的行政障碍并不是不可逾越的。关于尊重儿童私生活的权利，法院非常重视儿童最大利益。法院特别强调，打算在证书上登记为父亲的男子，同时也是代孕儿童的亲生父亲。在确定亲子关系以及有关养父母的声明得到充分确认的情况下，剥夺儿童的法律亲属关系是不符合该儿童最大利益的。因此，法院认定法国在儿童的私生活权利保障方面违反了《欧洲人权公约》第8条规定。[3]

4.2.2. 确立母子关系（匿名分娩）

根据欧洲理事会的法律，儿童获得其出生信息的利益，特别是确认其生母的利益，必须与其他私人和公共利益相平衡，如所涉家庭的利益、防止非法堕胎的公共利益、儿童遗弃或儿童健康保护。在亲生母亲决定保持匿名的情况下，儿童至少可以获得关于亲生母亲的非身份信息，也可以要求亲生母亲放弃保密这些信息，这符合《欧洲人权公约》

---

〔1〕 ECtHR, A. M. M. v. Romania, No. 2151/10, 14 February 2012, paras. 58~65 (available in French).

〔2〕 ECtHR, Mennesson v. France, No. 65192/11, 26 June 2014.

〔3〕 Ibid. , para. 100；see also ECtHR, Labassee v. France, No. 65941/11, 26 June 2014, para. 79.

第8条的规定。[1]

> 　　例如：在哥德利诉意大利[2]一案中，申请人在出生时被母亲遗弃，其母亲不同意在出生证上署名。申请人无法获得有关其出生的非标识信息，也无法获知其母亲的身份。欧洲人权法院认定这违反了《欧洲人权公约》第8条，因为国家没有在亲生母亲和子女的相互利益之间取得适当的平衡。

4.3. 确定某人的出生：收养

　　儿童了解其出生的权利在收养方面十分重要。除知情权之外，与收养有关的实质性保证，在第6.3节进行了讨论。

　　根据欧洲理事会法律，《关于儿童收养的欧洲公约》（修订）第22条第3款是一项相当有力的条款，规定了被领养儿童有权获取其出生信息。它允许缔约国给予亲生父母不透露其身份的合法权利，只要它不构成绝对拒绝透露相关信息。主管当局必须能够确定它是否凌驾于亲生父母的权利之上，并可以根据情况和各自享有的权利披露相关身份信息。在被收养的情况下，被收养的儿童必须至少能够获得证明其出生日期和地点的文件。[3]

　　根据国际法，《关于跨国收养的海牙公约》规定，被收养儿童有可能"在适当的指导下"获得有关其父母身份的信息，但是否允许则由每一缔约国决定。[4]

---

〔1〕 ECtHR, Odièvre v. France［GC］, No. 42326/98, 13 February 2003, paras. 48~49.

〔2〕 ECtHR, Godelli v. Italy, No. 33783/09, 25 September 2012, para. 58.

〔3〕 Council of Europe, European Convention on the Adoption of Children（Revised）, CETS No. 202, 2008, Art. 22.

〔4〕 Hague Conference on Private International Law, Convention on Protection of Children and Cooperation in Respect of Inter country Adoption, 29 May 1993, Art. 30（2）.

4.4. 身份盗窃

关键点

●必须确保切实有效地保护儿童身份免遭盗窃。

身份盗窃是指在儿童不知情的情况下使用其姓名的行为。

在欧洲理事会法律背景下，欧洲人权法院根据《欧洲人权公约》第 8 条来处理有关尊重私人和家庭生活权的身份盗窃问题。它认为，各国有义务确保切实有效地保护儿童身份免遭盗窃，各国必须采取有效措施，查明和起诉肇事者。[1]

例如：K.U. 诉芬兰[2]一案是关于在互联网约会网站上刊登的一则广告。广告中出现一名 12 岁男孩的名字，但他自己不知情。广告中提到了他的年龄、电话号码、身体描述，并提供一个显示他照片的网页链接。而且这个广告内容是和性相关的，讲述了这个男孩正在寻找与他同龄或年长的男孩，从而建立亲密关系，因此使他成为了恋童癖者的目标。根据芬兰法律，申请人无法从互联网提供商那里获得投放广告者的身份。欧洲人权法院认为，《欧洲人权公约》第 8 条规定的积极义务不仅要求将这种行为定为刑事犯罪，而且要求有效地调查和起诉这些罪行，尤其是在儿童的身心健康受到威胁时。在本案中，欧洲人权法院裁定由于儿童信息被暴露在互联网上，从而让男孩成为恋童癖者的目标，这对儿童不论在身体和道德上都造成威胁。因此，违反了《欧洲人权公约》第 8 条的规定。

身份盗窃通常还与儿童色情和诱拐密切有关，这些都将在第 7.2 节中讨论。

---

[1] ECtHR, K.U. v. Finland, No. 2872/02, 2 December 2008, para. 49.
[2] ECtHR, K.U. v. Finland, No. 2872/02, 2 December 2008.

4.5. 公民权利

关键点

● 作为欧盟公民的儿童在欧盟的居留权，不应因其父母的居留权利被否认而被剥夺任何实质性的权利。

● 《欧洲人权公约》不保障公民权利，但任意拒绝承认公民身份可能属于《欧洲人权公约》第 8 条（尊重私人和家庭生活的权利）的范畴，因为它会影响个人的私生活。

根据欧盟法律，《欧洲联盟运作条约》第 20 条第 1 款将欧盟公民的身份授予欧盟的每个成员国公民。而欧盟法院能够裁决拥有其他欧盟成员国国籍，但不具有居住地欧盟成员国国籍的儿童的居住权问题。在欧盟内，对一个拥有欧盟国籍儿童的父母而言，其居住权被剥夺是一个很严重的问题。欧盟法院认为，拒绝给予作为儿童主要照顾者的父母以居住权，实际上就是剥夺了儿童的居住权。因此，作为主要照顾者的家长有权与处于东道国的儿童一起居住。[1] 这些内容在第 9.5 节中有更详细的介绍。

根据欧洲理事会法律，欧洲人权法院并不保障公民权利。[2] 然而任意拒绝承认公民身份属于《欧洲人权公约》第 8 条的规制范围，因为这会影响到个人的私生活，其中包括儿童社会身份[3]的各个方面——这是指儿童在社会上的身份。

例如：在吉诺维斯诉马耳他一案中，在马耳他境外出生的非婚生儿童被剥夺了马耳他公民身份，因为其母亲不是马耳他公民，只有

---

〔1〕 CJEU, C-200/02, Kunqian Catherine Zhu and Man Lavette Chen v. Secretary of State for the Home Department, 19 October 2004, paras. 45~46.

〔2〕 ECtHR, Slivenko and Others v. Latvia〔GC〕, Decision on admissibility, No. 48321/99, 23 January 2002, para. 77.

〔3〕 ECtHR, Genovese v. Malta, No. 53124/09, 11 October 2011, para. 33.

父亲是受到法律承认的马耳他公民。拒绝承认儿童的公民身份本身并不违反《欧洲人权公约》第 8 条。然而，以非婚生为由任意剥夺公民权引起了歧视问题。在这一基础上的任意差别待遇需要有正当的理由。在没有正当理由的情况下，该剥夺行为被认定为违反了《欧洲人权公约》第 8 条和第 14 条。[1]

条约中对获得公民身份规定的一个关键理由是避免出现无国籍状态。《欧洲国籍公约》载有关于儿童合法取得国籍的详细规定，并限制了儿童丧失公民权的可能性。[2]《欧洲理事会关于避免与国家继承有关的无国籍问题的公约》缔约国规定有义务避免儿童出生时的无国籍状态（第 10 条）。此外，还规定了在无国籍情况下，儿童享有继承其父母国籍的权利（第 2 条）。[3] 经修订的《关于儿童收养的欧洲公约》第 12 条也规定了如何避免无国籍状态的出现：各国必须为本国公民所领养的儿童取得国籍提供便利，并且因领养而丧失国籍是以拥有或取得另一国籍为条件。

根据国际法，《儿童权利公约》第 7 条保障获得国籍的权利，《公民权利和政治权利国际公约》第 24 条第 3 款也是如此。

4.6. 属于少数者的儿童身份

关键点

●属于少数者的儿童有权享受自己的文化、信奉和实践自己的宗教，并使用自己的语言。[4]

---

〔1〕 Ibid. , paras. 43~49.

〔2〕 Council of Europe, European Convention on Nationality, CETS No. 166, 1997, Arts. 6 and 7.

〔3〕 Council of Europe, Convention on the Avoidance of Statelessness in relation to State Succession, CETS No. 200, 2006.

〔4〕 关于经济、社会和文化权利的其他内容，参见第 8 章。

根据欧盟法律，从基本权利的角度来看，没有对属于少数者的儿童身份给予特别关注。此外，欧盟在该事项方面没有任何权威的先例可供参考，只有欧洲理事会设立的相关标准。

根据欧洲理事会法律，《保护少数者框架公约》第 5 条第 1 款明确提到，缔约国承诺保留属于少数者的身份的基本要素，即其宗教、语言、传统和文化遗产，但没有针对儿童的规定。在第 8.2 节中讨论了在教育中使用语言的问题。

根据国际法，《儿童权利公约》第 30 条保障属于少数者或原为土著居民的儿童与其群体的其他成员共同享有自己的文化，信奉自己的宗教并举行宗教仪式，或在社区内使用自己的语言的权利。

5. 家庭生活

欧 盟	相关主题	欧洲理事会
《基本权利宪章》,第 7 条(尊重家庭生活的权利)	尊重家庭生活的权利	《欧洲人权公约》,第 8 条(尊重家庭生活的权利)
《基本权利宪章》,第 24 条(儿童权利); 维护条例(4/2009)	受父母照顾的权利	欧洲人权法院,R. M. S.诉西班牙,第 28775/12 号,2013 年(禁止其与女儿的联系)
《基本权利宪章》,第 24 条第 3 款(与父母双方保持联系的权利); 《布鲁塞尔二号法规(二)》(Brussels II bis Regulation)(2201/2003); 调解指令(Mediation Directive)(2008/52/EC)	与父母双方保持联系的权利	《关于与儿童联系的公约》(Convention on Contact concerning Children)
《诉诸司法指令》(Access to Justice Directive)(2002/8/EC)(在跨境纠纷中诉诸司法)	与父母分离	欧洲人权法院,莱文诉瑞典(Levin v. Sweden),第 35141/06 号,2012 年(限制联系权); 欧洲人权法院,施耐德诉德国(Schneider v. Germany),第 17080/07 号,2011 年(儿童和非法定认可的父亲之间的联系);

续表

欧 盟	相关主题	欧洲理事会
		欧洲人权法院,索末菲尔德诉德国[GC](Sommerfeld v. Germany),第31871/96 号,2003 年(父亲和女儿之间的联系); 欧洲人权法院,穆斯塔法和阿尔马甘·阿金诉土耳其(Mustafa and Armağan Akin v. Turkey),第4694/03 号,2010 年(接受监护后的兄弟姐妹之间的联系); 欧洲人权法院,沃伊蒂诉匈牙利(Vojnity v. Hungary),第29617/07 号,2013 年(对以宗教信仰为由的联系的限制)
《基本权利宪章》,第 24 条(儿童权利); 《布鲁塞尔二号法规(二)》,(2201/2003); 欧盟法院,第 C211/10 PPU号,多丽丝·珀富斯诉莫罗·阿尔帕戈(Doris Povse v. Mauro Alpago),2010 年(执法凭证)	诱拐儿童	《关于与儿童联系的公约》; 欧洲人权法院,纽林格和舒鲁克诉瑞士[GC](Neulinger and Shuruk v. Switzerland),第 41615/07 号,2010 年(由母亲照顾儿童); 欧洲人权法院,X 诉拉脱维亚[GC](X v. Latvia),第 27853/09号,2013 年(根据《海牙公约》,儿童被送回原籍国面临严重风险)

欧洲法律——主要是欧盟和欧洲理事会法律制度都规定了尊重家庭生活的权利(欧盟《基本权利宪章》第 7 条;欧洲理事会《欧洲人权公约》第 8 条)。欧盟有关尊重家庭生活权利的内容涉及跨境争端,包括承认和执行各成员国的判决。欧盟法院是审理欧盟《基本权利宪章》所规定的儿童的最大利益和家庭生活权等事宜(这与《布鲁塞尔二号

法规（二）》条例有关）的机构。欧洲人权法院的家庭生活方面的判例法承认各项权利是相互依存的，例如家庭生活的权利和作为首要考虑的儿童最大利益之间相互依存。它承认儿童权利有时是相互冲突的。例如，尊重儿童家庭生活的权利可能会受到限制，以确保儿童最大利益的实现。此外，欧洲理事会还通过了其他各种文件，来解决与儿童探视、儿童监护和行使儿童权利有关的事项。

本章考察了尊重家庭生活和相关的其他儿童权利，特别是这些权利的内容和范围，相关的法律义务及与其他权利的相互作用。所涉及的具体内容包括尊重家庭生活的权利（第5.1节），儿童受父母照顾的权利（第5.2节），与父母双方保持联系的权利（第5.3节）和诱拐儿童（第5.4节）。

5.1. 尊重家庭生活的权利

关键点

●各国负有积极的义务确保儿童切实享有其家庭生活受到尊重的权利。

●根据欧盟和欧洲理事会的法律，司法和行政当局应当在有关尊重儿童家庭生活权利的任何决定中考虑儿童的最大利益。

尊重儿童家庭生活的权利包括一系列综合权利，例如：儿童受父母照顾的权利（第5.2节）；与父母双方保持联系的权利（第5.3节）；除了符合儿童最大利益的事项外，儿童不得与父母分离的权利（第5.4节和第6章）和家庭团聚的权利（第9章）。

根据欧盟法律和欧洲理事会法律，尊重家庭生活的权利并不是绝对的，而且受到若干限制。这些限制正如欧盟《基本权利宪章》[1] 的解释性说明所阐明的那样，与《欧洲人权公约》的相应规定是相同的，

---

〔1〕 European Parliament, Council of the European Union, European Commission (2007), "Explanations relating to the Charter of Fundamental Rights", 2007/C 303/02, OJ 2007 C 303, 14 December 2007, pp. 17~35, 见有关《基本权利宪章》第7条的解释。

特别是《欧洲人权公约》第 8 条第 2 款规定相关限制必须满足以下条件：依照法律规定以及基于在民主社会中为了国家安全、公共安全或国家的经济福利；为了防止动乱或犯罪；为了保护健康或道德；为了保护他人的权利与自由。[1]

欧盟《基本权利宪章》在这一权利中明确规定了考虑儿童最大利益的缔约国义务（第 24 条第 2 款）[2]。尽管《欧洲人权公约》没有明确规定遵守儿童最大利益的缔约国义务，但法院已将该缔约国义务纳入其判例法。[3]

5.2. 儿童受父母照顾的权利

关键点

●欧盟法律规定了儿童接受父母照顾权利的各项程序。

●根据《欧洲人权公约》的规定，各国在尊重儿童和父母的家庭生活权利方面承担消极和积极的义务。

儿童了解其父母的身份和受父母照顾的权利是尊重儿童家庭生活权利的两个核心组成部分。它们在某种程度上是相互依存的：通过父母的照料确保儿童了解父母身份的权利。然而，有时两者是不同的——例如，对通过医疗辅助生殖技术而被收养或出生的儿童。在这种情况下，这项权利与儿童的身份权利更密切相关，即通过了解他/她的亲生父母的年龄来表达，这在第 4 章中已有介绍。本节的重点是第二项权利，即儿童受其父母照顾的权利。

欧盟法律中没有关于父母照顾儿童权利实质范围的规定。欧盟文件可能涉及跨境问题，如承认和执行各成员国的判决。例如，关于司法管辖权所适用的法律，即承认和执行与维护有关事宜（维护条例）的决

---

〔1〕 Council of Europe, Convention for the Protection of Human Rights and Fundamental Freedoms, CETS No. 5, 1950, Art. 8.

〔2〕 CJEU, C400/10 PPU, J. McB. v. L. E., 5 October 2010.

〔3〕 See, for example, ECtHR, Ignaccolo–Zenide v. Romania, No. 31679/96, 25 January 2000, para. 94.

定和合作的第 4/2009 号条例涵盖了所有由家庭关系引起的跨境诉讼或赔偿申请[1]。这些法律为整个欧盟制定了共同的适用规则，目的是确保债务人或债权人在另一国也能得到索赔。

根据欧洲理事会法律，欧洲人权法院强调《欧洲人权公约》第 8 条主要规定了国家不干预家庭生活的义务。[2] 不过，各国也有积极义务采取必要的措施来支持父母和家庭以保护儿童免受潜在的虐待。[3] 只有在特殊情况下，才能将儿童与其父母分离。而分离后，必须尽一切努力维护父母与儿童的联系，并在适当时促使家庭"团聚"。当作出将儿童与父母分开的初步决定时，各国有很大的自由裁量空间。[4] 然而，欧洲人权法院还要求，任何进一步的限制都需要进行更严格的审查，如对探望权以及旨在确保有效尊重父母和儿童家庭生活权利的法律保障措施的任何限制。这些进一步的限制措施会带来一种危险，即幼童与父母之一或双方之间的家庭关系实际上会遭到削弱。同样，在将母亲与新生婴儿分开的时候，国家也必须提供足够令人信服的理由。[5]

因为儿童与父母分居，他们共同生活的时间减少，所以国家当局应提出有力的理由支持维持儿童和父母的分居状态。[6] 欧洲人权法院则需要分析国家决策的过程是否公正，以及所有参与方是否都有机会陈述案情。

例如：在 R. M. S 诉西班牙[7]一案中，申请人辩称由于她的社会经济地位，从女儿 3 岁 10 个月起，她就被剥夺与其的一切联系。法院

---

〔1〕 Council of the European Union (2008), Council Regulation (EC) No. 4/2009 of 18 December 2008 on jurisdiction, applicable law, recognition and enforcement of decisions and cooperation in matters relating to maintenance, OJ 2008 L 7 (Maintenance Regulation).

〔2〕 ECtHR, R. M. S. v. Spain, No. 28775/12, 18 June 2013, para. 69.

〔3〕 Ibid. , para. 69 and following.

〔4〕 ECtHR, Y. C. v. the United Kingdom, No. 4547/10, 13 March 2012, para. 137.

〔5〕 ECtHR, K. and T. v. Finland〔GC〕, No. 25702/94, 12 July 2001, para. 168.

〔6〕 ECtHR, Y. C. v. the United Kingdom, No. 4547/10, 13 March 2012, para. 137.

〔7〕 ECtHR, R. M. S. v. Spain, No. 28775/12, 18 June 2013.

认定这一行为违反《欧洲人权公约》第8条，并强调，"西班牙行政当局本来应该考虑采取其他不这么严格的措施来使儿童得到照顾。"法院还指出："社会福利机构的作用恰恰是帮助有困难的人……为他们提供指导，并就诸如现有的各种福利、获得社会住房的可能性等问题向他们提出建议和其他克服困难的手段，正如申请人最初寻求的帮助一样。"因此，欧洲人权法院认为，西班牙当局没有做出适当和充分的努力来确保申请人与其子女生活的权利[1]。

根据《儿童权利公约》第5条规定："缔约国应尊重父母……的责任、权利和义务，以符合儿童不同阶段接受能力的方式适当指导和指引儿童行使本公约所确认的权利。"此外，《儿童权利公约》第9条规定，不得违背儿童父母的意愿使儿童与父母分离，各方必须有机会参与有关这种情况的任何诉讼。联合国关于替代性照料的指导方针进一步确认了在这种情况下儿童的权利和国家相应的义务。[2]

5.3. 与父母双方保持联系的权利

关键点

●儿童与父母双方保持联系的权利存在于所有形式的父母分居中：不论是家庭内部协商的分居还是国家批准的分居。

●确保儿童有权与其父母保持联系和家庭团聚的过程需要把儿童的最大利益作为首要考虑因素，并根据其年龄和成熟度对儿童的看法给予适当的重视。

与父母保持联系的权利范围因情况而异。在父母决定分开的情况下，该权利的范围更广，通常只能在考虑到儿童的最大利益情况下进行

---

〔1〕 Ibid. , paras. 86 and 93.

〔2〕 UN, Human Rights Council（2009）, UN Guidelines for the Alternative Care of Children, UN Doc. A/HRC/11/L. 13, 15 June 2009.

限制。在国家批准的因驱逐或监禁而导致的父母分居的情况下，国家当局应当采取行动保护该权利，并必须在双方的利益和义务之间进行合理平衡，以确保儿童的最大利益。儿童与父母双方保持联系的权利在两种情况下均适用。

根据欧盟法律，欧盟《基本权利宪章》第24条第3款明确承认每个儿童都有权与父母双方保持联系。该条文的措辞澄清了权利的内容，特别是见面的含义，"必须定期发生；允许发展亲密关系；以直接见面的形式"。然而，需要注意的是：每个儿童与其父母保持联系的权利明显受到保障儿童最大利益原则的限制。正如《基本权利宪章》的解释性说明所阐明的那样，这项规定是《儿童权利公约》第9条明确规定的。

根据欧盟法律的适用范围（见第1章），本章的分析特别侧重于司法合作（目的是建立一个自由、安全和公正的领域，以确保人员自由流动）。两个欧盟文件特别重要：理事会第2201/2003号条例（EC）[1]（《布鲁塞尔二号法规（二）》）和欧洲议会及理事会第2008/52/EC号指令（调解指令）。[2] 从权利的角度来看，《布鲁塞尔二号法规（二）》的规定是重要的。第一，它适用于所有关于父母责任的决定，不论婚姻状况如何。第二，有关管辖权的规定（大部分由儿童的惯常居所地决定诉讼法院）明确规定要遵守儿童最大利益原则；第三，在诉讼中特别要求尊重儿童的意见。[3]

在父母一方单方面决定非法将儿童带走的案件中，欧盟法院的判决主要是为了维护儿童与父母双方定期保持联系和直接接触的基本权利

---

〔1〕 Council of the European Union（2003），Council Regulation（EC）No. 2201/2003 of 27 November 2003 concerning jurisdiction and the recognition and enforcement of judgments in matrimonial matters and the matters of parental responsibility, repealing Regulation（EC）No 1347/2000，OJ 2003 L 338（Brussels II bis）.

〔2〕 European Parliament, Council of the European Union（2008），Directive 2008/52/EC of the European Parliament and the Council of 21 May 2008 on certain aspects of mediation in civil and commercial matters, OJ 2008 L 136/3（Mediation Directive）.

〔3〕 See, for example, Council Regulation（EC）No. 2201/2003, Preamble（paras. 5, 12, 13 and 19）and Articles 8, 41（2）（c）and 42（2）（a）.

（《基本权利宪章》第 24 条第 3 款）。正如欧盟法院所主张的，不可否认，这种权利符合任何儿童的最大利益。欧盟法院认为，一项防止儿童与父母双方定期保持联系和直接接触的措施，只能通过儿童的另一个利益来证明该措施的合理性，即这个利益优先于上述基本权利所代表的利益。[1] 这包括根据《布鲁塞尔二号法规（二）》第 20 条采取的临时措施，即保护措施。法院裁定，对所涉及的所有利益进行平衡和合理的评估时，必须以对儿童的实际利益相关人及其所处的社会环境的客观考虑为基础，原则上必须按照《布鲁塞尔二号法规（二）》进行。[2]

> 例如：E. 诉 B. 案[3] 涉及 E 先生（父亲）和 B 女士（母亲）之间关于英国法院审理并确定其子女 S 的通常居住地的管辖权以及父亲的探望权。父母在西班牙法院签署了一项协议，即母亲有监护权，但父亲能够探视。后来，母亲设法减少该协议赋予父亲的探视权利。父亲向高等法院提出申请，要求执行在西班牙法院达成的协议。母亲提出，她已经对西班牙法院的管辖权提出异议，并要求将上述司法管辖权移交给英格兰和威尔士法院。对于父亲的上诉，上诉法院向欧盟法院提出了有关《布鲁塞尔二号法规（二）》第 12 条第 3 款的几个问题。欧盟法院认为，如果法院根据《布鲁塞尔二号法规（二）》第 12 条第 3 款的规定处理诉讼，只能通过对每一具体案件的审查来保护儿童的最大利益，以及确保所寻求的司法管辖权也符合儿童的最大利益。中止管辖权仅对其管辖权被中止的法院所审理的具体案件有效。在涉及管辖权中止的案件终结后，该管辖权即告终止，支持了根据《布鲁塞尔二号法规（二）》第 8 条第 1 款享有一般管辖权的法院。

---

〔1〕 CJEU, C-403/09 PPU, Jasna Detiček v. Maurizio Sgueglia, 23 December 2009, para. 59.

〔2〕 Ibid. , para. 60.

〔3〕 CJEU, C-436/13, E. v. B. , 1 October 2014 (summary adjusted from http: //cases. iclr. co. uk).

关于父母责任，《布鲁塞尔二号法规（二）》与《关于父母责任和儿童保护措施方面的管辖权、准据法、承认、执行及合作的海牙公约》（简称《海牙公约》）都有所规定。[1] 根据《布鲁塞尔二号法规（二）》第61条，存在以下情形时，《布鲁塞尔二号法规（二）》的效力应优先于《海牙公约》：①有关的儿童在某一欧盟成员国的领土上有其惯常居所，或②在一成员国领土上承认和执行另一成员国法院作出的判决，即使有关儿童是在非成员国的第三国领土上有惯常居所，且该国是《海牙公约》缔约国。因此，《布鲁塞尔二号法规（二）》的关键作用之一是确定儿童的惯常居所地。

例如：在莫塞蒂诉蔡夫案[2]中，英格兰和威尔士上诉法院向欧盟法院提交了一个案件，涉及将一名两个月大的儿童从英国移送到法国的留尼汪岛。欧盟法院裁定，依据《布鲁塞尔二号法规（二）》第8条和第10条，惯常居所地是指反映儿童在某种程度上融入社会和家庭环境的地方。在这种情况下，这名婴儿及其母亲只在其经常居住地以外的一个成员国停留了几天，所以确定诉讼管辖权必须考虑的因素包括：第一，在该欧盟成员国境内停留的时间、规律、条件和理由，以及母亲移居该国的原因；第二，应特别考虑到儿童的年龄、母亲所来自的地方和家庭出身，以及母亲和儿童与该成员国之间的家庭和社会联系。

在跨境纠纷中与父母双方保持联系的权利的享有方面的诉诸司法文书也十分重要，这些文书阐明了如何处理复杂纠纷，例如第2002/8/EC

---

[1] The World Organisation for Cross-border Cooperation in Civil and Commercial Matters (1996), Hague Conference on private international law, Convention on Jurisdiction, Applicable Law, Recognition, Enforcement and Co-Operation in respect of Parental Responsibility and Measures for the Protection of Children, 19 October 1996.

[2] CJEU, C-497/10 PPU, Barbara Mercredi v. Richard Chaffe, 22 December 2010.

号理事会指令（即诉诸司法的指令），它要求"通过制定与此类争端法律援助有关的最低限度共同规则，提高在跨境争端中诉诸司法的机会"。[1] 该指令的目的是通过制定与法律援助方面的共同最低限度规则，提高在跨境民事诉讼案件中起诉的机会；确保在某些情况下，对因其财务状况无法支付诉讼费用的人给予适当的法律援助；促进各国法律在这个问题上的兼容性，并建立起成员国当局之间的合作机制。

根据欧洲理事会法律，每个儿童与父母双方保持联系的权利隐含在《欧洲人权公约》第8条的规定中。欧洲人权法院申明："父母和子女彼此之间的相互联系构成了家庭生活的基本要素"。[2] 然而，它也强调，这种权利可能受到儿童最大利益的限制（见第5.4节和第6章）。这项权利是关于儿童监护和探望儿童的司法决策的核心。

在一系列案件中，法院在监护和探望的范围内明示或默示地提到了儿童的最大利益。

例如：在施耐德诉德国[3]一案中，申请人与一名已婚妇女在一起，并声称是该妇女儿子的亲生父亲，而目前在法律上得到承认的父亲是该妇女的丈夫。申请人认为，国内法院基于他既不是这名儿童在法律上所承认的父亲，也没有直接与儿童一起生活过，从而驳回其与这名儿童见面并了解所涉儿童成长情况的申请，这侵犯了他根据《欧洲人权公约》第8条享有的权利。在认定存在侵权行为时，欧洲人权法院特别注意到，国内法院没有考虑到，在该案的特殊情况下，儿童与申请人之间的见面是否符合儿童的最大利益。[4] 对申请人要求提供关于儿童成长情况的资料，法院认为根据第8条

---

〔1〕 Council of the European Union (2003), Council Directive 2002/8/EC of 27 January 2003 to improve access to justice in cross-border disputes by establishing minimum common rules relating to legal aid for such disputes, OJ 2003 L 026 (Access to justice directive).

〔2〕 ECtHR, K. and T. v. Finland〔GC〕, No. 25702/94, 12 July 2001, para. 151.

〔3〕 ECtHR, Schneider v. Germany, No. 17080/07, 15 September 2011.

〔4〕 See also ECtHR, Anayo v. Germany, No. 20578/07, 21 December 2010, paras. 67 and 71.

第 2[1] 款的目的，国内法院没有给出充分的理由证明其干预是正当的，因此，这种干预"在民主社会中不是必要的"。

例如：在莱文诉瑞典[2]一案中，申请人是一位母亲，其 3 名子女都接受的是非家庭的替代性照料。申请人争辩说，限制她与子女保持见面的权利侵犯了尊重她家庭生活的权利。欧洲人权法院认为限制见面的目的，侧重在保护儿童的最大利益。在该案中，申请人没能够很好地照料儿童，并且儿童与她见面后表现出强烈的负面反应。法院认为，这没有违反《欧洲人权公约》第 8 条的情况，法院认为，干涉这位申请人的权利"应当与为儿童的最大利益追求的合法目标相称，并在国内机构的权力范围之内"。

例如：在索末菲尔德诉德国[3]一案中，申请人抱怨他与女儿保持联系的权利受到限制，女儿一直表示不希望与他保持联系。值得注意的是，申请人辩称，由于在国内法院未能提供心理专家意见，所以在诉讼程序上存在问题。欧洲人权法院认定这没有违反《欧洲人权公约》第 8 条的规定，认为国内法院已经很好地评估了女儿的意见，并确定她是否能够自己作出决定。

例如：在穆斯塔法和阿尔马甘·阿金诉土耳其[4]一案中，申请人（父亲和儿子）认为，国内法院颁布的拘留令条款侵犯了《欧洲人权公约》第 8 条规定的权利。这些条款阻止了儿子与被母亲监护的妹妹取得联系。此外，父亲不能同时与他的两个孩子一起见面，因为他的儿子和母亲的见面时间正好和他与自己女儿的见面时间冲突。欧洲人权法院认为，国内法院将两名儿童分开的决定构成申请人尊重家庭生活权利的侵犯，因为这不仅阻止了两名儿童之间的见面，而且使他们的父亲不可能同时享受两名儿童的陪伴。

〔1〕 ECtHR, Schneider v. Germany, No. 17080/07, 15 September 2011, para. 104.

〔2〕 ECtHR, Levin v. Sweden, No. 35141/06, 15 March 2012, paras. 57 and 69; ECtHR, K. and T. v. Finland〔GC〕, No. 25702/94, 12 July 2001, para. 151.

〔3〕 ECtHR, Sommerfeld v. Germany〔GC〕, No. 31871/96, 8 July 2003, para. 72.

〔4〕 ECtHR, Mustafa and Armağan Akin v. Turkey, No. 4694/03, 6 April 2010.

在监护和探望的方面，欧洲人权法院还禁止违反《欧洲人权公约》第 14 条禁止歧视的规定。

> 例如：在沃伊蒂诉匈牙利[1]一案中，申请人辩称由于其宗教信仰，他不能与其儿子见面。[2] 在发现违反《欧洲人权公约》第 8 条和第 14 条的行为时，欧洲人权法院指出，没有证据表明申请人的宗教信仰涉及危险行为或使其儿子遭受身体或心理伤害[3]。国内法院关于取消申请人探望权的决定，使任何形式的接触和建立任何形式进一步的家庭生活成为不可能，尽管只有在例外情况下才有理由完全断绝探望。[4] 因此，欧洲人权法院认为，全面禁止申请人的探望与实现儿童的最大利益的目标之间没有达成合理的比例关系。[5]
>
> 例如：萨尔盖罗·达西尔·瓦慕达诉葡萄牙[6]一案是由一名声称对其子女负有父母责任的父亲提起的。他声称，在国内诉讼中，葡萄牙法院驳回了他的请求，并因为他的性取向将监护权给予了母亲一方。欧洲人权法院认定，国内当局确实以他是同性恋为由剥夺了他对子女的监护权，而这个决定本身没有客观合理的理由支持。因此，欧洲人权法院认定这一判决违反了《欧洲人权公约》第 8 条和第 14 条的规定。

此外，儿童与父母双方保持联系的权利在欧洲理事会《关于与儿童

---

〔1〕 ECtHR, Vojnity v. Hungary, No. 29617/07, 12 February 2013；see also ECtHR, P. v. v. Spain, No. 35159/09, 30 November 2010 (available in French and Spanish).

〔2〕 ECtHR, Vojnity v. Hungary, No. 29617/07, 12 February 2013, para. 22.

〔3〕 Ibid. , para. 38.

〔4〕 Ibid. , para. 41.

〔5〕 Ibid. , para. 43.

〔6〕 ECtHR, Salgueiro da Silva Mouta v. Portugal, No. 33290/96, 21 December 1999.

联系的公约》[1] 中得到明确规定。该公约第 4 条第 1 款规定："儿童及其父母有权取得并保持经常性的联系。"关于父母探视权判例中适用的一般原则强调，儿童有权被告知、咨询和表达自己的意见，法院应当对这些意见给予应有的重视。欧洲理事会《欧洲儿童权利行使公约》[2]第 6 条进一步确定了作出司法裁判的必要条件，其中包括下列法律义务：考虑司法部门是否有足够的信息来确定什么是儿童的最大利益；确保儿童有权了解有关进程和结果的信息；为受影响的儿童提供一个安全的空间，并能够以适当的方式自由地表达自己的观点。

例如，由于父母的监禁可能会出现儿童与父母分离的情况。欧洲人权法院在霍里奇诉波兰案[3]中面临这样的情况，其中涉及被归类为危险犯的申请人接受其未成年女儿探视的条件问题。它指出"监狱对儿童的探访需要做出特殊安排，并根据其年龄、可能对其情绪状况或儿童利益的影响以及所访问者的个人情况而受到特定条件的限制[4]"。欧洲人权法院接着解释："国家根据第 8 条所承担的积极义务，……包括确保尽可能为来访者提供适当的、无压力的、接受其子女来访的条件，并考虑到判处父母监禁所带来的实际后果。"[5]

最后，《关于儿童友好司法的欧洲理事会准则》某些规定强调了被剥夺自由的儿童与父母保持联系的权利。[6] 该准则明确规定被剥夺自由的儿童有权"与父母和家庭保持定期有意义的联系"（第 21 条第 1款）（另见第 11 章）。

---

[1] Council of Europe, Convention on Contact Concerning Children, CETS No. 192, 2003. See also The World Organisation for Cross-border Cooperation in Civil and Commercial Matters (1996), Hague Conference on private international law, Convention on Jurisdiction, Applicable Law, Recognition, Enforcement and Co-Operation in respect of Parental Responsibility and Measures for the Protection of Children.

[2] Council of Europe, European Convention on the Exercise of Children's Rights, CETS No. 160, 1996.

[3] ECtHR, Horych v. Poland, No. 13621/08, 17 April 2012.

[4] Ibid., para. 131.

[5] Ibid., para. 131.

[6] Council of Europe, Committee of Ministers (2010), Guidelines on child friendly justice.

《儿童权利公约》第 9 条第 3 款确认儿童与父母双方保持联系的权利:"缔约国应尊重与父母一方或双方分离的儿童维持个人关系及和父母双方定期直接见面的权利,除非见面有违子女的最大利益。"

5.4. 非法的儿童跨境遣送——诱拐儿童

关键点

●欧洲人权法院要求对违反监护安排的不当搬迁采取保障儿童权利的方法:《欧洲人权公约》第 8 条(尊重私人和家庭生活的权利)必须与《海牙公约》和《儿童权利公约》相联系。

●欧盟法律更具体地要求,在非法迁移或扣留儿童之后,在有关其遣返的诉讼中听取儿童的意见。

诱拐儿童是指在违反现有监护安排的情况下,将儿童遣送或使之停留在国界内(《国际诱拐儿童民事方面的海牙公约》第 3 条,简称《海牙公约》[1])。根据《海牙公约》,被错误地遣送或停留的儿童将迅速返回其惯常居所的国家(第 11 条第 1 款)。惯常居所国的法院有权裁定该监护权纠纷。而遣送儿童出境的国家法院应在提出遣返申请之日起 6 周内下令遣返(第 11 条)。《海牙公约》确立了儿童最大利益原则。在该公约的范围内推定非法遣送儿童本身是有害的,应尽快恢复原状,避免将不法的情况合法化。监护权和通行权的问题应由对儿童惯常居所地有管辖权的法院确定,而不是由将该儿童非法遣送的国家法院决定。但是《海牙公约》第 12 条、第 13 条和第 20 条规定的遣返机制有几处例外规定。第 13 条涉及在国内和国际处理大多数诱拐儿童诉讼的规定。它规定,接到遣送申请的国家可以拒绝将儿童遣返,如果遣返将使他/她面临严重的伤害风险,或使他/她处于不能忍受的境地(第 13 条第 2 款)。如果该儿童已足够成熟,并能够表达自己的意见(第 13 条第 2

---

〔1〕 The World Organisation for Cross-border Cooperation in Civil and Commercial Matters (1980), Hague conference on private international law, Hague Convention of 25 October 1980 on the civil aspects of international child abduction, 25 October 1980.

款），那么若儿童自己反对返回，同样可以拒绝遣返。

根据欧盟法律，对欧盟成员国之间诱拐儿童的最重要的文件是《布鲁塞尔二号法规（二）》,[1] 主要是根据《海牙公约》的规定。该法规对《海牙公约》进行补充，并且其效力还高于《海牙公约》，主要适用于在欧盟境内的绑架案件（"序言"第 17 节和第 60 条第 5 款）。尽管《海牙公约》仍然是处理绑架儿童问题的主要依据，但在某些方面《布鲁塞尔二号法规（二）》已经"收紧"了有利于原籍/惯常居所地的管辖规则。与《海牙公约》类似，在儿童被诱拐的情况下，在不适当的移送/保留之前，该儿童惯常居住地的国内法院仍保留管辖权。该法规对遣返的例外情况与《儿童拐骗公约》中所列的相同。

但是，根据《布鲁塞尔二号法规（二）》（与《海牙公约》规定相反）的规定，即使根据《海牙公约》第 13 条第 2 款发出不遣返令后，惯常居住国仍保留对监护权纠纷进行裁判的管辖权（《布鲁塞尔二号法规（二）》第 11 条第 6 款至第 8 款）。《布鲁塞尔二号法规（二）》第 10 条规定，只能在两种情况下才能将管辖权移交给被移送儿童所在的国家。第一种情况规定，如果该儿童已在庇护国获得惯常居所，并且每一个拥有监护权的人已经默许了移送或停留，则庇护国的法院应有管辖权。[2] 第二种情况发生在儿童已经在被移送国家取得惯常居所的情况下，遗弃儿童的父母知道或者应当知道被遗弃儿童的下落已经满一年的；儿童已经适应新的环境的；并符合《布鲁塞尔二号法规（二）》第 10 条第 2 款所列的其他 4 个条件中至少一个。[3]

---

[1] Council of the European Union（2003），Council Regulation（EC）No. 2201/2003 of 27 November 2003 concerning jurisdiction and the recognition and enforcement of judgments in matrimonial matters and the matters of parental responsibility，repealing Regulation（EC）No 1347/2000，OJ 2003L 338.

[2] Art. 10（a）of the Brussels II bis Regulation.

[3] 《布鲁塞尔二号法规（二）》第 10 条第 2 款规定了以下 4 个备选条件：①在监护权人知道或本应知道儿童下落后一年内，没有向已将儿童被移送或被保留的儿童所在欧盟成员国的主管当局提出返回请求；②监护权人提出的返还请求已被驳回，并且在第①项规定的时限内没有提出新的请求；③根据第 11 条第 7 款规定，在非法移送或扣留儿童之前，该儿童参与通常居住国的法院审理的案件；④该儿童在非法移送或扣留之前经常居住的欧盟成员国法院作出的，不涉及儿童遣返的监护判决。

　　与所有其他欧盟法律文件一样，必须根据欧盟《基本权利宪章》的规定，特别是第 24 条来解释《布鲁塞尔二号法规（二）》。欧盟法院曾有机会阐明关于诱拐儿童的第 24 条的解释。如第 2.3 节所述，在萨拉加案中，欧盟法院裁定《基本权利宪章》第 24 条所载的儿童意见在审理时有权被听取，这就要求制定适当的法律程序和条件，使儿童能够自由发表意见，同时法院也能够获得这些意见。[1] 然而，根据欧盟法院的规定，儿童经常居所地的法院只能根据欧盟《基本权利宪章》和《布鲁塞尔二号法规（二）》的规定来审查自身判决的合法性。根据相互信任原则，各成员国的法律制度应为基本权利提供有效和对等的保护。因此，利益相关方必须将任何对人权的质疑提交给根据该法规对监护权纠纷具有管辖权的法院。欧盟法院裁定，该儿童被错误地移送到的成员国法院不能反对执行一项合法的判决，下令将儿童遣返。因为对是否有违反这些规定的行为的评估完全属于移送儿童的国家的管辖范围。

　　例如：珀富斯诉阿尔帕戈[2]一案涉及一名非法将其女儿带入奥地利的母亲。奥地利法院驳回了父亲要求将其女儿送回意大利的申请，理由是遣回将对儿童有造成严重危害的危险。但是与此同时，根据这名父亲的请求，意大利法院裁定它享有管辖权，有权就该案件的监护权纠纷作出裁判，并根据《布鲁塞尔二号法规（二）》第 42 条，发出一份关于要求将儿童送回意大利的命令和执行令。在这名母亲对申请执行和随后将儿童送回意大利的命令提起上诉之后，奥地利一家法院将此案转交给欧盟法院。欧盟法院裁定，一旦颁发了执行令，国家就不能反对将儿童遣返（在本案中是奥地利），因为该命令是可以自动执行的。此外，欧盟法院还决定，在本案中，只有意大利法院有权就遣返给儿童的最大利益带来的严重风险作出

---

　　[1] CJEU, C-491/10 PPU, Joseba Adoni Aguirre Zarraga v. Simone Pelz, 22 December 2010. 关于本案中儿童参与的具体内容，请参见第 2、4 节的分析。

　　[2] CJEU, C-211/10, Doris Povse v. Mauro Alpago, 1 July 2010.

裁决。即使意大利法院认为这种风险是合理的，仍然有着暂停执行该命令的唯一权限[1]。

在欧洲理事会法律中有欧洲理事会《关于承认和执行关于儿童的监护和恢复监护权决定的欧洲公约》[2] 和《关于与儿童联系的公约》[3]，其中包括防止不正当行为导致儿童流离失所和确保儿童返回的保障措施。[4]

欧洲人权法院经常处理诱拐儿童的案件，而且在解释《欧洲人权公约》第8条时，通常是以《海牙公约》条款为指导。然而，欧洲人权法院不可避免地需要对儿童在这些情况下的最大利益进行分析。以下两个法院判决反映了欧洲人权法院在这一问题上的立场。

例如：纽林格和舒鲁克诉瑞士[5]一案是由一位母亲提起的，她把她的儿子从以色列带到瑞士，违反了现有的监护安排。在父亲根据《海牙公约》提出申请后，瑞士当局下令将儿童送回以色列。瑞士国内法院和专家认为，只有儿子在母亲的陪同下，才能设想该名儿童会回到以色列。该案中所采取的措施仍然属于国家自由裁量范围内的事务。然而，为了评估《欧洲人权公约》第8条的遵守情况，还必须考虑到瑞士法院判决儿童返回以色列后的事态发展。在本

---

〔1〕 基于同一事实的申请后来被提交给欧洲人权法院，被法院宣布不予受理。See ECtHR, Povse v. Austria, Decision of inadmissibility, No. 3890/11, 18 June 2013.

〔2〕 Council of Europe, European Convention on Recognition and Enforcement of Decisions concerning Custody of Children and on Restoration of Custody of Children, CETS No. 105, 1980.

〔3〕 Council of Europe, Convention on Contact Concerning Children, CETS No. 192, 2003.

〔4〕 Ibid. , Arts. 10 (b) and 16, respectively; Council of Europe, European Convention on Recognition and Enforcement of Decisions concerning Custody of Children and on Restoration of Custody of Children, CETS No. 105, 1980, Art. 8.

〔5〕 ECtHR, Neulinger and Shuruk v. Switzerland〔GC〕, No. 41615/07, 6 July 2010.

案中，该名儿童是瑞士公民，并已经在瑞士定居，在那里他生活了大约 4 年。虽然由于他的年龄，其适应能力较强，但再次被转移到陌生环境可能会给他带来严重的危险，必须权衡其中利弊。还有一项值得注意的是，在儿童被遣送离境前，法院对父亲的探望权施加了限制。此外，父亲从那时起再婚 2 次，且又有了自己的女儿，但拒绝为女儿支付生活费。欧洲人权法院怀疑这种情况是否有利于该名儿童的利益和未来发展。至于这位母亲，她返回以色列可能会面临刑事制裁的危险，如被判入狱。很显然，这样的情况不符合儿童的最大利益，因为他的母亲可能是他唯一有联系的亲属。因此，这位母亲拒绝回到以色列并不是完全没有道理的。而且，父亲从来没有单独和儿子生活过，自从儿子 2 岁离开后，他就没有见过儿子。因此，欧洲人权法院认为返回以色列并不符合这名儿童的最大利益。至于这位母亲，要求其返回以色列，意味着对其尊重家庭生活的权利的过度干涉。因此，如果命令第二申请人（这位母亲）返回以色列的裁定得到执行，将违反《欧洲人权公约》第 8 条的规定。

例如：在 X 诉拉脱维亚[1]案中，母亲辩称如果将她的女儿送回澳大利亚（即她女儿被非法夺走的地方）将使女儿受到严重伤害。在确定国内法院的判决是否在相互冲突的利益之间达成了合理的平衡（例如在授予国家自由裁量范围之内）时，儿童的最大利益必须是首要考虑因素。为了遵守《欧洲人权公约》和《海牙公约》，被请求国应该真诚地考虑到能够构成《海牙公约》第 12、13 和 20 条规定的儿童立即遣返的例外情况，并在具有充分理由情况下作出遣返决定，然后根据《欧洲人权公约》第 8 条进行评估。第 8 条只规定了国内当局程序上的评估义务，要求法院在评估要求儿童遣返的申请时，必须考虑任何说明遣返的儿童有"严重危险"的异议，

---

〔1〕 ECtHR, X v. Latvia〔GC〕, No. 27853/09, 26 November 2013, paras. 101, 106, 107 and 115~119.

并作出基于具体理由的裁定。关于"严重危险"的确切性质，《海牙公约》第 13 条第 2 款规定的例外情况只涉及超出儿童可以合理承担的情况。在本案中，申请人已经向拉脱维亚上诉法院提交了一份心理学家的证明，证明如果儿童立即与母亲分离，可能会受到伤害。虽然国内法院要核实儿童是否存在遭受伤害的"严重危险"，这些相关的心理报告与儿童的最大利益直接相关，但区域法院拒绝根据《海牙公约》第 13 条第 2 款的规定审查该报告。与此同时，国内法院也未能处理母亲是否有可能跟随女儿到澳大利亚，并与女儿保持联系的问题。由于国内法院没有对申诉人的指控进行有效的审查，根据国内法进行的决策程序不符合《欧洲人权公约》第 8 条的程序要求，因此欧洲人权法院判决申请人的尊重家庭生活权利被不合理地侵犯了。

6. 对家庭照料的替代性照料和收养

欧　盟	相关主题	欧洲理事会
《基本权利宪章》,第 7 条(家庭生活)和第 24 条(儿童权利); 《布鲁塞尔二号法规(二)》(2201/2003)	替代性照料	《欧洲人权公约》,第 8 条(尊重私人和家庭生活的权利); 《欧洲社会宪章》(修订),第 17 条(儿童权利和对青年的社会、法律和经济权利的保护); 欧洲人权法院,瓦洛瓦和瓦拉诉捷克共和国(Wallová and Walla v. the Czech Republic),第 23848/04 号,2006 年(由于住房不足而给予安置); 欧洲人权法院,萨维尼诉乌克兰(Saviny v. Ukraine),第 39948/06 号,2008 年(由于社会经济原因而提供替代性照料); 欧洲人权法院,B. 诉罗马尼亚(第 2 号),第 1285/03 号,2013 年(家长参与决策); 欧洲人权法院,B. B. 和 F. B. 诉德国,第 18734/09 号和第 9424/11 号,2013 年(决策过程中的程序缺陷);

欧　盟	相关主题	欧洲理事会
		欧洲人权法院,奥尔森诉瑞典(第1号),第 10465/83 号,1988 年(执行照料令); 欧洲人权法院,T. 诉捷克共和国,第 19315/11 号,2014 年(家庭联系的重要性)
《基本权利宪章》,第 24 条(儿童权利)	收养	《关于儿童收养的欧洲公约》(修订); 欧洲人权法院,皮尼等人诉罗马尼亚(Pini and Others v. Romania),第 78028/01 号和第 78030/01 号,2004 年(在收养方面儿童利益优先考虑); 欧洲人权法院,卡恩斯诉法国(Kearns v. France),第 35991/04 号,2008 年(父母同意收养); 欧洲人权法院,E. B. 诉法国(E. B. v. France),第 43546/02 号,2008 年(女同性恋的收养资格); 欧洲人权法院,加斯和杜波依诉法国(Gas and Dubois v. France),第 25951/07 号,2012 年(同性伴侣收养儿童的资格); 欧洲人权法院,X 等人诉奥地利[GC],第 19010/07 号,2013 年(同性伴侣的第二次收养); 欧洲人权法院,哈罗德诉法国(Harroudj v. France),第 43631/09 号,2012 年(保证人制度和收养问题)

　　每个儿童都有享受尊重其家庭生活的权利，这是根据欧盟《基本权利宪章》第 7 条和《欧洲人权公约》第 8 条承认的权利（见第五章）。欧盟和欧洲理事会的法律都反映了家庭对儿童的重要性，这包括不得剥夺儿童与父母联系的权利，除非这是违背儿童最大利益的[1]。在确保儿童与家人之间保持联系（符合尊重家庭生活）和确保儿童免受伤害之间寻求平衡是很困难的。如果儿童被带离其家庭，他/她可能被安置在寄养家庭或临时住宿点来进行照顾。但儿童的家庭生活并不会因为这种分离而结束，如果对儿童最有利，就应当继续保持其和父母的联系以维持家庭关系。在某些情况下，因为收养会带来儿童永久的迁移。这种收养的终局性就意味着严格的要求必须要落实到位。

　　本章的目的是研究欧洲替代性照料法。欧盟法律，依据《布鲁塞尔二号法规（二）》，主要解决的是将儿童安置在替代性照料下的跨境程序问题。应根据欧盟《基本权利宪章》，特别是第 24 条解释这一规定。欧洲人权法院还制定了广泛的判例法，涉及将儿童纳入替代性照料的实质性和程序性问题。

　　第 6.1 节首先介绍了一些关于被剥夺家庭照顾的儿童的一般原则，第 6.2 节概述了儿童被转入替代照料的法律，第 6.3 节介绍了欧洲关于儿童收养的标准。

6.1. 替代性照料：一般原则

关键点

- ●替代性照料是一种临时保护措施。
- ●国际法确认家庭型照料应优先于福利机构的照料。
- ●儿童有获得信息的权利，并就在替代照料方面的观点发表意见。

在欧盟、欧洲理事会和国际法的共同努力下，出现了与替代性照料

---

〔1〕 EU（2012），Charter of Fundamental Rights of the European Union，OJ 2012 C 326，Art. 24（3）.

有关的六大原则。

第一，替代性照料是确保儿童临时性安全的保护措施，并在可能的情况下促使儿童返回其家庭。[1] 因此，它只是一个临时的解决方案。有时它也是一个促进家庭团聚的措施，例如无人陪伴或分居的移徙儿童与家人团聚。[2] 在其他时候，它还是保护家庭生活延续的一项措施，例如，改善父母的健康状况，或向父母提供某种支持。

第二，国际法确认家庭型的照料（如寄养）是确保儿童保护和发展的最佳替代照料形式。这一点得到了《联合国儿童替代性照料准则》和《联合国残疾人权利公约》的确认，而欧盟也是《联合国残疾人权利公约》的缔约方。[3] 《联合国残疾人权利公约》明确指出，"缔约国应当在近亲属不能照顾残疾儿童的情况下，尽一切努力在一般家庭范围内提供替代性照料，并在无法提供这种照顾时，在社区内提供家庭式照顾。"[4] 而非家庭型照料（如寄宿照顾）应"仅限于对有关儿童和他/她的最大利益而言，这种设置是特别适当、必要和建设性的。"[5]

第三，儿童获得监护人或其法定代理人的权利是确保其实质权利实现的关键。[6] 尽管欧盟法律没有明确规定为无父母照顾的儿童任命监

〔1〕 UN, General Assembly (GA), Guidelines for the alternative care of children, A/RES/64/142, 24 February 2010, paras. 48~51; Committee on the Rights of the Child (2013), General Comment No. 14 (2013) on the right of the child to have his or her best interests taken as a primary consideration (art. 3 para. 1), UN Doc. CRC/C/GC/14, 29 May 2013, paras. 58~70.

〔2〕 UN, General Assembly (GA), Convention on the Rights of the Child, 20 November 1989, Art. 22; Committee on the Rights of the Child (2005), General Comment No. 6 (2005): Treatment of unaccompanied and separated children outside their country of origin, UN Doc. CRC/GC/2005/6, 1 September 2005, paras. 81~83.

〔3〕 UN, General Assembly (GA), Guidelines for the alternative care of children, A/RES/64/142, 24 February 2010, paras. 20~22; UN, Committee on the Rights of the Child (2006), General Comment No. 7 (2005): Implementing child rights in early childhood, UN Doc. CRC/C/GC/7/Rev. 136 (b), 20 September 2006, para. 18. UN, Convention on the rights of persons with disabilities (CRPD), 13 December 2006, Art. 23 (5) see also Art. 7.

〔4〕 UN, Convention on the Rights of Persons with Disabilities (CRPD), 13 December 2006, Art. 23 (5).

〔5〕 UN, General Assembly (GA), Guidelines for the alternative care of children, 24 February 2010, A/RES/64/142, para. 21.

〔6〕 FRA (2014a), p. 31.

护人，但至少有 7 项欧盟指令要求成员国在不同的情况下为儿童指定监护人，有些直接涉及没有父母照顾的儿童[1]。此外，《联合国儿童替代性照料准则》（通常涉及无父母照顾的儿童），《儿童权利公约》（特别是关于无人陪伴的儿童）和欧洲理事会《打击人口贩卖行动公约》[2]都有类似规定。法定监护人的任务通常是维护儿童的最大利益，确保他或她的整体幸福，并补充其有限的法律行为能力（有时还要行使法定代理权）。[3]

第四，欧盟《基本权利宪章》第 24 条内隐含的法律义务是国家应当采取积极措施，确保有关儿童安置的决策是以他/她的最大利益[4]和儿童意见[5]为指导的。儿童权利委员会第 5 号和第 14 号一般性意见[6]以及《联合国儿童替代性照料准则》强调需要确保儿童的知情权以及"按照其发展能力，咨询儿童意见并适当考虑到他/她的观点的权利"。[7]

第五，儿童在欧盟《基本权利宪章》《欧洲人权公约》和《儿童权利公约》所享有的广泛权利仍然适用于替代性照料（寄养或住院照顾）的情况。这包括他们的公民权利和政治权利（例如其隐私权、言论自由和宗教自由以及免遭一切形式的暴力）及其社会经济权利（包括其受

---

〔1〕 Ibid., p. 14.

〔2〕 UN, General Assembly (GA), Guidelines for the alternative care of children, 24 February 2010, A/RES/64/142, paras. 100–103; UN, Committee on the Rights of the Child, General Comment No. 6, (2005): Treatment of unaccompanied and separated children outside their country of origin, UN Doc. CRC/GC/2005/6, 1 September 2005, paras. 33~38; Council of Europe, Convention on Action against Trafficking in Human Beings, CETS No. 197, 2005, Art. 10 (4).

〔3〕 FRA (2014a), p. 15.

〔4〕 UN, Committee on the Rights of the Child (2013), General Comment No. 14 (2013) on the right to have his/her best interest taken as a primary consideration (art. 3 para. 1), UN Doc. CRC/C/GC/14, 29 May 2013.

〔5〕 UN, Committee on the Rights of the Child (2009), General Comment No. 12 (2009): The right of the child to be heard, UN Doc. CRC/C/GC/12, 20 July 2009, para. 97.

〔6〕 UN, Committee on the Rights of the Child, General Comment No. 14, para. 15 (g), 29 May 2013; General Comment No. 5, para. 24, 27 November 2003.

〔7〕 UN, General Assembly (GA), Guidelines for the alternative care of children, 24 February 2010, A/RES/64/142, para. 6.

教育权、医疗保健和参与文化生活的权利）。[1]

最后，《儿童权利公约》第 4 条要求各缔约国采取"一切适当的立法、行政和其他措施"来执行公约，这同样适用于替代性照料的情况。修订后的《欧洲社会宪章》第 17 条第 1 款第 3 项同样要求各国采取一切适当和必要的措施，为暂时或最终被剥夺家庭支持的儿童和青少年提供保护和特殊援助。

根据欧盟法律，欧盟法官认为《布鲁塞尔二号法规（二）》适用于将儿童安置于其他照顾方式的判决。正如第五章所指出的那样，《布鲁塞尔二号法规（二）》将保障儿童权利的原则作为指导方针，强调所有儿童一律平等，保障儿童的最大利益以及儿童表达意见的权利等[2]。在这方面，《布鲁塞尔二号法规（二）》第 23 条所表示的"关于父母责任的判决未被承认的理由"是具有启发性的。第 23 条规定，以下判决不应被承认：

"（a）在寻求考虑儿童最大利益的情况下，这种承认明显违背了寻求承认的成员国的公共政策；

（b）除紧急情况外，如果该儿童未被给予听取意见的机会，则违反了寻求承认的成员国的基本程序原则……"

根据该项条例，管辖权是根据儿童的惯常居所地确定的，只存在少数例外情形，包括儿童的最大利益（《布鲁塞尔二号法规（二）》第 8 条、第 12 条和第 15 条）。

根据欧洲理事会法律，欧洲人权法院申明家庭是儿童成长和幸福的自然环境。但是，如果家庭无法为儿童提供必要的照料和保护，则可能需要将儿童转移到另一种照料环境中。这种转移可能会侵犯尊重家庭生活权。欧洲人权法院解释称大多数情况下，将儿童安置在替代性照料中，应作为一项临时措施，以便最终使儿童与其家人团聚，从而实现

---

〔1〕 EU Charter of Fundamental Rights, Arts. 3~4, 7, 10~11, 14 and 24; ECHR, especially Art. 8; and CRC, Arts. 13~14, 16, 19, 28, 29, 24, 31 and 37; UN, General Assembly（GA），Guidelines for the alternative care of children, 24 February 2010, A/RES/64/142, Sec. 2.

〔2〕 Brussels II bis, Preamble. See also Chapter 5.

《欧洲人权公约》第 8 条规定的尊重私人和家庭生活的权利。[1]

虽然《欧洲人权公约》没有规定国家有任何特殊的义务为儿童提供照顾和保护，但《欧洲社会宪章》第 17 条要求缔约国"采取一切适当和必要措施，为暂时或永久脱离家庭环境的儿童或青少年提供特别保护和协助。"[2]

6.2. 将儿童置于替代性照料中

关键点

● 根据欧洲理事会法律，将儿童置于替代性照料之下应该依法规范，并旨在实现民主社会之必要的合法目标。主管当局必须提供充足的理由。

● 根据欧洲理事会法律，决策过程必须遵循某些程序性的保障措施。

根据欧洲理事会的规定，[3] 儿童在替代性照料方面的安置必须符合《欧洲人权公约》第 8 条的规定，追求合法目的（例如保护儿童的最大利益），并被认为是民主社会的必要条件。最后还要求法院给出相关充分的理由，来证明这种追求预期目标手段的合法性。

例如：在奥尔森诉瑞典[4]（No.1）一案中，申请者起诉的是瑞典法院将其 3 个子女送往替代性照料的裁决。欧洲人权法院认为，为儿童提供替代性照料的决定属于各国法院的自由裁量范围内，而

---

〔1〕 ECtHR, K. A. v. Finland, No. 27751/95, 14 January 2003. 欧洲理事会部长委员会在 2005 年 3 月 16 日通过的《关于居住在收容机构中的儿童的权利建议》中赞同了这一做法。

〔2〕 Council of Europe, European Social Charter (revised), CETS No. 163, 1996, Art. 17 (1) c.

〔3〕 多年来，儿童在替代照料机构的安置问题一直是欧洲理事会政治辩论的话题。See for instance the Committee of Ministers Resolution (77) 33 on the placement of children, adopted on 3 November 1997.

〔4〕 ECtHR, Olsson v. Sweden (No.1), No. 10465/83, 24 March 1998.

欧洲人权法院审理的核心是儿童照料制度的实施方式。瑞典法院的裁决中提到，由于该案未考虑收养措施，应将法院的替代性照料决定视为一项临时措施，该措施应在情况改变后立即停止。因此，瑞典法院采取的措施是为了实现促使家庭团聚的最终目标。有鉴于此，欧洲人权法院指出瑞典政府已经将这 3 名儿童安置在不同的寄养家庭中，彼此之间或者和其父母都相距很远。尽管当局是诚心诚意地执行照顾令，但法院指出，以行政上的困难，例如缺乏适当的寄养家庭或安置地点，来决定把儿童安置在何处是不可接受的。在尊重家庭生活这一基本领域，儿童利益应当被作为首要考虑因素。因此，欧洲人权法院认定这违反了《欧洲人权公约》第 8 条，认为当局在执行照顾令方面采取的措施没有足够的理由支持，使其与第 8 条追求的合法目标相称。

最近，欧洲人权法院根据《欧洲人权公约》第 8 条审议了该将儿童置于替代性照料的判决是否符合公约规定的问题。

例如：在瓦洛瓦和瓦拉诉捷克共和国[1]一案中，申请人申诉说由于住房条件差，政府将他们的 5 名儿童安置在两个独立的儿童之家。2002 年，由于父母的经济不稳定，这 5 名儿童被送到了儿童之家。随后父母的经济和住房状况好转后，照顾令得以解除。欧洲人权法院认为，决定将儿童安置在照料机构的根本原因是缺乏合适的住房，对此，捷克政府本可以采取不那么严厉的措施来解决。根据捷克法律，政府可以监测家庭的生活和卫生状况，并就如何改善家庭情况给予父母建议，但是本案中没有采用这种方法。虽然为这些

---

[1]　ECtHR, Wallová and Walla v. the Czech Republic, No. 23848/04, 26 October 2006 (available in French).

儿童提供替代性照料的理由是合理的，但理由并不充分。而且当局也没有做出足够的努力，来帮助申请人通过替代措施克服困难。欧洲人权法院认定捷克政府行为违反了《欧洲人权公约》第8条的规定。而且欧洲人权法院也注意到联合国儿童权利委员会的结论性意见，委员会认为在捷克所有影响儿童权利的立法、法院判决和政策中，首要考虑儿童最大利益的原则仍没有被明确定义和充分保障。

例如：在萨维尼诉乌克兰[1]一案中，申请人的子女由于申请人缺乏一定的经济条件而被置于替代性照料，而乌克兰国内法院据此认定，申请人的个人品格会对其子女的生命、健康和道德教育产生不利影响。在审理这一案件时，欧洲人权法院对乌克兰国内当局调查结果所依据的证据是否充分提出质疑，并认为乌克兰提供社会援助程度的资料不足。这些内容对评估当局是否履行了维持家庭团聚的义务，以及当局是否在将儿童与父母分离之前，充分探索了较温和替代办法的有效性方面是至关重要的。此外，在整个国内诉讼阶段都没有听取儿童意见。总而言之，尽管乌克兰国家当局提出的送走申请人子女的理由是合理的，但这并不足以证明这种严重干扰申请人家庭生活手段的正当性。因此，欧洲人权法院认定这违反了《欧洲人权公约》第8条。

欧洲人权法院根据《欧洲人权公约》第8条作出的要求尊重家庭生活的决定必须遵守某些程序上的保障措施。它指出干预家庭生活措施的决策过程（行政和司法程序）必须公平，并对第8条保护的利益给予应有的尊重。基于第8条，应该考虑的问题是"父母是否已参与决策过程……满足为其提供必要利益保护的程度"。[2] 这包括让父母了解事态发展，确保能够参与有关儿童的决定[3]，并在某些情况下听取儿童

---

〔1〕 ECtHR, Saviny v. Ukraine, No. 39948/06, 18 December 2008.

〔2〕 ECtHR, W. v. the United Kingdom, No. 9749/82, 8 July 1987, para. 64.

〔3〕 ECtHR, McMichael v. the United Kingdom, No. 16424/90, 24 February 1995.

的意见。[1]

例如：在 B. 诉罗马尼亚（第 2 号）[2] 一案中，申请人被诊断患有偏执型精神分裂症，并多次被警方带往精神病院接受治疗。她的子女们不再和她住在一起，他们因为母亲的病情被安置在疗养院。欧洲人权法院必须考虑到作出将儿童置于替代性照料决定的严肃性，以及整个决策过程是否充分为父母利益提供必要的保护。在这方面，欧洲人权法院指出，患有严重精神疾病的申请人在诉讼期间没有被指派律师或监护人，因此她不可能参加有关其未成年子女的决策程序。此外，在两个儿童成年之前的 12 年间，国内法院只对申请人及其子女的情况进行了两次审查，没有证据表明社会工作者与申请人按时接触，否则他们会通过适当的方式向当局表达该申请人的意见。鉴于上述事实，欧洲人权法院认定有关申请人子女照料问题的决策程序没有充分保护申请人的利益，因此违反了《欧洲人权公约》第 8 条的规定。

例如：在 B. B. 和 F. B. 诉德国[3]一案中，根据申请人 12 岁女儿的指称，她和她 8 岁的弟弟曾多次被父亲殴打。因此，两名儿童的监护权被移交给少年法院，他们被安置在一个儿童之家。地方法院根据案件中儿童的这些直接证词，下达将申请人的父母监护权移交给青少年法院的命令。大约一年后，在与父母的第一次见面会议上，女儿承认被殴打的事实是撒谎的，孩子们最终回到父母身边。针对申请人对当局未能充分核查有关事实的投诉，欧洲人权法院强调，专业人员的错误评估并不一定意味着所采取的措施不符合《欧洲人权公约》第 8 条的规定。欧洲人权法院只能根据当时提交给国内

---

〔1〕 ECtHR, B. v. Romania（No. 2）, No. 1285/03, 19 February 2013；ECtHR, B. B. and F. B. v. Germany, Nos. 18734/09 and 9424/11, 14 March 2013.

〔2〕 ECtHR, B. v. Romania（No. 2）, No. 1285/03, 19 February 2013.

〔3〕 ECtHR, B. B. and F. B. v. Germany, Nos. 18734/09 and 9424/11, 14 March 2013.

当局的情况，来评估安置决定的合法性。在欧洲人权法院的评估中，虽然申请人提交了没有发现任何虐待迹象的医务人员的陈述，但是地区法院只依赖儿童的个人陈述，而且关键是上诉法院没有重新对儿童进行身体检查。由于儿童在充分听取意见时已经得到妥善照顾，因此没有必要匆忙作出判决，德国地区法院可以对儿童自己提出的事实进行调查，但法院并没有这样做。总之，德国法院没有充分理由就决定撤销申请人的监护权，违反了《欧洲人权公约》第 8 条的规定。

即使在替代性照料下，儿童仍然有权与父母保持联系。这项权利已经得到了《欧洲人权公约》的承认，[1] 因为欧洲人权法院认为父母和子女之间的相互联系是第 8 条规定的家庭生活的一个基本组成部分。鉴于在替代性照料中的安置通常只是一项临时措施，维持家庭成员间的联系对于确保儿童顺利返回原生家庭至关重要。[2]《欧洲人权公约》在这些原则中为缔约国设置积极的义务，如下列情况所示。

例如：在 T. 诉捷克共和国[3]一案中，欧洲人权法院审理父亲和女儿（申请人）的权利，是否因为当局在安置受托儿童时，未能保持其和父亲之间的联系而受到侵犯。该案中的这名女孩在其母亲去世后被安置在一家专门机构，而在此之前，由于担心父亲的性格问题，父亲提出的对女儿监护权申请遭到了拒绝。随后，这位父亲要求与女儿一起度假的请求也被驳回，治疗中心的结论是这种探视对其女儿并没有好处，因为她害怕父亲。在这种情况下，他们之间所有的联系都被终止。后来，捷克法院决定，根据女儿的意愿，两个

---

〔1〕 ECtHR, Olsson v. Sweden（No. 1），No. 10465/83, 24 March 1998.

〔2〕 ECtHR Eriksson v. Sweden, No. 11373/85, 22 June 1989.

〔3〕 ECtHR, T. v. the Czech Republic, No. 19315/11, 17 July 2014（available in French）.

申请人之间的联系只能以书面形式进行。欧洲人权法院强调除特别极端的情况外，儿童有权维持与家人的联系，即使这并不符合儿童的最大利益。在审查将儿童置于照管的决定时，欧洲人权法院注意到捷克国内法院是在听取心理和精神病学专家意见以及考虑到儿童意愿之后作出的十分谨慎的决定。因此，没有违反《欧洲人权公约》第8条关于儿童照料的规定。然而，欧洲人权法院认定限制父亲和女儿之间的联系是违反了《欧洲人权公约》第8条的规定，特别是缺乏对儿童住宿机构作出拒绝父母和儿童联系决定的监督，因为这些决定最终减少了家庭团聚的可能性。

例如：在K.A.诉芬兰[1]一案中，申诉人的子女因被指控受到性虐待而被置于替代性照料之下。在被看护期间，他们和父母之间几乎没有什么联系，很少有人为他们的家庭团聚努力。在审查此案时，欧洲人权法院指出，国家的积极义务是在合理可行的情况下尽快促进家庭团聚，同时履行保护儿童最大利益的义务。根据欧洲人权法院的规定，严格限制申请人探望其子女的权利，反映出社会福利机构试图强化儿童与寄养家庭之间关系，而不是促使儿童和其父母团聚的意图。尽管父亲的情况有了显著改善，但这项限制措施仍在进行。因此，这违反了《欧洲人权公约》第8条的规定。

6.3. 收养

关键点

●收养确保了无法与其亲生家庭在一起的儿童能够享受替代性照料。

●儿童的最大利益必须是收养中最重要的考虑因素。

●根据欧盟或欧洲理事会法律，没有规定收养的权利，但收养程序

---

[1] ECtHR, K. A. v. Finland, No. 27751/95, 14 January 2003.

必须遵守某些标准，以确保符合儿童的最大利益。[1]

根据国际法，保障儿童的最大利益必须是儿童收养案件中最重要的考虑因素。除了儿童最大利益原则外，《儿童权利公约》的其他原则也同样指导缔约国的儿童收养并要求缔约国报告相关执行情况，这些原则包括：不歧视，保障儿童生命、生存和发展权利以及尊重儿童的意见。[2] 联合国儿童权利委员会关于"把儿童的最大利益作为首要考虑的权利"的第 14 号一般性意见尤其重要。[3]

同样，《关于保护儿童和在跨国收养方面合作的海牙公约》的目标之一是"建立保障措施，确保跨国收养符合儿童的最大利益和尊重儿童的利益等国际法承认的基本权利"。[4]

根据欧盟法律，欧盟《基本权利宪章》第 24 条规定的权利和法律义务适用于解决欧盟领域的收养问题。

根据欧洲理事会法律，《欧洲人权公约》第 8 条规定的尊重家庭生活的权利适用于收养案件。在这个问题上还有两个欧洲理事会公约进行具体规定：《关于儿童收养的欧洲公约》[5] 和《关于儿童收养的欧洲公约》（修订）。[6] 这些公约要求采用基于保障儿童权利的收养办法。例如，《关于儿童收养的欧洲公约》（修订）规定："除非主管当局确信

---

〔1〕 有关被收养的儿童了解其出生，见第 4 章。

〔2〕 CRC, Arts. 2, 3, 6 and 12. See also, UN, Committee on the Rights of the Child (2010), Treaty-specific guidelines regarding the form and content of periodic reports to be submitted by States Parties under Article 44, paragraph 1 (b), of the Convention on the Rights of the Child, UN Doc. CRC/C/58/Rev. 2, 23 November 2010, paras. 23~27.

〔3〕 UN Committee on the Rights of the Child (2013), General comment No. 14 (2013) on the right of the child to have his/her best interests taken as a primary consideration, CRC /C/GC/14, Art. 3, para. 1.

〔4〕 Hague Conference on private international law, The Hague Convention on Protection of Children and Cooperation in respect of Inter country Adoption, 29 May 1993, Art. 1 (a).

〔5〕 Council of Europe, European Convention on the Adoption of Children (Revised), CETS No. 202, 2008.

〔6〕 Ibid. This Convention opened for signature in 2008 and came into force in 2011.

收养符合儿童的最大利益，否则不得批准收养。"[1] 同样，欧洲人权法院强调，在例如收养的特定情况下，儿童的最大利益可能会高于父母的利益。[2]《关于儿童收养的欧洲公约》（修订）还要求主管当局在没有得到被法律认定具有充分理解能力儿童的同意的情况下，[3] 不应准予收养。此外，对被认为不能理解的儿童应"尽可能征求意见，并根据其成熟程度考虑其意见和愿望"。[4]

例如：在皮尼等人诉罗马尼亚[5]一案中，一对意大利夫妇起诉罗马尼亚当局未能执行罗马尼亚法院对两名罗马尼亚儿童的收养决定。两名儿童居住的私人机构违反法庭决定，拒绝将其交给申请人。欧洲人权法院认为，申请人与被领养子女之间的关系属于《欧洲人权公约》第8条规定的家庭生活范围内，尽管他们从未共同生活过或建立过情感关系。在此案中，欧洲人权法院根据《儿童权利公约》和《海牙公约》对《欧洲人权公约》第8条进行了解释，认定罗马尼亚当局对申请人与被收养子女建立家庭联系的积极义务，可以在考虑儿童的最大利益情况下加以限制。[6] 在这方面，欧洲人权法院认为，根据儿童利益的性质和应当受到认真对待的程度，儿童的利益可能会高于父母的利益。此外，欧洲人权法院虽然没有发现违反第8条的情况，但强调在确认收养关系时，重要的是保障儿童的最大利益优先于父母利益，因为收养意味着为儿童提供一个家庭，而不是让家庭有一个儿童。[7]

〔1〕 Ibid. , Art. 4 (1).

〔2〕 ECtHR, Pini and Others v. Romania, Nos. 78028/01 and 78030/01, 22 June 2004.

〔3〕 Council of Europe, European Convention on the Adoption of Children (Revised), CETS No. 202, 2008, Art. 5 (1) b.

〔4〕 Ibid. , Art. 6.

〔5〕 ECtHR, Pini and Others v. Romania, Nos. 78028/01 and 78030/01, 22 June 2004.

〔6〕 Ibid. , para. 155.

〔7〕 Ibid. , para. 156.

例如：在卡恩斯诉法国[1]一案中，欧洲人权法院认为，一名爱尔兰妇女在法国将其子女送养后，2个月期满后，无法撤销正式的送养同意书。这与《欧洲人权公约》的规定是一致的。欧洲人权法院首先强调，国家当局拒绝这名妇女归还儿童的请求是为了保护他人的权利和自由，在这种情况下是为了保护这名儿童的利益。[2] 关于撤销收养同意的时限，法国的法律要求尽可能达到公正公平，并确保平衡亲生母亲、儿童和收养家庭的利益冲突。在这个过程中，儿童的最大利益必须作为首要考虑。[3] 从提交给法院的证据来看，尽快在新家庭内保持稳定的关系符合儿童的最大利益，并已采取了所有必要措施，以确保申请人理解其行动的确切含义。鉴于这些考虑，欧洲人权法院认为法国没有违背《欧洲人权公约》第8条规定的对申请人的积极义务。

欧洲人权法院还确认，收养的决定必须符合《欧洲人权公约》第14条禁止歧视的规定。特别是欧洲人权法院在审议申请人因性取向或年龄的理由而被排除在收养资格之外是否符合《欧洲人权公约》第14条和第8条的规定。欧洲人权法院重申，政府采取相称行动以承担保护儿童的最大利益的责任是至关重要的。

例如：在施韦茨盖贝尔诉瑞士[4]一案中，申请人是一名47岁的单身女子，由于她与想要领养的儿童之间年龄差距的问题，因此无法领养第二个儿童。申请人声称这是年龄歧视。欧洲人权法院认为，在该案中由于年龄不符而拒绝申请人收养儿童，符合保护儿童

[1] ECtHR, Kearns v. France, No. 35991/04, 10 January 2008.
[2] Ibid., para. 73.
[3] Ibid., para. 79.
[4] ECtHR, Schwizgebel v. Switzerland, No. 25762/07, 10 June 2010.

幸福和权利的合法目的。[1] 鉴于欧洲在单亲收养权利、收养人的最低和最高年龄限制、收养人与儿童之间的年龄差距、国家在该领域的广泛认可及保护儿童最大利益的必要性等问题上缺乏共识，因此拒绝批准申请人收养第二个儿童并不违反比例原则。[2] 因此，欧洲人权法院认为，政府给出的理由是客观和合理的，申请人所提出的差别对待不属于《欧洲人权公约》第14条所规定的歧视情形。

例如：在 E. B. 诉法国[3]案件中法国拒绝批准申请人的收养申请，涉及一名与其伴侣共同生活的女同性恋者试图单独收养儿童。[4] 欧洲人权法院重申《欧洲人权公约》第8条本身并不授予个人成立家庭或进行领养的权利。然而，歧视申诉可能属于更广泛的权利范围，即使有关问题与《欧洲人权公约》给予的具体权利无关。[5] 而且法国法律允许单身人士收养，因此不能以歧视性理由剥夺个人的这种权利。根据法国国内法院的规定，申请人提出了无可置疑的个人素质和养育子女能力的证明，这无疑符合儿童的最大利益（国际文件中的关键概念）。[6] 欧洲人权法院认为申请人的性取向在本案中起到决定性的作用。因为法国当局拒绝了申请人的收养申请，但其他与此情况类似的单身人士却有权根据法国法律进行收养[7]。

例如：加斯和杜波依诉法国[8]的案件涉及同性伴侣是否应享有与异性伴侣同等的收养第二个儿童的权利。申请人是一对已构成民事同居关系的同性伴侣。他们一起抚养了一个女儿，这个女儿是

---

〔1〕 Ibid. , para. 86.
〔2〕 Ibid. , para. 97.
〔3〕 ECtHR, E. B. v. France〔GC〕, No. 43546/02, 22 January 2008.
〔4〕 Ibid. , para. 49.
〔5〕 Ibid. , paras. 41~48.
〔6〕 Ibid. , para. 95.
〔7〕 Ibid. , para. 96.
〔8〕 ECtHR, Gas and Dubois v. France, No. 25951/07, 15 March 2012.

2000 年由其中一人提供精子，通过人工授精孕育的。作为提供精子一方，这对同性伴侣提出的单独收养申请被驳回，理由是收养将剥夺儿童亲生母亲的权利，这将违背申请人的意图和儿童的最大利益。根据法国法律，只有在一个人收养其配偶的子女时，才可通过单独领养来消除亲生父母对养父母的权利。申请人声称与已婚和未婚的异性恋夫妻相比，他们遭到歧视。欧洲人权法院审查他们与已婚夫妇相比是否遭到歧视，得出结论是婚姻赋予的特殊地位，会产生社会、个人和法律后果。因此，不能说申请人处于与已婚夫妇相当的情况。而且欧洲人权法院认为按照法国法律的规定，民事关系中异性未婚夫妻的收养申请也有可能被法国法院拒绝。欧洲人权法院认定基于性取向的处理措施并不存在实质性差别待遇，因此并没有违反公约所规定的申请人的权利。

例如：X 等人诉奥地利[1]的案件涉及同性伴侣的申诉，即与异性夫妇相比，其在收养第二个儿童方面受到歧视。本案的第一申请人和第三申请人是一对关系稳定的同性伴侣，第一申请人寻求收养第二申请人，他是第三申请人的儿子。与加斯和杜波依斯的案件一样，欧洲人权法院不认同申请人的观点，即申请人是与已婚夫妇其中一方希望收养另一方的子女类似的情况。然而，欧洲人权法院认为申请人是与未婚异性恋夫妇相似的情况。虽然奥地利法律允许未婚异性伴侣的第二次领养，但《奥地利民法典》规定，任何收养儿童的人都将取代与收养人是同一性别的亲生父母一方，这意味着同性伴侣的二次收养在法律上是不可能的。法院的结论是，在这种情况下，以其性取向为由使申请人遭受不同的对待，政府没有提出足够有力和令人信服的理由，因此违反了《欧洲人权公约》第 8 条和第 14 条的规定。

---

[1] ECtHR, X and Others v. Austria [GC], No. 19010/07, 19 February 2013.

最后，欧洲人权法院还将重点放在遵守国际法精神和宗旨上，以便在是否同意收养的问题上进行裁决。

例如：在哈罗德诉法国[1]一案中，法国当局拒绝了申请人提出的完全收养一名阿尔及利亚女孩的请求，该女孩在出生时被遗弃，根据伊斯兰法有关监护的规定，被置于申请人的照顾之下。法国当局拒绝的原因是《法国民法典》不允许收养根据其原籍国法律禁止收养的儿童（本案指的是阿尔及利亚法律），而且实际上伊斯兰法律已经给予申请人监护权，允许她基于儿童的最大利益作出决定。申请人后来的上诉被驳回，因为法国国内法与《关于保护儿童和在跨国收养方面合作的海牙公约》的规定是一致的。《儿童权利公约》第 20 条也同样承认伊斯兰法的监护同收养一样能保障儿童最大利益。欧洲人权法院在审查申请人的申诉时重申了一个原则：一旦建立了家庭关系，国家就必须采取维持家庭关系的方式，并建立可使儿童融入家庭的法律保障，以及依据国际法的一般原则来解释《欧洲人权公约》规定。在审查中，欧洲人权法院强调了法国法院对遵守包括《儿童权利公约》在内的各项国际公约精神和宗旨的重视。根据法国法律，伊斯兰法律得到承认，允许申请人行使父母的权力，并为儿童的利益作出决定。例如，她可以起草一份有利于儿童的遗嘱，克服因限制领养而产生的困难。总之，通过这种方式逐渐排除禁止收养的不利，法国试图鼓励外国籍儿童融入社会，但又不立即将其脱离原籍国身份，这表明法国尊重多元文化，并试图在公共利益与申请人利益之间取得平衡。因此，欧洲人权法院没有发现侵犯申请人权利的行为。

---

[1] ECtHR, Harroudj v. France, No. 43631/09, 4 October 2012.

7. 保护儿童免受暴力和剥削

欧　　盟	相关主题	欧洲理事会
《关于打击对儿童的性虐待和性剥削及儿童色情制品的指令》(Directive on combating the sexual abuse andsexual exploitation of children and child pornography)(2011/93/EU)	学校、家庭和其他场合的暴力行为	《欧洲人权公约》第 2 条(生命权)、第 3 条(不人道和有辱人格的待遇)和第 8 条(人格完整); 《欧洲人权公约第 1 号议定书》第 2 条(受教育权); 欧洲人权法院,卡亚克诉土耳其(Kayak　v.Turkey),第 60444/08 号,2012 年(在学校附近被刺伤); 欧洲人权法院,奥基夫诉爱尔兰(O'Keeffe　v.Ireland)﹝GC﹞,第 35810/09 号,2014 年(在学校遭受性虐待); 欧洲人权法院,坎贝尔和科森斯诉英国(Campbell and Cosans v.the United Kingdom),第 7511/76 号和第 7743/76 号,1982 年(体罚); 《欧洲社会宪章》(修订版)第 7 条(防止身体和精神危害的特殊保护的权利)和第 17 条(受到保护的权利);

欧　盟	相关主题	欧洲理事会
		欧洲社会权利委员会,世界禁止酷刑组织诉比利时(World Organisation against Torture（OMCT）v. Belgium),第 21/2003 号,2004 年投诉(比利时禁止体罚); 《保护儿童免受性剥削和性虐待公约》(《兰萨罗特公约》); 《防止和打击暴力侵害妇女行为及家庭暴力公约》(《伊斯坦布尔公约》)
《基本权利宪章》第 5 条第 2 款(强迫或强制劳动); 《保护青年工作者指令》(Young Workers Directive)(94/33/EC); 《反贩卖指令》(Anti‐Trafficking Directive)(2011/36/EU)	强迫劳动	《欧洲人权公约》第 4 条(免于奴役,强迫和强制劳动); 欧洲人权法院,C. N. 和 V. 诉法国,第 67724/09 号,2012 年(奴役;国家的积极义务); 《欧洲社会宪章》(修订),第 7 条第 10 款(保护儿童免受身体和精神危险); 《保护儿童免遭性剥削和性虐待公约》(《兰萨罗特公约》)
《基本权利宪章》第 5 条第 3 款(禁止贩卖); 《反贩卖指令》(2011/36/EU)	贩卖儿童	《欧洲人权公约》第 4 条(免于奴役); 欧洲人权法院,兰塞夫诉塞浦路斯和俄罗斯(Rantsev v. Cyprus and Russia),第 25965/04 号,2010 年(国家没有调查涉嫌贩卖人口的指控); 欧洲理事会《打击人口贩卖行动公约》

欧 盟	相关主题	欧洲理事会
《反贩卖指令》(2011/36/EU)	儿童色情	《欧洲人权公约》第 8 条(尊重私人生活的权利); 欧洲人权法院,瑟德曼诉瑞典(Söderman v. Sweden)[GC],第 5786/08 号,2013 年(对儿童的秘密拍摄); 《欧洲社会宪章》(修订),第 7 条第 10 款(对身体和精神危险的特别保护); 《保护儿童免受性剥削和性虐待公约》(《兰萨罗特公约》); 《网络犯罪公约》
	属于少数者的儿童	欧洲人权法院,法律资源中心代表瓦伦丁·卡帕努诉罗马尼亚(Valentin Câmpeanu v. Romania)[GC],第 47848/08 号,2014 年(在国家机构,严重残疾青年的死亡)
《理事会第 2010/48/EC 号决定》(Council Decision 2010/48/EC)	残疾儿童	欧洲人权法院,尼切瓦等人诉保加利亚(Nencheva and Others v. Bulgaria),第 48609/06 号,2013 年(国家机构中的儿童死亡)。
《委员会第 2007/698/EC 号决定》(Commission Decision 2007/698/EC)	失踪儿童	欧洲人权法院,左瑞卡·约万诺维奇诉塞尔维亚(Zorica Jovanović v. Serbia),第 21794/08 号,2013 年(知情权)

广义上的儿童保护是指为确保儿童权利的行使而采取的一切措施。狭义上的儿童保护是指儿童免受一切形式暴力的权利。根据国际法,各

国必须采取措施，确保儿童得到充分保护，其人身完整和尊严的权利得到有效行使。国家保护儿童的义务可以采取各种形式，具体取决于儿童所面临的暴力危险及其肇事者。因此，当儿童处于国家的权威和控制之下，例如被安置在公共机构中，国家的责任就会加重。而且这种情况下发生对儿童的暴力行为风险很高。在儿童遭受私人行为者（如其家庭成员）的暴力的情况下，国家的保护义务通常更难实现。

欧盟在该领域的主要权限涉及跨境犯罪（《欧洲联盟运作条约》[TFEU]第83条）。因此，在儿童色情制品和贩卖人口方面已制定了具体的立法措施。欧盟还通过立法，要求成员国将几种形式的性虐待定为刑事犯罪。在欧洲理事会法律中，《欧洲人权公约》主要是根据第2、3条和第8条，阐述了各国在针对儿童的暴力行为方面采取一系列广泛行动的义务。欧洲社会权利委员会（ECSR）还通过其报告程序和集体申诉机制积极开展工作。此外，具体的欧洲理事会公约，尤其是《欧洲理事会保护儿童免受性剥削和性虐待公约》（《兰萨罗特公约》）[1]已经生效，并且建立了负责监督其执行情况的监督机构。

本章分析了对儿童的暴力行为的具体方面以及国际社会的反应。第7.1节着眼于家庭、学校和其他场所的暴力行为，重点关注体罚、虐待和忽视儿童以及性暴力等问题。第7.2节着眼于儿童遭受剥削的情况，这些案件具有明显的跨领域特征，包括贩卖人口（出于强迫劳动或性剥削的目的）、儿童色情制品和网络色情引诱。最后，第7.3节涉及特别易受伤害的儿童遭受虐待的情况。第7.4节涉及失踪儿童。

7.1. 在家庭、学校或其他场所的暴力

关键点

●各国有义务确保儿童在所有环境中受到有效的保护，免遭暴力和伤害。

●国家有义务为保护儿童提供适当的法律框架。

----

〔1〕 Council of Europe, Council of Europe Convention on the Protection of Children against Sexual Exploitation and Sexual Abuse, CETS No. 201, 2007.

●各国必须对关于虐待儿童、暴力侵害儿童和伤害儿童的有争议的指控进行有效的调查。

根据欧盟法律[1]下的《欧洲联盟运作条约》第82条和第83条制定的这一领域的法律文件主要是指关于打击对儿童的性虐待和性剥削和儿童色情制品的第2011/93/EU号指令。[2]

在欧洲理事会法律下欧洲人权法院和欧洲社会权利委员会制定了大量有关保护儿童不受暴力侵害的判例法。此外，具体的欧洲理事会公约（例如《兰萨罗特公约》）为保护儿童免遭特定形式的暴力提供了详细的保障。

7.1.1. 国家责任的范围

根据欧洲理事会法，欧洲人权法院根据《欧洲人权公约》的各种条款，特别是第2条和第3条，分析了对儿童最严重的暴力形式。欧洲人权法院已经明确，国家在儿童被安置在其管辖的机构中时应承担的相应义务。[3] 同样，如果某一行为或情况达到第3条规定的不人道或有辱人格待遇的严重程度，国家有积极义务保护儿童不受虐待，包括由个人实施的虐待。被父母长期忽视，[4] 学校教师持续的性侵犯，[5] 强奸[6]或体罚[7]等情况都被认为属于《欧洲人权公约》第3条调整的范围。

在出现儿童死亡情况下，根据《欧洲人权公约》第2条，即使死亡是由个人而非国家行为者造成的，国家也应当承担责任。各国的积极

---

〔1〕 Directive 2011/93/EU of the European Parliament and of the Council of 13 December 2011on combating the sexual abuse and sexual exploitation of children and child pornography, OJ 2011 L 335/1.

〔2〕 Ibid.

〔3〕 ECtHR, Nencheva and Others v. Bulgaria, No. 48609/06, 18 June 2013 (available in French).

〔4〕 ECtHR, Z and Others v. the United Kingdom [GC], No. 29392/95, 10 May 2001.

〔5〕 ECtHR, O'Keeffe v. Ireland [GC], No. 35810/09, 28 January 2014.

〔6〕 ECtHR, M. C. v. Bulgaria, No. 39272/98, 4 December 2003.

〔7〕 ECtHR, Tyrer v. the United Kingdom, No. 5856/72, 25 April 1978.

义务因个案具体情况而异，其核心义务是确保有效保护儿童免遭暴力。在存在严重虐待儿童的情况下，国家的积极义务包括制定有效的刑法条款，并且确保这些条款得到执法机构的有效执行，[1] 各国还必须采取特别保障措施来保护儿童。[2]

《欧洲人权公约》也处理非国家行为者在私立学校、私人住宅或其他机构中实施对儿童的暴力行为。在这些案件中，是否会产生国家责任有待考察。更重要的是，欧洲人权法院裁定，国家不得将重要的公共服务（如教育）管理委托给私人来免除其对儿童的保护义务。[3] 在确定国家责任的案件中，欧洲人权法院一般会区分当国家在风险无法明确识别时的一般保护义务，以及能够明确识别受害者情况下的具体保护义务。在前一种情况中，欧洲人权法院分析了没有国家干预是否会给受害儿童带来真正的暴力风险。

例如：卡亚克诉土耳其[4]的案件涉及一名 15 岁男孩在学校附近被另一名青少年刺死。欧洲人权法院认为，学校有义务保护那些被卷入各种形式暴力的儿童。在这一案件中，欧洲人权法院裁定，根据《欧洲人权公约》第 2 条，即使当时缺乏有效的监督制度，土耳其政府也有责任保护申请人的儿子或者兄弟的生命权。在缺乏监督制度的情况下，一名青少年就有可能从学校厨房拿到其用来刺死受害者的刀具。

例如：奥基夫诉爱尔兰[5]案有关 20 世纪 70 年代在爱尔兰公立学校发生的虐待行为。当时，爱尔兰的公立学校由国家设立并负责支付学费，而管理和行政则委托给教会。当时一名学生（申请人）

[1] ECtHR, M. C. v. Bulgaria, No. 39272/98, 4 December 2003, para. 150.
[2] ECtHR, O'Keeffe v. Ireland [GC], No. 35810/09, 28 January 2014, para. 146.
[3] Ibid., para. 150; ECtHR, Costello-Roberts v. the United Kingdom, No. 13134/87, 25 March 1993, para. 27.
[4] ECtHR, Kayak v. Turkey, No. 60444/08, 10 July 2012 (available in French).
[5] ECtHR, O'Keeffe v. Ireland [GC], No. 35810/09, 28 January 2014.

遭到了学校一名教师约 20 次的性虐待行为。这名学生在发现了同一位教师犯下的其他性虐待行为之后，才在 1998 年向爱尔兰法院起诉。欧洲人权法院必须确定爱尔兰是否需要对当时未向当局报告的虐待行为承担责任。首先，欧洲人权法院认定申请人所遭受的虐待行为属于《欧洲人权公约》第 3 条的调整范围。然后，根据各种相关报告，欧洲人权法院发现，爱尔兰当局已经意识到学校存在性虐待的潜在风险。只不过当时还没有适当的程序来帮助儿童或其父母直接向国家申诉虐待行为，也没有建立监督教师此类行为的机制。因此，欧洲人权法院得出结论认为，爱尔兰没有履行《欧洲人权公约》第 3 条规定的积极义务，因为它没有为避免在学校出现虐待未成年人的行为提供有效的防范机制。

根据《欧洲人权公约》，各国还必须对指控的虐待或谋杀行为进行有效调查，无论这些行为是由公务人员[1]还是私人所为。如果国家在收到受害者或其继承人的投诉后，制定能够查明和惩罚违反《欧洲人权公约》第 2 条或第 3 条的暴力行为者的程序，则调查是有效的。

根据《欧洲社会宪章》，儿童权利受到保护，不受虐待和不人道待遇，主要是来自第 7 条和第 17 条的规定。

此外，根据《兰萨罗特公约》，各国必须将各种形式对儿童的性虐待和性剥削确定为犯罪行为。[2] 该公约还要求各国采取立法措施或其他措施，防止对儿童的性虐待，组织普及相关儿童保护知识运动，培训专家工作人员，告知儿童受虐待的风险，并为有犯罪风险的人士提供专家帮助。此外，根据欧洲理事会《防止和打击暴力侵害妇女行为及家庭

---

[1] ECtHR, Assenov and Others v. Bulgaria, No. 24760/94, 28 October 1998.

[2] Council of Europe, Council of Europe Convention on the Protection of Children against Sexual Exploitation and Sexual Abuse, CETS No. 201, 2007.

暴力公约》(《伊斯坦布尔公约》) 第 4 条和第 5 条,[1] 各国承诺制定专门的立法措施,调查对妇女的暴力行为。根据《伊斯坦布尔公约》第 22 条,各国有义务确保为遭受家庭暴力的妇女和儿童提供专门的资助服务。

国际法层面,《儿童权利公约》是确保国家保护儿童的核心法律。根据公约的第 19 条,缔约国有义务采取立法、行政、社会和教育措施,保护儿童免遭一切形式的暴力。联合国儿童权利委员会已经发布了一些重要的意见和建议,以解释各国根据《儿童权利公约》所承担的义务。例如,第 13 号一般性意见描述了保护儿童免受一切形式暴力的措施[2]。第 5 号一般性意见提到在国家法律和政策中实施和监督《儿童权利公约》的措施。[3]

7.1.2. 体罚

体罚通常被定义为任何形式的为了引起某人痛苦或不适的肉体上的惩罚。它主要涉及用手或用物体击打儿童的身体,但它也可能涉及非肉体的行为,如威胁,其最终结果与肉体惩罚行为相同,都是带给儿童羞辱的感觉。[4]

根据欧洲理事会法律,欧洲人权法院根据《欧洲人权公约》第 3 条的规定,分析了将体罚当做一种纪律措施的相关案件。如果对儿童进行的体罚达到了第 3 条所规定的严重程度,那么欧洲人权法院就认定这种体罚违反了第 3 条的规定。[5] 即使这种体罚措施没有达到第 3 条规定的严重程度,但仍违反《欧洲人权公约》第 8 条对身心健全权利的

---

〔1〕 Council of Europe, Council of Europe Convention on Preventing and Combating Violence against Women and Domestic Violence, CETS No. 210, 2011.

〔2〕 UN, Committee on the Rights of the Child (2011), General comment No. 13, CRC/C/GC/13, 18 April 2011.

〔3〕 UN, Committee on the Rights of the Child (2003), General comment No. 5, CRC/GC/2003/5, 27 November 2003.

〔4〕 UN, Committee on the Rights of the Child (2007), General Comment No. 8 (2006): The right of the child to protection from corporal punishment and other cruel or degrading forms of punishment´(Arts. 19; 28, para. 2; and 37 inter alia), CRC/C/GC/8, 2 March 2007.

〔5〕 ECtHR, Tyrer v. the United Kingdom, No. 5856/72, 25 April 1978.

规定。但是，欧洲人权法院迄今在体罚案件中还没有发现违反第 8 条的情况。根据《欧洲人权公约第 1 号议定书》第 2 条的规定，在公立学校使用体罚也可能违反父母根据其哲学信念抚养子女的权利。[1]

例如：坎贝尔和科森斯诉英国[2]的案件涉及两名男孩因拒绝接受学校体罚而被停学。欧洲人权法院认定没有违反《欧洲人权公约》第 3 条，因为这些儿童实际上没有受到体罚。但欧洲人权法院认为这违反了《欧洲人权公约第 1 号议定书》第 2 条的规定，理由是考虑到体罚是英国没有尊重父母的哲学信念。欧洲人权法院还裁定，学校的停课行为侵犯了本案中的男孩根据《欧洲人权公约第 1 号议定书》第 2 条享有的受教育权。

《欧洲社会宪章》没有直接禁止体罚。尽管如此，欧洲共同体委员会已将这种义务规定在《欧洲社会宪章》第 17 条。[3] 欧洲社会权利委员会通过报告程序和国家遵守第 17 条的集体投诉程序的监督，发现有几个缔约国违反了这一规定，即没有禁止一切形式的体罚。在保护所有儿童联合有限公司（APPROACH）分别针对比利时[4]、捷克共和国[5]和斯洛文尼亚[6]的 3 起类似案件中，经济、社会和文化权利委员会发现它们违反了《欧洲社会宪章》第 17 条的规定，因为这些国家缺

---

〔1〕 ECtHR, Campbell and Cosans v. the United Kingdom, Nos. 7511/76 and 7743/76, 25 February 1982, para. 38.

〔2〕 ECtHR, Campbell and Cosans v. the United Kingdom, Nos. 7511/76 and 7743/76, 25 February 1982.

〔3〕 See, for example, ECSR, World Organisation against Torture（OMCT）v. Belgium, Complaint No. 21/2003, 7 December 2004; ECSR, Conclusions XVI-2, Poland, Art. 17, p. 65.

〔4〕 ECSR, Association for the Protection of All Children（APPROACH）v. Belgium, Complaint No. 98/2013, 29 May 2015, para. 49.

〔5〕 ECSR, Association for the Protection of All Children（APPROACH）v. Czech Republic, Complaint No. 96/2013, 29 May 2015.

〔6〕 ECSR, Association for the Protection of All Children（APPROACH）v. Slovenia, Complaint No. 95/2013, 27 May 2015.

乏立法规定"表示全面禁止可能影响其身体健康、尊严、发展或心理健康的一切形式的对儿童的体罚"。[1] 此外，欧洲社会权利委员会禁止对儿童进行体罚的法律必须适用于诸如机构照料、寄养和幼儿园等形式的替代性照料。在这方面还应考虑到，欧洲议会于 2004 年发表了一项建议，要求所有缔约国禁止体罚。[2]

根据国际法，体罚被间接视为《儿童权利公约》第 19 条、第 28 条第 2 款和第 37 条中规定的对儿童的暴力形式。此外，儿童权利委员会发表了第 8/2006 号一般性意见，呼吁各国采取适当措施，打击一切形式的体罚。[3]

7.1.3. 性虐待

贩卖人口和儿童色情问题分别在第 7.2.2 节和第 7.2.3 节中讨论。

儿童性虐待可能采取多种形式，包括骚扰、接触、奸淫或强奸。儿童性虐待可以发生在各种场合，包括家庭、学校、照管机构、教堂等。儿童特别容易受到性虐待，因为他们往往在成年人的掌握和控制下，而且没有机会对成年人的此类虐待行为进行投诉。

根据欧盟法律，第 2011/93EU 号指令（主要反映了《兰萨罗特公约》的做法）力图协调各成员国之间对儿童性虐待罪行的最低限度刑事制裁标准。[4] 根据该指令第 3 条，成员国必须采取刑罚措施，确保对各种形式的性虐待进行制裁，包括使儿童目睹性活动或性虐待，并与儿童进行性行为。该指令规定，如果这些行为是对特别易受伤害的儿童使用胁迫的情况下，由其信任的人实施的，则应当加重处罚。此外，成

---

〔1〕 ECSR, Association for the Protection of All Children（APPROACH）v. Slovenia, Complaint No. 95/2013, 27 May 2015, para. 51.

〔2〕 Council of Europe, Parliamentary Assembly（2004）, Recommendation 1666（2004）on a Europe-wide ban on corporal punishment of children, 23 June 2004.

〔3〕 UN, Committee on the Rights of the Child（2008）, General Comment No. 8（2006）: The right of the child to protection from corporal punishment and other cruel or degrading forms of punishment（arts. 19; 28, para. 2; and 37, inter alia）, CRC/C/GC/8, 2 March 2007.

〔4〕 Directive 2011/93/EU of the European Parliament and of the Council of 13 December 2011 on combating the sexual abuse and sexual exploitation of children and child pornography, OJ 2011 L 335/1.

员国必须确保主动对虐待儿童的嫌疑人起诉，并禁止被判定有性虐待罪的人员从事与儿童直接或经常接触的任何专业活动。该指令还包括关于对儿童友好诉讼的规定，并确保在法庭上保护儿童受害者。

第 2011/93/EU 号指令与关于成员国之间提取犯罪记录中的信息并进行交流的组织和内容的第 2009/315/JHA 号[1]的框架决定有关。尽管不是专门针对儿童的，但这一框架决定填补了保护制度方面的一个重要空白，确保成员国之间能够查阅被定罪者的犯罪记录。这有助于查明在其他成员国从事儿童工作的机构中是否有曾经因性虐待而被定罪的求职者。

根据欧洲理事会法律，欧洲人权法院审查了《欧洲人权公约》第 3 条和第 8 条规定的性虐待案件。这些案件主要是涉及国家未能采取适当措施保护儿童免遭虐待。在第 3 条调整的范围内，欧洲人权法院还审查了国家是否对性虐待的指控进行了有效调查。根据第 8 条提出的虐待儿童的索赔要考虑到这种行为对受害者人身完整和其家庭生活权利的影响。有时，第 3 条和第 8 条规定的国家义务之间的区别是相当模糊的，欧洲人权法院使用之前判例中的理由来区分违反这两条的行为。然而，应当指出的是，在处理不适当转移/照顾和虐待儿童指控对家庭影响的情况下，适用第 8 条的规定更为常见。第 5 章分析了这些情况。

例如：M. C. 诉保加利亚[2]案件，申请人是一名 14 岁的女孩，她声称一天晚上外出时，被两个人强奸。她向保加利亚政府提出的申诉被驳回，主要是因为没有发现任何形式的身体暴力痕迹。欧洲人权法院指出，关于强奸的指控属于《欧洲人权公约》第 3 条的调整范围，被告国必须对这些指控进行有效的调查。在发现保加利亚

---

[1] Council Framework Decision 2009/315/JHA of 26 February 2009 on the organisation and content of the exchange of information extracted from the criminal record between Member States, OJ 2009 L 93, pp. 23~32.

[2] ECtHR, M. C. v. Bulgaria, No. 39272/98, 4 December 2003.

政府没有进行这种调查的情况下，欧洲人权法院经过搜集证据，发现保加利亚政府普遍驳回了受害者无法对强奸行为提出证据的案件。欧洲人权法院认为，这种举证标准的要求不符合强奸受害人的实际情况，因此保加利亚政府的调查结论无效，并裁定这种行为违反了《欧洲人权公约》第3条的规定。

此外，《兰萨罗特公约》也详细规定了保护儿童免遭性虐待的权利。该公约是在欧洲理事会法律框架内通过的，允许欧洲以外的国家批准加入。随后，这一具有约束力的公约得到了一系列不具法律约束力文件的支持，其目的是进一步确保各国制定有效措施防止对儿童的性虐待。[1]

7.1.4. 家庭暴力和对儿童的忽视

许多家庭暴力案件都包括对性虐待的指控。从这个意义上讲，国家在国际法上的义务与上文第7.1.3节所列举的义务类似。

根据欧洲理事会法律规定，通常是母亲向欧洲人权法院申诉国家没有充分履行《欧洲人权公约》确定的义务以防止对儿童的伤害。家庭暴力案件是涉及本公约第2条、第3条和第8条的规定。各国必须履行积极义务，采取有效措施打击家庭暴力，并对关于家庭暴力或忽视儿童的有争议指控进行有效调查。

---

〔1〕 Examples include: Council of Europe, Committee of Ministers (2001), Recommendation Rec (2001) 16 on the protection of children against sexual exploitation, 31 October 2001; Council of Europe, Parliamentary Assembly (1996), Resolution 1099 (1996) on the sexual exploitation of children, 25 September 1996; Council of Europe, Parliamentary Assembly (2000), Resolution 1212 (2000) on rape in armed conflicts, 3 April 2000; Council of Europe, Parliamentary Assembly (2002), Resolution 1307 (2002) on sexual exploitation of children: zero tolerance, 27 September 2002.

例如：在康托洛夫诉斯洛伐克[1]一案中，申请人曾在不同场合遭到其丈夫的身体侵犯。她向警方报案，但后来又撤回了报案。她的丈夫随后威胁要杀害子女。一名亲属向警方报告了这一事件。不过，在该事件发生后不久，申请人的丈夫开枪杀死两名子女，并自杀身亡。欧洲人权法院认为，只要当局知道或应该知道个人的生命存在真实和直接风险，根据《欧洲人权公约》第 2 条，国家就负有积极义务。在这种情况下，由于申请人之前曾经向警察报案过，斯洛伐克当局应该知道这种危险存在。警察的积极义务应包括登记申请人的刑事报案、展开刑事调查和提起刑事诉讼、妥善记录报警电话内容，并对申请人丈夫持有猎枪的指控采取行动。然而斯洛伐克警方没有履行其义务，造成的直接后果是申请人的子女死亡，这违反了《欧洲人权公约》第 2 条规定。

例如：在埃雷米娅诉摩尔多瓦共和国[2]一案中，一名母亲及其两名女儿控告摩尔多瓦当局，未能保护她们免受她们的丈夫和父亲的暴力和虐待行为。欧洲人权法院认为，尽管当局已经知道存在虐待情况，但未能采取有效措施保护这个母亲免遭进一步的家庭暴力。欧洲人权法院还认为，在家庭中目睹父亲对母亲施暴使得两名女儿的心理受到极大伤害，但当局很少或根本没有采取任何行动来防止这种行为再次发生。因此，欧洲人权法院认定，摩尔多瓦当局没有适当履行其根据《欧洲人权公约》第 8 条所承担的义务。

在国家机构或家庭中儿童受到忽视的案件也可以根据《欧洲人权公约》进行审理。当局在父母疏忽照顾子女的情况下的义务与上述情况类似。一方面，国家需要建立有效的保护儿童的机制。另一方面，国家必须采取行动，在接到报告儿童被忽视的情况下，或者在有足够证据表明

---

〔1〕 ECtHR, Kontrová v. Slovakia, No. 7510/04, 31 May 2007.
〔2〕 ECtHR, Eremia v. the Republic of Moldova, No. 3564/11, 28 May 2013.

儿童被忽视的情况下，在家庭或私营机构中保护儿童。[1] 对于国家看护机构中存在儿童被忽视的情况，当局有保护儿童的直接义务，应当确保儿童得到适当的（医疗）照顾，提供充足的安置儿童机构，和/或训练能够满足儿童需要的工作人员。[2]

《伊斯坦布尔公约》也有类似的规定。[3] 虽然不是专门针对儿童的，但也与儿童利益息息相关。首先，根据该公约第3条第6款，18岁以下的女孩应被视为"女性"，因此该公约的所有规定都应当适用。其次，第2条第2款鼓励缔约国将该公约适用于包括儿童在内的所有潜在的家庭暴力受害者。事实上，在大多数情况下，儿童是家庭暴力的目击者，并受到家庭暴力的严重影响。[4] 最后，《伊斯坦布尔公约》中针对儿童的具体规定包括：各国有义务采取措施满足儿童受害者的需要，提高儿童对家庭暴力的认识和保护儿童证人。

同样，根据《欧洲社会宪章》第17条，各国有义务禁止对儿童的一切形式暴力行为，并制定相关刑法和民法的规定。

欧洲理事会的其他不具法律约束力的文件也都讨论了家庭暴力和对儿童的忽视所产生的问题。[5]

7.2. 儿童剥削，色情和诱骗

关键点

●各国有义务进行合作并共同采取有效行动，以保护儿童免受暴力

---

〔1〕 ECtHR, Z and Others v. the United Kingdom〔GC〕, No. 29392/95, 10 May 2001.

〔2〕 ECtHR, Nencheva and Others v. Bulgaria, No. 48609/06, 18 June 2013（available in French）.

〔3〕 Council of Europe, Council of Europe Convention on Preventing and Combating Violence against Women and Domestic Violence, CETS No. 210, 2011.

〔4〕 FRA（2014c）, pp. 134~135. See also UNICEF（2006）.

〔5〕 Examples include: Council of Europe, Committee of Ministers（1985）, Recommendation No. R（85）4 on violence in the family, 26 March 1985; Council of Europe, Committee of Ministers（1990）, Recommendation No. R（90）2 on social measures concerning violence in the family, 15 January 1990; Council of Europe, Parliamentary Assembly（1998）, Recommendation 1371（1998）on abuse and neglect of children, 23 April 1998.

侵害，包括进行调查。

7.2.1. 强迫劳动

欧盟法律不仅禁止奴隶制、奴役、强迫或强制劳动（欧盟《基本权利宪章》第5条第2款），而且还禁止雇佣儿童进行工作（《基本权利宪章》第32条）。第94/33/EC号指令是禁止童工的核心法律文件。[1]只有在特殊情况下，国家才允许将最低就业年龄定在最低离校年龄以下（第4条第2款）。各国必须确保工作中的年轻人享有适当的工作条件（第6条和第7条）。此外，儿童只能受雇从事某些活动，如轻家务劳动或社会和文化活动（第2条第2款和第5条）。该指令还规定了在童工案件中应采取的具体保护措施（第3节）。

在许多情况下，强迫童工劳动案件涉及被贩卖的儿童[2]。关于防止和打击贩卖人口的第2011/36/EU号指令承认强迫劳动是剥削儿童的一种形式（第2条第3款)[3]。为了强迫劳动而被贩卖的儿童与为其他目的被贩卖的受害者一样，受到该指令的保护（如性剥削，见第7.1.3节)[4]。

根据欧洲理事会法律，《欧洲人权公约》第4条绝对禁止一切形式的奴隶、奴役、强迫和强制劳动。欧洲人权法院将"强迫或强制劳动"定义为"任何人以违反某人意愿的任何处罚为由强迫其从事的工作或服务，而该人并未自愿提供这种工作或服务"。[5]此外，奴役还包括迫使人像奴隶一样依附在他人的财产上生活，并且使得其无法改变未来的生

---

〔1〕 Council Directive 94/33/EC of 22 June 1994 on the Protection of Young People at Work, OJ 1994 L 216.

〔2〕 Recital 11, Directive 2011/36/EU of the European Parliament and of the Council of 15 April 2011 on preventing and combating trafficking in human beings and protecting its victims, OJ 2011 L 101/1.

〔3〕 Directive 2011/36/EU of the European Parliament and of the Council of 15 April 2011 on preventing and combating trafficking in human beings and protecting its victims, OJ 2011 L 101/1.

〔4〕 See further FRA (2015c), pp. 40~41.

〔5〕 ECtHR, Siliadin v. France, No. 73316/01, 26 July 2005, para. 116.

活条件。[1] 因此，奴役是强迫劳动的一种加重形式。

在涉及强迫劳动指控的案件中，欧洲人权法院首先确定这些指控是否属于《欧洲人权公约》第4条调整的范围。[2] 然后分析各国是否遵守其积极义务，制定相关立法和行政框架，对强制或强迫劳动、奴役和奴隶的案件进行禁止规定、惩处和有效起诉。[3] 而在第4条规定的程序方面，欧洲人权法院会审查国内当局是否对有争议的强迫劳动或奴役指控进行了有效调查。[4]

例如：C. N. 和 V. 诉法国[5]案件是关于两名布隆迪籍姐妹提起的强迫劳动索赔申请。在父母死亡以后，她们与伯母一家人一起居住在法国。据说她们在地下室非常恶劣的条件下生活了4年。姐姐辍学，并把时间都花在做家务和照顾伯母的残疾儿子上。妹妹虽然上学，但在放学和做完家庭作业后，还要为伯母及其家人工作。两姐妹向欧洲人权法院提出申诉，称她们曾被处于奴役状态并遭受强迫劳动。欧洲人权法院认定第一名申请人（案件中的姐姐）确实被强迫劳动，因为她每周工作7天，没有报酬，也没有休假。此外，她一直被奴役，因为她觉得这种情况是永久性的，没有任何改变的可能性。欧洲人权法院进一步认定，法国政府没有履行其积极义务，因为现行法律框架没有对强迫劳动的受害者提供有效保护。关于政府展开调查的程序性义务，欧洲人权法院认为，《欧洲人权公约》第4条的要求已得到满足，因为法国当局进行了迅速且独立的调查，查明并及时惩处了相关责任人。欧洲人权法院驳回了第二个申请者（案件中的妹妹）关于强迫劳动的指控，理由是妹妹能够去上学，并有时间做完家庭作业。

---

[1] Ibid. , para. 123.

[2] ECtHR, C. N. and v. v. France, No. 67724/09, 11 October 2012, para. 70.

[3] Ibid. , para. 104 and following.

[4] ECtHR, C. N. v. the United Kingdom, No. 4239/08, 13 November 2012, paras. 70~82.

[5] ECtHR, C. N. and v. v. France, No. 67724/09, 11 October 2012.

《欧洲社会宪章》保证在工作环境中保护儿童免受身体和精神危险的权利（第7条第10款）。欧洲社会权利委员会指出，国家必须禁止对儿童的家庭或劳动剥削，包括以劳动剥削为目的的贩卖。[1]《欧洲社会宪章》的缔约国不仅必须确保有防止剥削和保护儿童和青少年的必要立法，而且还要确保该立法在实践中是有效的[2]。

《兰萨罗特公约》还规定，各国应将所有形式的儿童性剥削行为确定为犯罪。

7.2.2. 贩卖儿童

根据欧盟法律，《欧洲联盟运作条约》第83条将贩卖人口确定为欧盟议会和理事会具有立法权的领域。欧盟《基本权利宪章》第5条第3款明文禁止贩卖人口。欧盟对此的贡献是值得重视的，因为这是一个跨国界的领域。

《欧洲联盟运作条约关于预防与打击贩卖人口及保护受害者第2011/36号指令》是欧洲议会和理事会根据《欧洲联盟运作条约》第83条[3]通过的第一项文件。根据该指令第2条第1款，人口贩卖被定义为"为剥削目的而通过暴力威胁或使用暴力手段，或通过其他形式的胁迫，通过诱拐、欺诈、欺骗、滥用权力或滥用弱势地位，或通过授受酬金或利益取得对另一人有控制权的某人的同意等手段招募、运送、转移、窝藏或接收人员"。该指令的目的是为定义和制裁与贩卖人口有关的罪行制定最低限度规则（第1条）。该指令和儿童保护是相关的，它还包括若干关于援助和支助被贩卖的儿童受害者和在刑事调查中保护儿童的特别条款（第13~16条）[4]。将根据对每位受害者的专家评估（第14条第1款）采取具体的支助措施。各国应指定一名监护人代为代表儿童的最大利益（第14条第2款），并向儿童家庭提供支助（第14

---

〔1〕 ECSR Conclusions 2004, Bulgaria, p. 57.

〔2〕 ECSR Conclusions 2006, Albania, p. 61; ECSR Conclusions 2006, Bulgaria, p. 113.

〔3〕 Directive 2011/36/EU of the European Parliament and of the Council of 15 April 2011 on preventing and combating trafficking in human beings and protecting its victims, OJ 2011 L 101/1.

〔4〕 Provisions detailed in FRA and ECtHR (2014), p. 222.

条第 3 款)。在刑事诉讼过程中,儿童有权获得法律代理和免费法律咨询,并有权在适当的场所和训练有素的专业人员陪伴下表达意见(第 15 条第 1~3 款)。进一步的保护措施包括在没有公众参与的情况下进行听证的可能性,以及通过通信技术间接听取儿童意见的可能性(第 15 条第 5 款)。[1]

第 2004/81/EC 号指令也适用于被贩卖的儿童[2]。根据这项文件,被贩卖的受害者可由东道国签发居留许可,条件是他们在刑事调查中合作。然而,该指令只适用于在成员国管辖范围内的儿童。[3]

在执行方面,欧盟执法机构(欧洲刑警组织)和欧盟司法合作组织(欧洲检察官组织)致力于确保成员国之间合作,共同查明和起诉有组织的人口贩卖网络。本手册第 11.3 节介绍了保护欧盟儿童受害者的相关规定。

欧洲理事会法律框架下的《欧洲人权公约》不包括关于贩卖的任何明文规定。尽管如此,欧洲人权法院将《欧洲人权公约》第 4 条解释为包括禁止贩卖人口[4]。欧洲人权法院采取了《关于防止、制止和惩罚贩卖人口,特别是贩卖妇女和儿童的议定书》第 3 条第 1 款对贩卖人口的定义,以补充《联合国打击跨国有组织犯罪公约》(《巴勒莫议定书》)和欧洲理事会《打击人口贩卖行动公约》第 4 条第 1 款。[5]欧洲人权法院首先确定某一特定情况的可信指控是否属于贩卖人口范畴,进而确定是否属于第 4 条的权利范围。如果属于,欧洲人权法院将遵循第 7.2.1 节所述的模式进行具体分析:调查该国的法律制度是否为

---

〔1〕 See FRA (2015b), p. 79.

〔2〕 Council Directive 2004/81/EC of 29 April 2004 on the residence permit issued to third-country nationals who are victims of trafficking in human beings or who have been the subject of an action to facilitate irregular immigration, who cooperate with the competent authorities, OJ 2004 L 261, pp. 19~23.

〔3〕 Ibid. , Art. 3.

〔4〕 ECtHR, Rantsev v. Cyprus and Russia, No. 25965/04, 7 January 2010, para. 282.

〔5〕 UN, Protocol to Prevent, Suppress and Punish Trafficking in Persons, Especially Women and Children, supplementing the United Nations Convention against Transnational Organized Crime (UNCTOC), New York, 15 November 2000; Council of Europe, Council of Europe Convention on Action against Trafficking in Human Beings, CETS No. 197, 2005.

打击人口贩卖提供有效的支持，该国是否在案件的特定情况下履行其积极义务，以及该国政府是否对有争议的贩卖人口指控进行有效的调查。

例如：兰塞夫诉塞浦路斯和俄罗斯[1]的案件是由一名在塞浦路斯可疑死亡的俄罗斯少女的父亲提出的。他的女儿是以卡巴莱舞蹈艺术家签证进入塞浦路斯。在一次疑似逃跑的情况下，她从雇主熟人的公寓阳台上坠落身亡。她父亲向俄罗斯和塞浦路斯法院都提起诉讼，诉称政府当局没有适当调查其女儿的死因。在该案中，欧洲人权法院第一次解释贩卖人口属于《欧洲人权公约》第4条的管辖范围。虽然塞浦路斯国内已经有完善的打击贩卖人口行为的法律，但欧洲人权法院认为公约第4条依旧被违反了。因为塞浦路斯要求雇主为歌舞表演者提供财政担保的条件（防止雇主出现贩卖人口和剥削行为），没有得到有效执行。此外，在该案的这种特殊情况下，塞浦路斯当局应该知道申请人的女儿有被贩卖的危险。欧洲人权法院裁定塞浦路斯警方未能采取措施保护兰塞夫女士不受剥削。最后，欧洲人权法院还认定俄罗斯的行为违反《欧洲人权公约》第4条的规定，因为俄罗斯当局没有对该贩卖人口的指控进行适当调查。

经济、社会和文化权利委员会认为，贩卖人口是对人权和人格尊严的严重侵犯，构成了一种新的奴隶制形式。[2] 根据第7条第10款，各国必须立法将其定为犯罪行为。[3] 这项立法必须辅之以适当的监督机

---

〔1〕 ECtHR, Rantsev v. Cyprus and Russia, No. 25965/04, 7 January 2010. 本案并不涉及儿童的死亡。但是，鉴于欧洲人权法院没有具体贩卖儿童的案件，并且考虑到贩卖对儿童的特殊威胁，所以才特别提到本案。

〔2〕 ECSR, Federation of Catholic Family Associations in Europe (FAFCE) v. Ireland, No. 89/2013, 12 September 2014, para. 56.

〔3〕 ECSR, Conclusions XVII-2 (2005), Poland, p. 638.

制，并制定制裁和打击贩卖儿童和性剥削的实施计划。[1]

在条约层面，欧洲理事会《打击人口贩卖行动公约》是处理人口贩卖问题的重要文件。[2] 鉴于欧洲理事会的成员国范围比欧盟更加广泛，欧洲理事会《打击人口贩卖行动公约》还可供非欧盟成员国加入。它[3]是对欧盟第 2011/36/EU 号指令的补充，有助于该公约的缔约国在共同标准和义务的基础上打击人口贩卖，不论其是否为欧盟成员国。该公约的执行情况需要接受一组独立专家（打击人口贩卖行为专家组GRETA）的监督，他们定期评估每个国家的情况并发表报告。根据这些报告，该公约缔约国委员会，作为该公约监督机制的政治支柱，它负责落实打击贩卖人口行为专家组结论中提及的应当采取的措施，向缔约国提出建议，并就进展采取后续行动。

7.2.3. 儿童色情和诱骗

根据欧盟法律，第 2011/93/EU 号指令是处理儿童色情问题的主要法律文件。[4] "色情"被定义为："①任何在视觉上描绘儿童从事真实或模拟的露骨性行为的材料；②以性为主要目的而对儿童性器官的任何描述；③以性为主要目的，在视觉上描绘任何看起来像是儿童的人从事真实或模拟的露骨性行为，或是对任何看起来像是儿童的人的性器官的描述；或④以性为主要目的，儿童从事露骨性行为的真实图像或暴露儿童性器官的真实图片。"[5] 该指令第 5 条规定，欧盟成员国有义务采取一切必要措施，确保惩处任何有意生产、获取、拥有、分发、传播、传递、提供、供应或制造提供儿童色情制品以及明知是儿童色情制品而获取的行为。

---

〔1〕 ECSR, Federation of Catholic Family Associations in Europe（FAFCE）v. Ireland, No. 89/2013, 12 September 2014, para. 57.

〔2〕 Council of Europe, Council of Europe Convention on Action against Trafficking in Human Beings, CETS No. 197, 2005.

〔3〕 例如，白俄罗斯于 2013 年 3 月 26 日加入该公约。

〔4〕 Directive 2011/93/EU of the European Parliament and of the Council of 13 December 2011 on combating the sexual abuse and sexual exploitation of children and child pornography, OJ 2011 L 335/1, pp. 1~14.

〔5〕 Ibid., Art. 2（c）.

　　根据欧洲理事会法律，欧洲人权法院曾多次审理有关《欧洲人权公约》第 8 条规定的儿童色情案件。

　　　例如：瑟德曼诉瑞典的案件是有关一个女孩正在洗澡时，发现其继父试图偷拍她。[1] 她起诉瑞典的立法没有充分保护她的私生活。欧洲人权法院认为，国家有义务建立立法框架，为申请人等受害人提供充分的保护。由于这一案件只涉及对申请人的拍摄行为，欧洲人权法院认为对这种行为的立法不一定必须包括刑事制裁，但是向受害者提供的补救措施（无论是民事还是刑事）都必须有效。根据案件的事实，欧洲人权法院认为，申请人没有从继父试图偷拍她的有效刑事或民事补救措施中受益，这违反了《欧洲人权公约》第 8 条的规定。

　　欧洲理事会《网络犯罪公约》[2] 第 9 条要求缔约国将通过计算机系统提供、分发、传播、采购或拥有儿童色情作品或制作此类材料的行为定为犯罪。其要件是这个行为必须是有意的。而公约的解释性报告指出，"淫秽物品"一词是取决于被归类为"淫秽、不符合公共道德或类似腐败"资料的国家标准。[3] 尽管如此，国家加以刑事定罪的情况不仅适用于那些在视觉上展示从事露骨性行为儿童的材料，也适用于展示看起来像儿童的人或用特效展示的儿童从事露骨性行为的材料。[4]

　　此外，根据《兰萨罗特公约》第 21 至 23 条，各国必须采取立法措施为各种形式的儿童色情制品定罪。根据第 21 条，招募、胁迫和参与儿童色情活动应予以定罪。根据第 22 条，造成儿童目睹性（虐待）行

---

〔1〕 ECtHR, Söderman v. Sweden〔GC〕, No. 5786/08, 12 November 2013.

〔2〕 Council of Europe, Convention on Cyber crime, CETS No. 185, 2001.

〔3〕 Explanatory report to the Council of Europe, Council of Europe Convention on Cyber crime, para. 99.

〔4〕 Council of Europe, Convention on Cyber crime, CETS No. 185, 2001, Art. 9 (2).

为必须同等定罪。最后，第 23 条要求制定关于通过信息和通信技术，为性目的招揽儿童行为的刑事立法。兰萨罗特委员会就这一条款通过了一项意见，该意见建议公约缔约国考虑将刑事定罪范围扩大到即使不是亲自参加而是在线实施的性虐待。[1]

7.3. 高风险群体

关键点

●被迫失踪（在国际法中被称为"强迫失踪"）的儿童受害者有权保留或重建其身份。

7.3.1. 属于少数者的儿童

根据欧洲理事会法律，欧洲人权法院专门处理针对属于少数者儿童的暴力案件（在贩卖人口和强迫劳动的情况之外）相当稀少。他们主要关注学校隔离和歧视问题，这在第 3.2 节进行了分析。

例如：在法律资源中心代表瓦伦丁·卡帕努诉罗马尼亚一案中，非政府组织以一名年轻罗姆男孩的名义提起申诉，这名男孩死在了国家监护机构中。[2] 这名男孩不仅感染了艾滋病，并有严重的智力残疾。他所居住机构的生活条件令人震惊：没有暖气，没有被褥和衣物，也没有工作人员的帮助等。在受害人没有任何近亲的情况下，该非政府组织以他的名义起诉国家行为侵犯了《欧洲人权公约》第 2、3、5、8、13 和 14 条所规定的权利。大审判庭裁定，鉴于该案的特殊情形（该名年轻人极其脆弱，且找不到任何已知的近亲），非政府组织有权代表已故申请人提起诉讼。根据案情，欧洲人权法院

---

〔1〕 Lanzarote Committee Opinion on Art. 23 of the Lanzarote Convention and its explanatory note, 17 June 2015.

〔2〕 ECtHR, Centre for Legal Resources on behalf of Valentin Câmpeanu v. Romania〔GC〕, No. 47848/08, 17 July 2014.

认定罗马尼亚违反了《欧洲人权公约》第 2 条实质性规定。认定国内当局对卡帕努先生的死亡负有责任，因为当局将他安置在这个机构。他在那里由于缺乏足够的食物、住所和医疗保健而死亡。欧洲人权法院还发现其他违反《欧洲人权公约》第 2 条规定的行为，例如罗马尼亚当局没有对其死亡进行有效调查。

欧洲理事会第 5 号一般性意见（2005）支持该判决，即生活在养育院中的儿童不应基于歧视性理由被安置。[1]

7.3.2. 残疾儿童

根据欧盟法律，欧盟已成为《残疾人权利公约》的缔约方，[2] 这也是欧盟加入的第一个人权领域的国际条约。[3] 《残疾人权利公约》包含有关儿童的具体规定。欧盟成员国和欧盟承诺确保残疾儿童与其他儿童在平等的基础上享有人权。根据《残疾人权利公约》第 16 条，欧盟各国必须采取具体措施保护残疾儿童不受虐待和剥削。[4]

根据欧洲理事会法律，欧洲人权法院在关于残疾儿童的案件中提出了若干问题，包括国家在保护残疾儿童免于死亡和遭受虐待以及在公共场所提供相关生活条件的积极义务。

---

〔1〕 Council of Europe, Committee of Ministers（2005），Recommendation Rec（2005）5 on the rights of children living in residential institutions, 16 March 2005.

〔2〕 译者注：《残疾人权利公约》是国际社会在 21 世纪通过的第一个综合性人权公约，也是首个开放供区域一体化组织签字的人权公约，欧盟是该公约的地区缔约方。

〔3〕 Council of the European Union（2009），Council Decision 2010/48/EC of 26 November 2009 concerning the conclusion, by the European Community, of the United Nations Convention on the Rights of Persons with Disabilities, OJ 2010 L 23/35.

〔4〕 另见第 3.5 节。

例如：尼切瓦等人诉保加利亚[1]一案涉及一个精神和心理残疾人机构中15名儿童和青少年死亡的事件。欧洲人权法院认为，这些儿童被安置在国家全权控制的专门公共机构。但是该机构中儿童的生活条件令人震惊：他们缺乏食物、药品、衣物和取暖设施。主管当局已多次注意到这一情况，因此意识到或应该知道存在儿童可能死亡的危险。法院发现违反了《欧洲人权公约》第2条的实质性规定，因为当局没有采取措施保护受其控制的儿童的生命。此外，保加利亚当局没有对申请人的子女死亡进行有效的调查。在该案件的具体情况下，保加利亚当局应展开一项刑事调查。由于以下几个原因，目前的调查被认为是无效的：在儿童死亡2年之后才开始；该调查已经拖延超过规定时间；调查没有涵盖所有儿童的死亡情况，也没有澄清这一问题的所有相关因素。

7.4. 失踪儿童

根据欧盟法律，欧盟委员会为失踪儿童设立了热线电话（116000）。[2] 此项服务包括接报失踪儿童的电话，并将其交给警察当局，为负责失踪儿童的人员提供指导和支持，并帮助进行调查。

根据欧洲理事会法律，被强迫失踪儿童问题已根据《欧洲人权公约》第8条得到解决。

例如：在左瑞卡·约万诺维奇诉塞尔维亚[3]案件中，据称一名新生婴儿在出生后不久死于医院，但他的遗体从未交给其父母。母亲

---

〔1〕 ECtHR, Nencheva and Others v. Bulgaria, No. 48609/06, 18 June 2013 (available in French).

〔2〕 Commission Decision (2007), Commission Decision 2007/698/EC of 29 October 2007 amending Decision 2007/116/EC as regards the introduction of additional reserved numbers, OJ 2007, L 284/31.

〔3〕 ECtHR, Zorica Jovanović v. Serbia, No. 21794/08, 26 March 2013.

申诉说，国家没有向她提供关于她儿子的任何信息，包括死亡的原因和被埋葬的时间和地点。欧洲人权法院认为，国家"未能向母亲提供关于其儿子命运的可靠信息"，等于侵犯了尊重她家庭生活的权利[1]。

　　根据联合国法律，《保护所有人不遭受强迫失踪国际公约》[2] 第25 条第 1 款第 2 项规定，各国必须防止和惩处"伪造、隐匿或销毁证明儿童真实身份的文件的行为"，这些儿童本身或其父母可能遭受强迫失踪。各国还必须采取必要的措施，寻找和查明这些儿童，并将其归还原籍家庭。鉴于这些儿童有权保留或重新建立其身份，包括其国籍、姓名和家庭关系等法律承认的权利，各国需要有法律程序来审查和废止任何收养或安置卷入强迫失踪的儿童（第 25 条第 4 款）。公约重申保障儿童权利的两项基本原则：儿童的最大利益为首要考虑，儿童有权表达自己的意见（第 25 条第 5 款）。尽管批准这一公约的欧洲国家数量相对较少，但它与欧洲法律规范是密切相关的。[3]

---

〔1〕　Ibid. , para. 74.

〔2〕　UN, International Convention for the Protection of All Persons from Enforced Disappearance, 20 December 2006.

〔3〕　截至 2015 年 2 月 19 日，28 个欧盟成员国中有 9 个批准了该公约（奥地利、比利时、西班牙、法国、德国、立陶宛、荷兰、葡萄牙和斯洛伐克）。此外，下列欧洲理事会成员国已批准该公约：塞尔维亚、黑山、波斯尼亚和黑塞哥维那，亚美尼亚和阿尔巴尼亚。

8. 经济、社会、文化权利和适当生活水准权

欧　盟	相关主题	欧洲理事会
《基本权利宪章》第 14 条（教育）； 《资格指令》（Qualification Directive 2011/95/EU）； 欧盟法院，第 c-413/99 号，鲍姆巴斯特和 R 诉内政部国务秘书（Baumbast and R v. Secretary of State for the Home Department），2002 年（移徙儿童教育）	受教育权	《欧洲人权公约第 1 号议定书》第 2 条（受教育权）； 《欧洲社会宪章（修订版）》第 17 条（受教育权）； 欧洲人权法院，卡坦等人诉摩尔多瓦和俄罗斯（Catan and Others v. Moldova and Russia），2012 年（学校的语言课程）； 欧洲人权法院，D. H. 等人诉捷克共和国，第 57325/00 号，2007 年； 欧洲人权法院，奥什库什等人诉克罗地亚，第 15766/03 号，2010 年（罗姆人儿童在学校遭遇歧视）； 欧洲人权法院，波诺马诺维诉保加利亚（Ponomaryovi v. Bulgaria），第 5335/05 号，2011 年（基于移民身份的歧视）； 欧洲理事会《保护少数者框架公约》第 12 条第 3 款和第 14 条； 《欧洲移徙工人法律地位公约》

欧　盟	相关主题	欧洲理事会
《基本权利宪章》第 35 条（获得保健服务）； 《资格指令》（2011/95/EU）第 29 条（移徙儿童的核心利益）	健康权	《欧洲社会宪章（修订版）》第 11 条（健康权）和第 13 条（社会医疗救助的权利）； 《欧洲人权公约》第 2 条（生命权）和第 8 条（身体完整权）； 欧洲人权法院，奥亚尔诉土耳其（Oyal v. Turkey），第 4864/05 号，2010 年（新生儿 HIV 感染）； 欧洲人权法院，伊利亚·彼得洛夫诉保加利亚（Iliya Petrov v. Bulgaria），第 19202/03 号，2012 年（在变电站受伤）； 欧洲人权法院，法律资源中心代表瓦伦丁·卡帕努诉罗马尼亚（Centre for Legal Resources on behalf of Valentin Câmpeanu v. Romania），第 47848/08 号，2014 年（某机构的死亡事件）； 欧洲人权法院，格拉斯诉英国（Glass v. the United Kingdom），第 61827/00 号，2004 年（知情同意）； 欧洲人权法院，M. A. K 和 R. K.诉英国，第 45901/05 号和第 40146/06 号，2010 年（未经父母同意进行试验）； 欧洲社会权利委员会，国际人权联合会诉法国（International Federation of Human Rights Leagues v. France），第 14/2003 号，2004 年（移民儿童的医疗保健）；

续表

欧　盟	相关主题	欧洲理事会
		欧洲社会权利委员会,保卫儿童国际组织诉比利时(Defence for Children International v. Belgiumz)第69/2011号,2012年(儿童处于非正常情况); 《人权与生物医学公约(奥维耶多公约)》(Convention on Human Rights and Biomedicine〔Oviedo Convention〕)第6条和第8条。
《基本权利宪章》第34条第3款(获得社会和住房援助的权利)	住房权	《欧洲社会宪章(修订版)》第16条(对家庭的社会、法律和经济的保护),第17条(对儿童和年轻人的社会、法律和经济保护的权利)和第31条(住房权); 欧洲人权法院,巴哈诉英国(Bah v. the United Kingdom),第56328/07号,2011年; 欧洲人权法院,康纳斯诉英国(Connors v. the United Kingdom),第66746/01号,2004年
《基本权利宪章》第34条(社会保障和社会救助)	适足生活水准权和社会安全权	《欧洲社会宪章(修订版)》,第12条至第14条(社会保障权,社会和医疗援助,受益于社会福利服务)、第16条(对家庭的社会、法律和经济的保护)和第30条(保护免受贫困和排斥的权利); 欧洲社会权利委员会,欧洲以家庭为基础的儿童和家庭优先行动委员会(EUROCEF)诉法国(European Committee for Home-Based Priority Action for the Child and the Family v. France),第82/2012号,2013年(逃学会导致暂停家庭津贴);

续表

欧　　盟	相关主题	欧洲理事会
		欧洲人权法院,康斯坦丁·马金诉俄罗斯(Konstantin Markin v. Russia),第 30078/06 号,2012 年(产假)

　　经济、社会和文化权利,在欧洲通常被称为社会经济权利或社会权利,包括工作权以及受教育权、健康权、住房权、社会保障权和适足生活水准权。文化权利在学术和诉讼方面仍未得到充分发展和解决。第4.5 节涉及属于少数群体的儿童的身份和受教育权的第 8.2 节中的问题。

　　在欧洲范围内,关于经济、社会和文化权利的明确标准主要见于《欧洲社会宪章》和欧盟《基本权利宪章》的规定,《欧洲人权公约》及其议定书也包括若干相关条款,例如禁止强迫劳动和保障受教育权。此外,欧洲人权法院还主张,社会和经济权利与《欧洲人权公约》所涵盖权利的范围无法严格区分,[1] 从《欧洲人权公约》所保障的公民权利视角解读经济、社会和文化权利。因此,对医疗保健问题能够用禁止酷刑、不人道和有辱人格的待遇和处罚规定来解决(《欧洲人权公约》第 3 条)[2]。

　　本章分析了与儿童具体相关的经济、社会和文化权利:受教育权(第 8.2 节);健康权(第 8.3 节);住房权(第 8.4 节);享有适当生活水准和社会保障的权利(第 8.5 节)。

---

　　〔1〕　ECtHR, Airey v. Ireland, No. 6289/73, 9 October 1979, para. 26.

　　〔2〕　See, for example, ECtHR, Factsheet on Prisoners' health-related rights, February 2015, and Fact sheet on Health, April 2015.

8.1. 处理经济、社会和文化权利的方法

关键点

●确保获得足够的资源是确保享有社会权利的关键。

●社会权利的基本特征是可提供性、可获取性、可接受性和可调适性。

根据欧盟法律，欧盟《基本权利宪章》已将经济、社会和文化权利与公民权利和政治权利视为平等的权利。然而，《基本权利宪章》第52条将"权利"和"原则"作了区分，对原则的限制是"在司法上可操作"。

根据欧洲理事会法律，欧洲社会权利委员会指出，当实现一项权利是"极其复杂、特别昂贵"时，那么对该实现行为的三项评估标准是：必须采取措施"在最大限度地利用现有资源的情况下，在合理时间内实现宪章确立的目标，取得可衡量的进展"。[1] 它还设立优先事项，从而提醒各国"他们的选择对脆弱程度更高的群体以及对其他受影响的人造成的影响"。[2]

即使在考虑社会保障权的具体情况下，欧洲社会权利委员会提出了"为了确保现有社会保障制度的可持续性而采取的倒退步骤"是允许的，但前提是它们不"破坏国家社会保障体系的核心框架或剥夺个人享受其提供的保护，以抵御严重的社会和经济风险"。[3] 欧洲人权法院也接受采取倒退步骤的可能性，但要审查所选择的方法是否合理，是否有

---

〔1〕 ECSR, International Association Autism Europe（IAAE）v. France, Complaint No. 13/2002, 4 November 2003, para. 53；applied in ECSR, European Action of the Disabled（AEH）v. France, Complaint No. 81/2012, 11 September 2013, paras. 94~99.

〔2〕 ECSR, International Association Autism Europe（IAAE）v. France, Complaint No. 13/2002, 4 November 2003, para. 53.

〔3〕 ECSR, General Federation of Employees of the National Electric Power Corporation（GENOP-DEI）and Confederation of Greek Civil Servants' Trade Unions（ADEDY）v. Greece, Complaint No. 66/2011, 23 May 2012, para. 47.

助于实现所追求的合法目标。[1]

在受教育权的范围内，欧洲社会权利委员会根据联合国经济、社会和文化权利委员会的做法，采用了可提供性、可获取性、可接受性和可调适性的分析框架。[2] 可提供性和可获取性之间的区别也在欧洲人权法院的判例法中有所体现。根据对相关判例的讲解，可用性、可获得性、可接受程度和适应性的标准或基本要素，可以用于下文理论的分析。

8.2. 受教育权

关键点

● 对获取教育的限制必须是可预见的，追求合法的目标，必须是合理的和非歧视性的。

● 接受教育需要尊重父母的宗教和哲学信仰，但这并不排除在学校进行宗教或性教育的可能性。

● 适应性要求对残疾儿童采取特别措施，并使属于少数群体的儿童有可能以自己的语言学习和接受教育。

● 儿童享有受教育的权利，不论其国籍或移民身份如何。

根据欧盟法律，欧盟《基本权利宪章》第 14 条第 2 款保障受教育权，包括"接受免费义务教育的可能性"。在第 3 款中，第 14 条确保了建立教育机构的自由和父母根据其宗教、哲学和教育信念确保其子女接受教育和教学的权利。

根据欧洲理事会法律，《欧洲人权公约第 1 号议定书》第 2 条规定了受教育权。欧洲人权法院阐明，该条规定并不强制各国提供教育，而

---

〔1〕 ECtHR, Markovics and Others v. Hungary, Decision of inadmissibility, Nos. 77575/11, 19828/13 and 19829/13, 24 June 2014, paras. 37 and 39.

〔2〕 ECSR, Mental Disability Advocacy Center (MDAC) v. Bulgaria, Complaint No. 41/2007, 3 June 2008, para. 37.

是规定了在"个人某一特定时间进入教育机构接受教育的权利"。[1]
此外，受教育权还包括"从接受的教育中获利的可能性，也就是说，根据每个国家现行规则，个人以某种形式获得对其已完成学业正式承认的权利"。[2] 然而，这不是绝对的权利。对有关各方来说，限制必须是可预见的，必须追求合法的目标。允许采取纪律措施，包括暂停或撤销教育机构，但前提是符合许可限制的条件。为了评估这些形式的教育是否导致剥夺受教育的权利，将考虑诸如程序保障、排斥期限、重返社会努力和提供替代教育是否充分等因素。[3]

例如：在卡坦等人诉摩尔多瓦和俄罗斯[4]案件中，欧洲人权法院研究了车臣分离主义当局在学校实行的语言政策。这种语言政策的目标是实现俄罗斯化。而在摩尔多瓦语言学校（使用拉丁字母教学）被迫关闭之后，父母不得不对将子女送往哪类学校作出选择，要么送到以西里尔字母为基础的语言授课，并选用苏联时代出版的教材的学校，要么送到设施简陋和位置偏僻，而且在上学路上孩子会受到骚扰和恐吓的学校。欧洲人权法院认为，强行关闭摩尔多瓦语言学校和随后的骚扰是对儿童受教育权的无理干涉，这违反了《欧洲人权公约第1议定书》第2条的规定。[5]

作为受教育权的一部分，父母的宗教和哲学信仰应当受到尊重。然而，"课程设置和计划原则上属于国家的职权范围"。[6] 国家还可以将

---

[1] ECtHR, Case "Relating to certain aspects of the laws on the use of languages in education in Belgium" v. Belgium, Nos. 1474/62, 1677/62, 1691/62, 1769/63, 1994/63 and 2126/64, 23 July 1968, para. 4.

[2] Ibid.

[3] ECtHR, Ali v. the United Kingdom, No. 40385/06, 11 January 2011, para. 58.

[4] ECtHR, Catan and Others v. Moldova and Russia [GC], Nos. 43370/04, 8252/05 and 18454/06, 19 October 2012.

[5] Ibid., paras. 141~144.

[6] ECtHR, Folgerø and Others v. Norway [GC], No. 15472/02, 29 June 2007, para. 84.

宗教或哲学类的信息或知识纳入学校课程，条件是"以客观、批判和多元的方式教授"。[1] 为了维护多元主义，必须平衡教授某一宗教或哲学的数量和质量上的差异，为父母提供部分或全部免除子女的宗教教育的机会，即不参加学校的某些宗教课程或整个宗教教育的可能性。[2] 关于欧洲人权法院从非歧视角度处理这一问题的方式，见第2.1节。[3]

根据经修订的《欧洲社会宪章》的第17条第2款，各国承诺"采取一切适当和必要的措施……向儿童和青年提供免费的初等和中等教育，并鼓励他们定期上学"。[4] 此外，欧洲社会权利委员会还裁定，根据这一规定，缔约国应确保在其领土上非法入境的儿童也能接受教育。[5]

此外，教育机构必须不受歧视地向所有人开放。[6] 欧洲社会权利委员会认为，"残疾儿童融入主流学校应该是常态，专业残疾人学校的教学必须是例外情况"。[7] 各国在残疾人选择学校方面没有广泛的自由裁量权，残疾人应当在主流学校内上学。[8]

第3章论述了以国籍、移民身份或族裔为由的教育差别待遇的情况。

根据欧洲社会权利委员会判例法，性和生殖健康教育必须作为普通课程的一部分。[9] 虽然各国在确定所使用的教育材料的文化适宜性方面享有很大自主决定权，但它们必须确保提供非歧视性的性与生殖健康

---

〔1〕 Ibid., para. 84.

〔2〕 Ibid., paras. 85~102 and Dissenting opinion.

〔3〕 ECtHR, Grzelak v. Poland, No. 7710/02, 15 June 2010.

〔4〕 1961年的《欧洲社会宪章》不包含关于受教育权的规定。

〔5〕 ECSR, Médecins du Monde-International v. France, Complaint No. 67/2011, 11 September 2012.

〔6〕 关于残疾儿童问题，见第3章和第7章。

〔7〕 ECSR, Mental Disability Advocacy Center (MDAC) v. Bulgaria, Complaint No. 41/2007, 3 June 2008, para. 35.

〔8〕 ECSR, European Action of the Disabled (AEH) v. France, Complaint No. 81/2012, 11 September 2013, para. 78.

〔9〕 ECSR, International Centre for the Legal Protection of Human Rights (INTERIGHTS) v. Croatia, Complaint No. 45/2007, 30 March 2009, para. 47.

教育，因为这种教育"不会延续或强化社会排斥和对人的尊严的剥夺"。教材的内容不能"强化可能贬低他人的刻板印象"，例如对非异性恋倾向人士的歧视。[1]

最后，教育的适应性要求，例如：对于融入主流学校的残疾儿童要求"安排满足他们的特殊需要"[2]（另见第3.5节）。

此外，根据欧洲理事会《保护少数者框架公约》第12条第3款，缔约国承诺在不同受教育阶段，促进为少数民族人士提供平等接受教育的机会（另见第3章）。[3] 对于属于少数民族的儿童，欧洲理事会《保护少数者框架公约》第14条规定了其学习和教授自身语言的权利。[4] 欧洲人权法院确认受教育的权利意味着有权接受一种本民族语言的教育。[5]

8.2.1. 移徙儿童的受教育权

根据欧盟法律，儿童的基本受教育权，无论其移民身份如何，几乎在欧盟移民法的所有方面都得到承认。[6] 也就是说，欧盟没有权力去确定各国教育规定的内容或范围。但是，欧盟保护移徙儿童的受教育权，他们享有接受与公民相同或类似的基础教育的权利。第2014/114/EC号学生指导法令规定了第三国公民基于学习、交流、无酬培训或志

---

〔1〕 Ibid. , paras. 59 and 61.

〔2〕 ECSR, Mental Disability Advocacy Center (MDAC) v. Bulgaria, Complaint No. 41/2007, 3 June 2008, para. 35.

〔3〕 See further Council of Europe, Advisory Committee on the Framework Convention for the Protection of National Minorities (FCNM), Commentary on Education under the Framework Convention for the Protection of National Minorities, 2006, ACFC/25DOC (2006) 002, Part 2. 1.

〔4〕 为进一步澄清，请参阅欧洲理事会《保护少数民族框架公约》咨询委员会（FC-NM），2006年《保护少数民族框架公约》下的教育评论，ACFC／25DOC（2006）002，Part 2. 3和专题评论第3号：2012年框架公约下属于少数民族的人的语言权利，ACFC／44DOC（2012）001 rev，第6部分，语言权利和教育。

〔5〕 ECtHR, Catan and Others v. Moldova and Russia〔GC〕, Nos. 43370/04, 8252/05 and 18454/06, 19 October 2012, para. 137.

〔6〕 E. g. Art. 27 Directive 2011/95/EU of the European Parliament and of the Council of 13 December 2011 on standards for the qualification of third-country nationals or stateless persons as beneficiaries of international protection, for a uniform status for refugees or for persons eligible for subsidiary protection, and for the content of the protection granted (Recast) (Qualification Directive), OJ 2011 L 337/9, pp. 9~268.

愿服务的目的而入学的条件。[1] 但其享有的前提是：位于该国境内的第三国公民，居留期超过 3 个月。儿童入学的一般条件包括：出示有效的旅行证件、父母对其居留计划的同意以及购买疾病保险。如果成员国要求，儿童还需要支付处理入学申请的费用。[2] 例如，要求在校学生必须提供参加过成员国认可机构实施的学生交流计划的证据。[3] 未参加过的学员必须提供成员国所要求的证据，以确保他们在交流过程中有足够的资金来支付他们的生活费、培训费和回程旅费。[4] 接受高等教育的学生从事经济活动的机会受到限制，包括就业在内。[5]

根据自由迁徙法，移居到另一个欧盟成员国的欧盟移民的子女在这方面是最受益的。他们有权在相同的条件下与迁入国的公民一样接受该国的普通教育、学徒和职业培训课程。[6] 这包括公立和私立，义务教育和非义务教育。欧盟法院一直对这一权利进行扩大解释，以确保儿童平等地接受教育，也包括更广泛的和教育相关的社会福利，以及旨在促进教育的任何福利。例如，在卡萨格兰德一案中，一名移徙工人的儿童能够根据欧盟自由迁徙法，获得在对其经济状况考察后的教育补助金。[7]

---

〔1〕 欧盟理事会关于为研究、学生交换、无酬培训或志愿服务（学生指导）而接纳第三国公民的条件的 2004/114/EC 指令。

〔2〕 Ibid. , Art, 6.

〔3〕 Ibid. , Art. 7.

〔4〕 Ibid. , Art. 10.

〔5〕 Ibid. , Art. 17.

〔6〕 Regulation (EU) 492/2011 of the European Parliament and of the Council of 5 April 2011 on freedom of movement for workers within the Union, OJ 2011 L 141/1, pp. 1~12, Art. 10; and Directive 2004/38 of the European Parliament and of the Council of 29 April 2004 on the right of citizens of the Union and their family members to move and reside freely within the territory of the Member States amending Regulation (EEC) No. 1612/68 and repealing Directives 64/221/EEC, 68/360/EEC, 72/194/EEC, 73/148/EEC, 75/34/EEC, 75/35/EEC, 90/364/EEC, 90/365/EEC and 93/96/EEC (Free Movement Directive), OJ 2004 L 158, pp. 77~123, Art. 24 (1).

〔7〕 CJEU, C-9/74, Donato Casagrande v. Landeshauptstadt München, 3 July 1974. Subsequently confirmed in cases such as CJEU, C-3/90, M. J. E. Bernini v. Minister van Onderwijs en Wetenschappen, 26 February 1992.

此外，20 世纪 70 年代的立法要求成员国以东道国语言和母语为欧盟移徙工人的子女提供额外的语言教育，以便利他们融入东道国国家或更好地适应在返回其原籍国后的生活。[1] 虽然这似乎为东道国学校入学的儿童提供了相当慷慨和有意义的支持，但鉴于不同语言的适用范围不同，这项措施在不同国家的执行情况参差不齐，而且越来越不切实际。[2]

> 例如：鲍姆巴斯特和 R 诉内政部国务秘书[3]案件中，当作为德国移民工人的父亲离开英国前往非欧盟成员国国家工作，与哥伦比亚籍妻子一起移居英国的两名女儿是否可以继续在英国上学。欧洲人权法院面临的问题是，他的妻子和女儿是否可以单独留在英国继续生活，尽管鲍姆巴斯特（其家属是根据他的国籍才获得居留权）已经明确放弃了其欧盟移民工人的身份。欧洲人权法院判决的关键考虑是两名女儿已经适应了英国教育体系，在这样一个关键教育阶段将她们驱逐出去是不利于其发展的。欧洲人权法院认定，实现儿童教育连续性的重要前提在于，在移民儿童的学习期间，可以有效地"固定"（即使没有资格）其家庭住所。

鲍姆巴斯特案件的裁决在后续案例中被遵循，[4] 并已被编入第

---

〔1〕 Council Directive 77/486/EEC on the education of the children of migrant workers, OJ 1977 L 199, pp. 32~33. 请注意第三国的移民儿童被排除在外。

〔2〕 Commission reports on the implementation of Directive 77/486/EEC, COM（84）54 final and COM（88）787 final.

〔3〕 CJEU, C-413/99, Baumbast and R v. Secretary of State for the Home Department, 17 September 2002.

〔4〕 CJEU, C-480/08, Maria Teixeira v. London Borough of Lambeth and Secretary of State for the Home Department, 23 February 2010; CJEU, C-310/08, London Borough of Harrow v. Nimco Hassan Ibrahim and Secretary of State for the Home Department［GC］, 23 February 2010.

2004/38/EC 号指令（《自由移徙指令》）第 12 条第 3 款。[1]

第三国的儿童一般只能在与公民同等的条件下获得公立的教育，并且不能享受诸如扶养补助金等相关福利。[2] 然而，欧盟的一些移民文件不仅给予平等的准入机会，还要求成员国实施各种机制，确保外国人接受教育的资格得到应有承认并及时进入学校学习，即使缺乏书面证据来证明（《资格指令》第 28 条）。[3]

寻求庇护儿童的受教育权依然比较容易受到侵害；这些儿童必须被允许以与本国公民一样但不一定相同的条件接受东道国的学校教育。[4] 因此，这些儿童可以在住宿中心而不是在学校接受教育，当局可以推迟寻求庇护儿童的入学时间，从申请庇护之日起，最多延期 3 个月。如果由于儿童的具体情况而无法及时入学，成员国有义务提供替代教育安排（《接受条件指令》第 14 条第 3 款）。[5]

根据欧洲理事会法律，第 14 条与第 1 号议定书第 2 条一起适用以确保移民子女接受教育的机会（另见第 3.3 节）。

---

〔1〕 Directive 2004/38/EC of the European Parliament and of the Council of 29 April 2004 on the right of citizens of the Union and their family members to move and reside freely within the territory of the Member States amending Regulation (EEC) No. 1612/68 and repealing Directives 64/221/EEC, 68/360/EEC, 72/194/EEC, 73/148/EEC, 75/34/EEC, 75/35/EEC, 90/364/EEC, 90/365/EEC and 93/96/EEC, OJ 2004 L 158, Art. 2 (2) (c) and Art. 12 (3).

〔2〕 Refugee Qualification Directive 2011/95/EU, Art. 11; Long-Term Residents Directive (Directive 2003/109/EC), Art. 14; Directive 2003/86/EC on the right to family reunification, Art. 14; Temporary Protection Directive (2001/55/EC); Reception Directive (2013/33/EU), Art 14 (c); and Return Directive (2008/115/EC).

〔3〕 Directive 2011/95/EU of the European Parliament and of the Council of 13 December 2011 on standards for the qualification of third-country nationals or stateless persons as beneficiaries of international protection, for a uniform status for refugees or for persons eligible for subsidiary protection, and for the content of the protection granted (Recast) (Qualification Directive), OJ 2011 L 337/9.

〔4〕 Reception Conditions Directive (2013/33/EU). 注意根据《难民资格指令》（第 2011/95/EU 号，第 27 条），儿童难民（已获得长期居留权）可以在与国民相同条件下接受教育。

〔5〕 Directive 2013/33/EU of the European Parliament and of the Council of 26 June 2013 laying down standards for the reception of applicants for international protection (Recast) (Reception Directive), OJ 2013 L 180/96, pp. 96~116.

例如：在波诺马洛维诉保加利亚[1]一案中，欧洲人权法院审理了要求两名没有永久居留权的俄罗斯学童支付中学费用的申请。法院的结论是在此案件中收取学费行为是歧视性的，因此违反了《欧洲人权公约》第 14 条和《欧洲人权公约第 1 号议定书》第 2 条的规定。[2]

《欧洲社会宪章》直接保护移徙儿童的受教育权（第 17 条第 2 款），并间接地对儿童的就业权利施加限制，以便使他们能够充分享受义务教育（第 7 条）。

此外，《欧洲移徙工人法律地位公约》[3] 确定移徙儿童有权"在同样的基础上和在与公民相同的条件下"在东道国接受普通教育和职业培训（第 14 条第 1 款）。

根据国际法，移徙儿童获得教育的平等权利得到《保护所有移徙工人及其家庭成员权利国际公约》的支持（第 30 条）。[4]

《儿童权利公约》第 28 条规定，所有儿童都有权接受免费义务教育。根据该公约第 29 条第 1 款第 3 项，这项权利的内容远远超出了保障受教育机会的平等，还包括关于儿童的文化特性、语言和价值观发展的规定。

8.3. 健康权

关键点

●各国有积极的义务采取措施，防范当局已经或应该知道的危及生

---

〔1〕 ECtHR, Ponomaryovi v. Bulgaria, No. 5335/05, 21 June 2011.

〔2〕 另见第 3.3 节。

〔3〕 Council of Europe, European Convention on the Legal Status of Migrant Workers, CETS No. 93, 1977.

〔4〕 UN, Convention on the Protection of the Rights of All Migrant Workers and Members of Their Families, 18 December 1990.

命的健康风险。

●国家当局必须对一个人的死亡进行有效的调查。

●根据《欧洲社会宪章》的规定，非法入境的儿童在紧急医疗援助之外有权获得医疗保健。

●接受医疗保健需要获得知情同意或授权。

●根据欧盟法律和《欧洲社会宪章》，即使有一定限制条件，但移徙儿童有权获得社会援助和医疗保健。

根据欧盟法律，欧盟《基本权利宪章》第 35 条保障获得医疗保健的权利。

在东道国居留 3 个月之后，欧盟移民的子女可以获得与东道国公民相同的社会福利和健康支持。[1] 获得永久居住在成员国资格的第三国公民的子女也享有类似的权利，但这些权利可能只限于所谓的"核心利益"。[2] 就寻求难民和寻求庇护的儿童而言，成员国必须与对待东道国的公民一样，在平等的基础上提供适当的社会援助，但这仅限于"核心利益"（资格指令第 29 条）。该立法要求成员国为弱势移徙儿童提供足够的医疗保健支持。例如，遭受暴力或酷刑的儿童必须得到足够的支持，以满足他们的身心需求（接受指令第 4 章第 21 条、第 23 条第 4 款和第 25 条）。该资格指令对脆弱的儿童移徙者也有类似的规定。

根据欧洲理事会法律，欧洲人权法院并没有明确保证医疗保健权或健康的权利。然而，欧洲人权法院会处理各种情况下与健康有关的案件。首先，法院会审查危及儿童生命的健康问题。随后，欧洲人权法院还确定了国家负有积极义务，对其知道或应该知道的危及生命的健康风险采取预防措施。

---

〔1〕 Free Movement Directive, Art. 24.

〔2〕 Council Directive 2003/109/EC of 25 November 2003 concerning the status of third country nationals who are long-term residents, OJ L 16, 23. 1. 2004, Art. 11（d）.

例如：在奥亚尔诉土耳其一案中，土耳其未能及时采取预防措施，防止通过输血传播艾滋病。结果，一个新生儿在公立医院输血时感染了艾滋病病毒。虽然土耳其提供了一些补救办法，但欧洲人权法院认为，由于土耳其没有保障这名儿童获得充分的医疗保健和药物治疗的权利，也没有提供令人满意的补救措施，因此，侵犯了这名儿童的生命权（《欧洲人权公约》第2条。[1]）此外，欧洲人权法院要求土耳其为受害者提供终生免费和全面的医疗保障。

例如：在伊利亚·彼得洛夫诉保加利亚[2]一案中，一名12岁的男孩在变电站中受重伤。变电站位于儿童和青少年经常游玩的户外公园，该公园没有设置入园限制。欧洲人权法院认为，开发电网是一项会威胁靠近设施的人员生命安全的高风险行为。国家有义务制定适当的监管制度，包括制定适当的安全控制制度。欧洲人权法院裁定，尽管保加利亚政府已经知道存在安全问题，但未能采取措施确保电力变电站的安全，这等于侵犯了这名儿童的生命权（《欧洲人权公约》第2条）。[3]

此外，各国有积极的义务来保护由国家当局照料的处于弱势地位儿童（另见第6章和第7.3节）。

例如：法律资源中心代理瓦伦丁·卡帕努诉罗马尼亚[4]一案中，涉及一名艾滋病毒阳性的罗姆青少年，他患有严重的智力残疾，同时也患有肺结核、肺炎和肝炎，于18岁去世。他的一生都是在国家

---

〔1〕 ECtHR, Oyal v. Turkey, No. 4864/05, 23 March 2010, paras. 71~72.

〔2〕 ECtHR, Iliya Petrov v. Bulgaria, No. 19202/03, 24 April 2012（available in French）.

〔3〕 Ibid.

〔4〕 ECtHR, Centre for Legal Resources on behalf of Valentin Câmpeanu v. Romania［GC］, No. 47848/08, 17 July 2014. 参见第7章对该欧洲人权法院裁决的描述。

护理下度过的。欧洲人权法院发现在为他提供药物和护理方面的决策存在严重缺陷，并且医务人员也未能持续不断向他提供适当的护理和治疗。因此，罗马尼亚政府违反了《欧洲人权公约》第 2 条规定。[1]

此外，在未发生紧急情况下，欧洲人权法院认定未经父母同意的医疗措施违反了《欧洲人权公约》第 8 条规定。

例如：在格拉斯诉英国[2]一案中，尽管其母亲坚决反对，但医院仍向严重残疾的儿童使用了二乙酰吗啡。欧洲人权法院认定，医院在没有得到法院授权的情况下，不顾母亲对拟议治疗方案的反对意见而采取的行为违反了《欧洲人权公约》第 8 条的规定。[3]

例如：在 M. A. K. 和 R. K. 诉英国[4]一案中，一名 9 岁女童在未经父母同意的情况下接受了血液检查和拍片。尽管她父亲明确要求，在女童独自一人住院期间不要进行任何进一步的检查。在没有任何紧急医疗需要的情况下，这些未经父母同意的医疗干预被认为违反了该名儿童根据《欧洲人权公约》第 8 条所享有的人身完整权。[5]

---

〔1〕 另见第 7 节。

〔2〕 ECtHR, Glass v. the United Kingdom, No. 61827/00, 9 March 2004.

〔3〕 Ibid. , para. 83.

〔4〕 ECtHR, M. A. K. and R. K. v. the United Kingdom, Nos. 45901/05 and 40146/06, 23 March 2010.

〔5〕 Ibid. , para. 79.

根据《人权和生物医学公约》[1] 第 6 条和第 8 条的规定，如果儿童没有法律行为能力同意接受医疗干预，医院只能在其代理人的授权下采取相应措施，但在紧急情况下可以不适用该规定。鉴于《欧洲人权公约》不要求儿童在没有法律行为能力的情况下作出同意的表示，但也强调必须考虑儿童的意见，"在艾滋病治疗过程中作出与其年龄和成熟程度相称的决定"（第 6 条第 2 款）。

此外，根据《欧洲社会宪章》第 11 条的规定，缔约国同意采取适当措施，提供咨询和教育设施，以促进健康和鼓励个人承担起在保健方面的责任。[2] 根据《欧洲社会宪章》第 13 条，对那些没有足够资源、无法通过自己的努力或从其他来源获得医疗资源的人，应保证提供医疗援助和护理。最后，2011 年部长委员会通过了针对儿童的医疗保健指导方针。[3]

如以下案例所示，欧洲社会权利委员会认为，在一个国家不定期居留的移徙儿童有权享受超出紧急医疗援助的医疗保健。《欧洲社会宪章》包括许多提及儿童享有社会福利和保健服务的权利（第 11、12、13、14、16 和 17 条），不论其是否是移徙儿童。

> 例如：欧洲社会权利委员会在国际人权联合会（FIDH）诉法国[4]一案中，针对的是法国通过的一项法律，该法律取消了对低收入的非正常移民的免税待遇，并要求收取医疗费用。欧洲社会权利委员会裁定，对包括无人陪伴儿童在内的未达到成年年龄的个人必须免费提供医疗服务。

---

〔1〕 Council of Europe, Convention for the Protection of Human Rights and Dignity of the Human Being with regard to the Application of Biology and Medicine: Convention on Human Rights and Bio medicine, CETS No. 164, 1997.

〔2〕 关于性与生殖健康教育，另参见教育部分内容（第 8.2 节）。

〔3〕 Council of Europe, Committee of Ministers（2011），Guidelines on child-friendly health care, 21 September 2011.

〔4〕 ECSR, International Federation of Human Rights Leagues（FIDH）v. France, Complaint No. 14/2003, 8 September 2004, paras. 35~37.

　　例如：在保卫儿童国际组织诉比利时[1]一案中，比利时限制对非法移民子女的医疗援助，欧洲社会权利委员会认定这种做法违反了《欧洲社会宪章》第 17 条规定。委员会认为："在一国的非法未成年移民获得医疗保健的权利不仅包括紧急医疗援助范围，还包括初级和二级医疗保健，以及心理援助。"[2] 委员会还指出比利时没有为非法未成年移民提供收容设施，使他们难以获得保健服务。而且，它发现只有在给儿童提供住房和寄养家庭的情况下，才能消除这些不利于健康的因素。因此，欧洲社会权利委员会认为比利时对提供住房和寄养家庭的限制，违反了《欧洲社会宪章》第 11 条第 1 款和第 3 款的规定。[3]

　　《欧洲移徙工人法律地位公约》[4] 同样规定，在另一国境内合法受雇的移徙工人及其家属应享有平等的社会和医疗援助（第 19 条）。

　　在国际法上，《经济、社会、文化权利国际公约》[5] 第 12 条和《儿童权利公约》第 24 条载有更全面的关于健康权的规定。这些文件更强调预防和治疗。联合国儿童权利委员会强调在儿童早期得到可获得的最高标准的医疗保健和营养的重要性，[6] 以及青少年获得性和生殖信息的重要性。[7] 它还澄清说，儿童的健康权要求"有权控制自己的

---

〔1〕　ECSR, Defence for Children International (DCI) v. Belgium, Complaint No. 69/2011, 23 October 2012.

〔2〕　Ibid., para. 128.

〔3〕　Ibid., paras. 116~118.

〔4〕　Council of Europe, European Convention on the Legal Status of Migrant Workers, CETS No. 93, 1977.

〔5〕　UN, General Assembly, International Covenant on Economic, Social and Cultural Rights, 16 December 1966, United Nations, Treaty Series, Vol. 993, p. 3.

〔6〕　UN, Committee on the Rights of the Child (2006), General Comment No. 7 (2005): Implementing child rights in early childhood, UN Doc. CRC/C/GC/7/Rev. 1, para. 27.

〔7〕　UN, Committee on the Rights of the Child (2003), General Comment No. 4: Adolescent health and development in the context of the Convention on the Rights of the Child, UN Doc. CRC/GC/2003/4, para. 28.

健康和身体，包括对性和生殖自由作出负责任的选择"。它鼓励各国"考虑允许儿童在未经父母、看护者或监护人许可的情况下，同意接受某些医疗治疗和干预措施，如艾滋病毒检测和性与生殖健康服务，包括性健康教育和指导、避孕和安全流产"。[1]

8.4. 住房权

关键点

●在《欧洲社会宪章》第 31 条中保障获得适足住房的权利。

●欧洲社会权利委员会认为应向不定期居住于某国的儿童提供适当的住所，并且住房的生活条件必须满足尊重人的尊严。

●根据欧洲人权法院的意见，住房数量不足并不能成为无法保障公共保健的正当理由。

根据欧盟法律，欧盟《基本权利宪章》第 34 条第 3 款提到了住房援助权，将其作为反对社会排斥和贫困斗争的一部分。《种族平等指令》强调了作为公共商品和服务的住房福利，应不加歧视地平等地提供给所有居民。[2] 但目前只有长期居民才享受无差别的住房福利。然而，欧盟法律试图确保在家庭团聚方面，非欧盟成员国公民的家庭成员不会对成员国社会援助制度造成过多负担。[3] 《家庭团聚指令》规定，家庭团聚申请须提供家庭团聚的有效保荐人（通常是居留 1 年或 1 年以上并有合理期望获得永久居留权的第三国公民）的条件与同一地区普通家庭相比差距不大的证明，并且其提供的住宿应符合有关成员国现行的一般健康和安全标准。[4]

根据欧洲理事会法律规定，《欧洲人权公约》缔约国没有必须提供

---

〔1〕 Ibid. , para. 31.

〔2〕 Council Directive 2000/78/EC establishing a general framework for equal treatment in employment and education, 27 November 2000, Art. 3.

〔3〕 See further FRA and ECtHR (2014), p. 201.

〔4〕 Council Directive 2003/86/EC on the right to family reunification of 22 September 2003 (Family Reunification Directive) Art. 7 (1) (a).

住房的义务，但是如果国家决定提供住房，则必须以非歧视的方式进行。

例如：在巴哈诉英国[1]一案中，合法居住在英国的申请人被允许带其儿子一起在英国居住，前提是他不能动用公共资金。但在她儿子到达英国后不久，申请人请求政府帮助寻找住处。然而，由于她的儿子受到移民管制，英国政府拒绝优先为其提供帮助，而这种优先权原本是她作为一个有未成年孩子的非故意的无家可归者通常应享有的。英国政府最终帮助她找到新住处，后来还为她提供了社会住房。申请人申诉说，拒绝给予她优先权是歧视性的。欧洲人权法院认为，为社会住房等有限资源的分配制定标准是合法的，但前提是这些标准不是武断的或歧视性的。在拒绝优先权方面，英国政府并不是武断作出决定，因为申请人已将她的儿子带入英国，并完全了解他的进入许可所附条件。此外，申请人实际上从来没有无家可归，而且还有其他合法工作，所以要求英国当局协助她和儿子免除无家可归的威胁实际上是不存在的。因此，英国政府的行为没有违反《欧洲人权公约》第8条和第14条的规定。

欧洲人权法院还审查了从大篷车停留区域驱逐罗姆人家庭的案件。[2] 欧洲人权法院还间接处理了有关住房质量问题，指出不能由于缺乏住房就直接将儿童送去公共看护机构。[3]（另见第5.2节和第6.2节）。

《欧洲社会宪章》第31条保证适足住房权。欧洲社会权利委员会

---

〔1〕 ECtHR, Bah v. the United Kingdom, No. 56328/07, 27 September 2011.

〔2〕 ECtHR, Connors v. the United Kingdom, No. 66746/01, 27 May 2004.

〔3〕 ECtHR, Wallová and Walla v. the Czech Republic, No. 23848/04, 26 October 2006, paras. 73-74 (available in French); ECtHR, Havelka and Others v. the Czech Republic, No. 23499/06, 21 June 2007, paras. 57~59 (available in French).

认为，"第 31 条第 1 款所规定的适当住房是指从卫生和健康角度来看是安全的住房，即它必须具备基本的设施，如水、暖气、垃圾处理、卫生设施和电力，也必须在结构上安全，不过度拥挤，并得到法律的保障"。[1] 合理的驱逐是允许的，包括在尊重的条件下进行和提供过渡性住处。[2] 住处的生活条件"必须满足安全、健康和卫生的需求，包括基本的设施，即清洁的水、充足的照明和暖气。临时住房的基本要求还包括安全的周边环境"。[3]

关于非法居留外国儿童的住房问题，欧洲社会权利委员会认为，未能提供任何形式的住宿和提供不合适的住宿条件等于违反了《欧洲社会宪章》的第 17 条第 1 款。[4] 此外，根据《欧洲社会宪章》关于防止无家可归的第 31 条第 2 款，各国必须为非法居留的儿童提供适当的住所，而不应当拘留他们。[5]

8.5. 享有适足的生活水准和社会保障的权利

关键点

●获得儿童津贴和育儿假必须是非歧视性的。

●根据欧盟法律，在学徒合同中对年轻工人的社会保障覆盖面不应太窄，不应将其排除在一般的保护范围之外。

●根据欧洲社会权利委员会，因为儿童逃学而暂停家庭津贴是对家庭享有经济、社会和法律保护的权利不合理的限制。

---

〔1〕 ECSR, Defence for Children International（DCI）v. the Netherlands, Complaint No. 47/2008, 20 October 2009, para. 43.

〔2〕 ECSR, European Roma Rights Centre（ERRC）v. Italy, Complaint No. 27/2004, 7 December 2005, para. 41; ECSR, Médecins du Monde- International v. France, Complaint No. 67/2011, 11 September 2012, paras. 74~75 and 80.

〔3〕 ECSR, Defence for Children International（DCI）v. the Netherlands, Complaint No. 47/2008, 20 October 2009, para. 62.

〔4〕 ECSR, Defence for Children International（DCI）v. Belgium, Complaint No. 69/2011, 23 October 2012, paras. 82~83. See also FRA（2010）, p. 30.

〔5〕 ECSR, Defence for Children International（DCI）v. the Netherlands, Complaint No. 47/2008, 20 October 2009, para. 64.

根据欧盟法律，欧盟《基本权利宪章》第 34 条第 1 款规定：在与传统社会保障部门相对应的领域（如妊娠、疾病、工伤、失依或年老以及失业）方面，"工会承认并尊重社会保障福利和社会服务的权利"。在欧盟合法居住和迁徙的所有人都享有这一权利。欧盟保障获取社会援助权，以确保那些缺乏足够资源的人享有一个体面的生存空间，以打击社会排斥、减轻贫困。这些内容都由工会法和国家法律及惯例所规定并加以规范。

欧盟法院认为，如果一个成员国的本国公民只需要在该成员国中居住就可以获得育儿津贴，那么不能要求其他欧盟成员国的公民出示正式居留许可证后，才可以享受同样的福利。[1] 拒绝给予某些类别的人育儿假是歧视性的，例如通过代孕安排委托生育婴儿的母亲。[2] 同样的情况也适用于男性公务员，如果他们的妻子不工作或不从事任何职业，除非妻子因重病或受伤而无法满足养育子女的需要，否则拒绝给予他育儿假。[3] 同样，在双胞胎出生的情况下，成员国必须建立育儿假制度，以确保这些父母得到所需要的特殊待遇。这可以通过将育儿假的长度根据出生子女的数量来确定，并提供其他措施，如物质援助或财政援助。[4]

根据欧洲理事会法律，欧洲人权法院审查了俄罗斯在给予育儿假和父母津贴方面是否存在歧视。

例如：在康斯坦丁·马金诉俄罗斯[5]一案中，俄罗斯军队拒绝批准一名军人的育儿假，但军人本身有权享受休育儿假。欧洲人权

---

〔1〕 CJEU, C-85/96, María Martínez Sala v. Freistaat Bayern, 12 May 1998, paras. 60~65.

〔2〕 CJEU, C363/12, Z v. A Government Department, The Board of Management of a Community School [GC], 18 March 2014.

〔3〕 CJEU, C-222/14, Konstantinos Maïstrellis v. Ypourgos Dikaiosynis, Diafaneias kai Anthropinon Dikaiomaton, 16 July 2015, para. 53.

〔4〕 CJEU, C-149/10, Zoi Chatzi v. Ypourgos Oikonomikon, 16 September 2010, paras. 72~75.

〔5〕 ECtHR, Konstantin Markin v. Russia [GC], No. 30078/06, 22 March 2012.

法院认为，将军人排除在育儿假的权利之外是没有合理理由的。本案中，特别武装部队的背景，行动效力风险的断言，关于妇女在抚养儿童方面的特殊作用或该国的普遍传统，都不能证明这种差别待遇是合理的。欧洲人权法院认定，这一行为违反了《欧洲人权公约》第8条和第14条的规定。

更多关于社会保障权、社会和医疗援助权以及享受社会福利服务权的规定，载于《欧洲社会宪章》的第12至14条。《欧洲社会宪章》第16条明确提到社会和家庭福利是促进家庭生活的经济、法律和社会保护的一种方式。《欧洲社会宪章》第30条规定了免遭贫困和社会排斥的权利。某些社会保险的索赔可能属于《欧洲人权公约第1号议定书》第1条调整的范围，但前提是国家立法将支付福利金后就享有的专有权益规定为社会福利的一部分，不论其是否预先支付缴款。[1]

《欧洲社会宪章》第12条要求各国建立或维持社会保障体系，并努力将其提高到更高水平。

《欧洲社会宪章》第16条要求各国通过适当的手段确保对家庭的经济、法律和社会保护。主要手段是将家庭或儿童的福利作为社会保障的一部分，确保其可普遍获得或在接受经济调查后获得。这些福利必须包括为相当数量的家庭提供适当的收入补贴。欧洲社会权利委员会负责评估家庭（父母）收入是否达到中等收入水平。[2] 欧洲社会权利委员会发现缺乏一般的家庭福利制度不符合《欧洲社会宪章》的规定。[3]

但欧洲社会权利委员会接受，儿童福利的支付可根据儿童的居住地进行有条件的规定。[4] 它认为，在特殊学徒合同中，仅针对儿童（15~18岁）的社会和经济风险规定了极为有限的保护措施（他们仅有

---

〔1〕 ECtHR, Stummer v. Austria〔GC〕, No. 37452/02, 7 July 2011, para. 82.

〔2〕 ECSR, Conclusions 2006, Estonia, p. 215

〔3〕 ECSR, Conclusions 2011, Turkey, Art. 16.

〔4〕 ECSR（2007）, Conclusions XVIII-1, General Introduction, p. 11.

权获得疾病津贴和职业事故保险，比率为 1%），从而有效地将"（未成年）工人这一类别"从"整个社会保障体系提供的一般保护范围"中排除出去。因此，这违反了国家逐步提高社会保障制度的义务。[1]

因为儿童逃学而暂停其家庭津贴是对家庭享有经济、社会和法律保护的权利不合理的限制。

> 例如：在对法国的指控中，欧洲以家庭为基础的儿童和家庭优先行动委员会认为将暂停家庭津贴作为解决逃学问题的措施，违反了《欧洲社会宪章》第 16 条规定的家庭获得社会、法律和经济保护的权利。该委员会认为，这一措施与追求的目标不相称，委员会指出"这项充满争议的暂停和减少家庭津贴的措施会使得父母承担所有实现减少儿童旷课目标的责任，同时有可能增加这些家庭的经济和社会脆弱性"。[2]

《欧洲移徙工人法律地位公约》[3] 规定，在另一个国家合法工作的移徙工人及其家属应享有平等的社会保障（第 18 条）以及便于在东道国接受的其他"社会服务"（第 10 条）。同样，《欧洲社会保障公约》保护难民和无国籍人在东道国获得社会保障的权利（包括为儿童提供的家庭福利)[4]。

根据国际法，《经济、社会、文化权利国际公约》第 11 条和《儿童权利公约》第 27 条规定保障适当生活水准权。

---

〔1〕 ECSR, General Federation of Employees of the National Electric Power Corporation (GENOPDEI) and Confederation of Greek Civil Servants' Trade Unions (ADEDY) v. Greece, Complaint No. 66/2011, 23 May 2012, para. 48.

〔2〕 ECSR, European Committee for Home-Based Priority Action for the Child and the Family (EUROCEF) v. France, Complaint No. 82/2012, 19 March 2013, para. 42.

〔3〕 Council of Europe, European Convention on the Legal Status of Migrant Workers, CETS No. 93, 1977.

〔4〕 Council of Europe, European Convention on Social Security, CETS No. 78, 1972.

9. 移徙和庇护

欧　　盟	相关主题	欧洲理事会
《欧洲联盟运作条约》第21条； 《基本权利宪章》第45条（行动自由）； 《接收条件指令》（Reception Conditions Directive，2013/33/EU）； 《遣返指令》（Return Directive，2008/115/EC）； 《庇护程序指令》（Asylum Procedures Directive，2013/32/EU）； 《都柏林法规》（Dublin Regulation，604/2013）； 《资格指令》（Qualification Directive，2011/95/EU）； 《迁徙自由指令》（Freedom of Movement Directive，2004/38/EC）； 欧盟法院，C-648/11，女王根据马萨诸塞州和其他人诉国	入境和居留	《欧洲人权公约》第8条（家庭生活）

续表

欧 盟	相关主题	欧洲理事会
内大臣的申请,2013 年(都柏林调动); 《申根边境法》(Schengen Borders Code Regulation, 562/2006),附件 7,第 6 条。		
《庇护程序指令》(2013/32/EU)第 25 条第 5 款	年龄评估	
《欧洲联盟运作条约》第 67 条、第 73 条和第 79 条第 2 款第 1 项; 《家庭团聚指令》(Family Reunification Directive, 2003/86/EC); 《资格指令》(2011/95/EU)第 31 条; 《接收条件指令》(2013/33/EU); 《临时保护指令》(Temporary Protection Directive, 2001/55/EC); 《都柏林法规》(604/2013); 《遣返指令》(2008/115/EC)第 13 条	家庭团聚和被分隔的儿童	《欧洲人权公约》第 8 条(尊重私人和家庭生活的权利); 欧洲人权法院,谢诺诉荷兰(Şen v. the Netherlands),第 31465/96 号,2001 年(权利间的平衡); 欧洲人权法院,琼尼斯诉荷兰(Jeunesse v. the Netherlands)[GC],第 12738/10 号,2014 年(家庭生活以及儿童的最大利益原则)

续表

欧 盟	相关主题	欧洲理事会
《接收条件指令》,(2013/33/EU)第11条; 《遣返指令》(2008/115/EC)第17条。	儿童的拘留	欧洲人权法院,穆比兰齐拉·马耶卡和卡尼基·米坦加诉比利时(Mubilanzila Mayeka and Kaniki Mitunga v. Belgium),第13178/03号,2006年(因驱逐而被拘留); 欧洲人权法院,波波夫诉法国(Popov v. France),第39472/07号和第39474/07号,2012年(因驱逐而被拘留); 欧洲人权法院,卡纳加拉特南诉比利时(Kanagaratnam v. Belgium),第15297/09号,2011年(因驱逐而被拘留)
《迁徙自由指令》(Freedom of Movement Directive,2004/38/EC)序言(第24段)、第7条、第12条、第13条和第28条第3款第2项	驱逐	欧洲人权法院,居尔诉瑞士(Gül v. Switzerland),第23218/94号,1996年(驱逐出境); 欧洲人权法院,博尔蒂夫诉瑞士(Boultif v. Switzerland),第54273/00号,2001年(对儿童的驱逐出境); 欧洲人权法院,塔拉赫尔诉瑞士(Tarakhel v. Switzerland)[GC],第29217/12号,2014年(对儿童的驱逐出境)

欧　盟	相关主题	欧洲理事会
《基本权利宪章》第 47~48 条（有效补救和公正审判权，无罪推定权和辩护权）；《庇护程序指令》（2013/32/EU），第 7 条和第 25 条；《受害者指令》（Victims' Directive，2012/29/EU），第 8 条	诉诸司法的权利	欧洲人权公约第 13 条（有效补救的权利）；欧洲人权法院，拉希米诉希腊（Rahimi v. Greece），第 8687/08 号，2011 年（对拘留条件提出质疑的有效补救措施）

　　欧盟在移民和庇护领域具有明确的立法权限。涉及移徙儿童的条款规定了一系列移徙的情况，包括与工作有关的长期移徙、庇护和辅助性保护，还处理非正常情况下的移徙者的境况。除了根据欧盟《基本权利宪章》第 24 条规定保护移民子女外，《基本权利宪章》第 18 条和第 19 条还涉及在移居、驱逐或引渡时享有庇护和保护的权利。欧盟还注意到举目无亲的儿童的具体需要，包括法律方面的监护和法律代表、年龄评估、家庭追查和团聚、庇护程序、拘留和驱逐，以及与儿童的生活条件有关的方面，包括住宿、保健、教育和培训、宗教、文化规范和价值观、娱乐和休闲、社会互动和种族主义经验等方面的需要。[1]

　　在欧洲理事会体系内，四项公约特别保护不同领域的移徙儿童权利：《欧洲人权公约》《欧洲社会宪章》《欧洲移徙工人法律地位公约》和《欧洲国籍公约》。本章主要侧重于研究《欧洲人权公约》条款的执行情况，特别是第 3 条（免受不人道和有辱人格的待遇），第 5 条（剥夺自由）以及第 8 条（尊重私人和家庭生活的权利）和第 14 条（不歧视）。这些条款规定了移民、难民和寻求庇护的儿童及其家庭成员寻求家庭团聚、诉诸司法和长期居住在东道国的权利。

　　在国际上，《儿童权利公约》的若干条款在移民和庇护方面维护儿

---

　〔1〕　See further, FRA（2010）；FRA（2011a），pp. 27~38；FRA（2011b），pp. 26~30.

童权利，并促进了欧洲相关法律措施的发展。具体来说，其第 7 条保护儿童的出生登记权，国籍和受父母照顾权；第 8 条保护儿童的身份权利，包括国籍、姓名和家庭关系；第 9 条确保分居的儿童根据儿童最大利益原则应与其父母双方保持联系；第 22 条为难民儿童提供特别保护和帮助的权利。此外，《联合国关于难民地位的公约》[1] 及其 1967 年议定书被普遍认为是国际难民保护的核心条约。

接下来将着重介绍入境和居留（第 9.1 节）；年龄评估（第 9.2 节）；失散儿童的家庭团聚（第 9.3 节）；拘留（第 9.4 节）；驱逐出境（第 9.5 节）和诉诸司法（第 9.6 节）。

9.1. 入境和居留

关键点

●欧盟公民享有在欧盟内自由移徙的权利。

●关于儿童入境和居留的决定应建立在适当的机制和程序框架内，并以儿童的最大利益为基础。

根据欧盟法律，儿童所享有的权利的性质和范围在很大程度上取决于儿童及其父母的国籍，还有儿童的移民背景，即与父母一起还是独立移民。

欧盟公民的迁徙受各种法律文件的制约。给予欧盟公民的权利是广泛的，目的是促进整个欧盟的最佳流动性。首先，《欧洲联盟运作条约》第 21 条规定，欧盟公民及其家庭成员有权在任何欧盟成员国的领土内自由迁移和居住。此外，一旦他们到达东道国，他们有权在工作条件、社会福利待遇、学校、保健等方面，获得和该国公民一样的被平等对待的权利。[2] 欧盟《基本权利宪章》第 45 条同样保障了欧盟公民的

---

〔1〕 UN, General Assembly, Convention Relating to the Status of Refugees, 28 July 1951, United Nations, Treaty Series, Vol. 189, p. 137.

〔2〕 克罗地亚这一最近加入欧盟的国家对移徙者实行了一些限制，直到 2015 年 6 月才开始过渡期，欧盟成员国有可能将实行限制的期限延长到 2020 年。

行动自由。

此外，与欧盟成员国公民的父母/监护人一起居住的儿童的权利也受《迁徙自由指令》的管辖。[1] 其规定，家庭成员有权进入以及和在东道国或迁移欧盟移民在一起居住（第 5 条第 1 款）。根据该指令的规定，家庭成员包括欧盟移民或其配偶或伴侣的亲生子女，只要他们年龄在 21 岁以下或是"受抚养人"（第 2 条第 2 款）。不管他们自己是否是欧盟成员国的公民，只要与其一同移民过来的是欧盟公民，那么就在该条款适用范围内。在其搬迁后的头 3 个月内，无条件享有家庭居住权。但此后，想要其子女留在东道国的欧盟公民必须证明他们有足够的财政资源和综合疾病保险维持生活（第 7 条）。儿童和其他家庭成员在东道国与欧盟公民连续居住 5 年后自动获得永久居留权（第 16 条第 2 款和第 18 条）。届时，他们不再受到任何资源或者疾病保险条件的限制。

不属于欧盟移民家庭的第三国公民的行动自由受到更多限制。该内容部分受欧盟法律管辖，部分受国家移民法管辖。

在国际保护程序上，儿童被视为"易受伤害的人"。在执行欧盟法律时，成员国必须考虑到具体情况。[2] 这要求各国查明并照顾到寻求庇护的儿童在进入收容国时可能需要的任何特别规定。欧盟《基本权利宪章》第 24 条和与儿童有关的欧盟庇护法令对入境和居留的要求一致。它要求在所有与儿童有关的行动中，无论是由公共当局还是私人机构采取，欧盟成员国确保儿童的最大利益是首要考虑因素。更具体地说，最大利益原则是执行关于批准和撤回国际保护的共同程序的第 2013/32/

---

〔1〕 请注意，该指令的相关条款也适用于欧洲经济共同体。See further Agreement on the European Economic Area, 2 May 1992, Part III, Free Movement of Persons, Services and Capital and Agreement between the European Community and its Member Sates, on the one part, and the Swiss Confederation, on the other, on the free movement of persons, signed in Luxembourg on 21 June 1999, entered into force on 1 June 2002, OJ 2002 L 114/6.

〔2〕 See specifically Reception Conditions Directive 2013/33/EU, Art. 21 and Return Directive 2008/115/EC, Art. 3 (9).

EU 号指令（《庇护程序指令》）[1]和建立确定成员国的标准和机制的条例的基础。《都柏林法规》规定能够向负责审查第三国公民或无国籍人士的成员国提出与儿童有关的国际保护申请。[2] 这两项文件还载有对举目无亲的儿童的具体保障，包括他们的法律代表。《申根边境法》（第 2006/562 号欧盟条例）要求边防人员检查陪同儿童的人是否有监护权，特别是在儿童只有一名成人陪同且有严重的理由怀疑这些儿童是被非法从其法定监护人的监护下带走的。在这种情况下，边防人员必须进一步调查，以查明其所提供信息是否存在不一致或矛盾的地方。如果儿童无人陪伴，边防人员必须彻底检查旅行证件和证明文件，以确保儿童不会违背其父母的意愿离开该国。[3]

根据欧洲理事会法律，各国有权根据公认的国际法和依照条约义务（包括欧洲人权法院）来控制外国人的入境、居留和驱逐。在涉及儿童的案件中，《欧洲人权公约》第 8 条尊重私人和家庭生活的权利经常被援引，作为儿童免遭驱逐的保障，而这些儿童本来会被评估为不需要国际保护，包括辅助保护。在涉及儿童的案件中发现违反第 8 条的行为，例如强迫与亲密家庭成员分离可能会严重影响儿童的教育、社会和情感的稳定和身份。[4]

---

〔1〕 Directive 2013/32/EU of the European Parliament and of the Council of 26 June 2013 on common procedures for granting and withdrawing international protection（recast），29 June 2013，L 180/60，Art. 25（6）.

〔2〕 Regulation（EU）No. 604/2013 of the European Parliament and of the Council of 26 June 2013 establishing the criteria and mechanisms for determining the Member State responsible for examining an application for international protection lodged in one of the Member States by a third-country national or a stateless person（recast），OJ 2013 L. 180/31−180/59，Art. 6.

〔3〕 Regulation（562/2006）of the European Parliament and the Council of 15 March 2016 establishing a Community Code on the rules governing the movement of persons across borders（Schengen Borders Code）Annex VII，6.

〔4〕 ECtHR，Şen v. the Netherlands，No. 31465/96，21 December 2001（available in French）；ECtHR，Tuquabo-Tekle and Others v. the Netherlands，No. 60665/00，1 December 2005。

9.2. 年龄评估[1]

关键点

● 年龄评估程序必须考虑到儿童的权利。

● 年龄评估是指当局设法确定移民的法定年龄，以决定其需要遵循哪些移民程序和规则。

根据欧盟法律，《庇护程序指令》第 25 条第 5 款允许成员国进行体检，但要求"在充分尊重个人尊严的情况下进行最不具备侵入性的检查，并应由合格的医务专业人员进行"。这项规定还要求以一种他们可以理解的语言使其了解这种体检程序，并征得被体检者的同意。拒绝接受年龄评估并不会导致国际保护申请被拒绝。

欧盟各国的年龄评估方法的性质和范围都有很大的差异。[2] 例如在英国，司法部门审查了关于年龄评估的国内程序。在默顿案件中，它确定了评估声称无人陪伴的儿童年龄的最低程序要求。[3] 除此之外，这些要求包括寻求庇护者被告知被采访者拒绝或反对的原因的权利。[4] 各国法院还表示，有必要在年龄评估案件中适用"存疑时有利于被告"原则，尽管有些国家的法院将其解释为仅仅是"对证据的同情评估"，而不是一种正式的"存疑时有利于被告"原则。[5]

根据欧洲理事会法律，在年龄评估程序方面没有关于儿童权利的具体规定或法院判例法。然而，为此目的的特殊身体检查可能会违反《欧洲人权公约》第 3 条或第 8 条的规定。第 3 条被解释为包括各种可能被

---

〔1〕 See also FRA and ECtHR (2014), Section 9.1.2.

〔2〕 有关每个国家所采用的各种方法的概述，请参阅 2014 年在卢森堡举办的"欧洲庇护支持办公室欧洲年龄评估实践指南"。See further, FRA (2010), pp. 53~55.

〔3〕 United Kingdom, Court of Appeal, R (on the application of B) v. The Mayor and Burgesses of the London Borough of Merton〔2003〕EWHC 1689, 14 July 2003.

〔4〕 See FRA (2010), pp. 61~66.

〔5〕 United Kingdom, Court of Appeal, R (on the application of CJ) v. Cardiff County Council〔2011〕EWCA Civ 1590, 20 December 2011, reaffirmed in United Kingdom, Upper Tribunal, R (on the application of MK) v. Wolverhampton City Council〔2013〕UKUT 00177 (IAC), 26 March 2013.

认为不人道或有辱人格的情况，包括对儿童的侵入性体格检查。[1] 根据第 8 条，对于移民，如果符合法律规定，并出于《欧洲人权公约》所列第 8 条第 2 款的合法目的，国家可以合法地干涉儿童的隐私权，并进行年龄评估。

根据国际法，《儿童权利公约》第 8 条规定各国尊重儿童的身份权利。这意味着有义务帮助儿童维护自己的身份，这可能涉及确认儿童的年龄。但是年龄评估程序应该作为最后手段。

无论如何，最大利益原则应成为国家年龄评估程序的基础。联合国儿童权利委员会申明，年龄评估应考虑到儿童的外表和他或她的心理成熟程度。评估必须以科学、安全、尊重儿童意愿和性别的方式进行，避免任何侵犯儿童身体健全的风险，并尊重其尊严。[2]

9.3. 失散儿童的家庭团聚[3]

关键点

●欧洲层面上的规定主要侧重于保障儿童与其父母安全地在东道国或原籍国重新团聚。

●在确定哪些家庭成员应与家人团聚时，优先考虑儿童的父母和/或主要照顾者。

●家庭团聚方面必须尊重儿童最大利益。

根据欧盟法律，在该主题下最重要的文件是《家庭团聚指令》，基于儿童最大利益，该指令要求欧盟成员国授权无人陪伴儿童的父母入境和居住，而不应当将儿童驱逐出境与其父母在外国居住，即使其父母是第三国公民。在没有父母陪伴的情况下成员国可以自行决定授权儿童的

---

〔1〕 ECtHR, Yazgül Yilmaz v. Turkey, No. 36369/06, 1 February 2011 (available in French).

〔2〕 General Comment 6 (2005) on the Treatment of Unaccompanied and Separated Children Outside Their Country of Origin, (Ⅴ) (a) (31) (A).

〔3〕 See also FRA and ECtHR (2014), Section 5. 3 on family reunification.

合法监护人或任何其他家庭成员入境和居住。[1] 因此，与大多数其他类别的移徙儿童相比，无家可归儿童的"家庭"的定义和家庭权利更为广泛。

关于寻求庇护儿童，《资格指令》强调在可能的情况下，必须确保举目无亲的儿童被安置在收容国的成年亲属照顾下，而他或她仍然与其任何兄弟姐妹保持联系，并尽快谨慎安全地安置缺席的家庭成员（第31条）。《接收条件指令》对尚未获得难民地位的举目无亲儿童作出类似的规定（第24条）。

理事会关于在大批流离失所者流入的情况下给予临时保护的最低标准的第2001/55/EC号指令和关于促进成员国在接受这些人和承担其后果方面的努力平衡的措施（即《临时保护指令》），旨在设法加快从原籍国突然撤离后失散的家庭成员（包括儿童）的团聚（第15条）。[2]但是，该指令迄今尚未被适用过。适用该指令需要由理事会作出决定，但目前理事会尚未作出过这样的决定。

《接收条件指令》（修订）第24条第3款还要求成员国在必要时开始追踪举目无亲儿童的家庭成员。这是在给予儿童国际保护和保护儿童最大利益的同时，尽快在国际性或其他有关组织的协助下进行的。在可能对儿童或其近亲的生命或人身完整构成威胁的情况下，特别是如果他们留在原籍国，必须谨慎处理，确保收集、处理和传播有关他们的信息是在保密的基础上进行，以避免危及他们的安全。此外，根据《资格指令》（修订）第31条第5款规定，给予儿童国际保护不应妨碍寻找其亲属进程的开始或继续。

《都柏林法规》还规定，如果无人陪伴的儿童有一个或多个亲属居住在另一成员国，并且有能力照顾该儿童，那么成员国有义务尽可能保障儿童与其亲属取得联系，除非这与儿童的最大利益相违背（第8条）。该条例的缔约国还有义务追查成员国领土上的亲属，同时保护儿

---

〔1〕　Arts. 10（3）（a）and（c）, respectively.

〔2〕　Council Directive 2001/55/EC of 20 July 2001 on minimum standards for giving temporary protection in the event of a mass influx of displaced persons and on measures promoting a balance of efforts between Member States in receiving such persons and bearing the consequences thereof, OJ 2001 L 212.

童的最大利益（第6条）。此外，《接收条件指令》规定国家有义务在必要时在国际组织或其他有关组织的协助下开始寻找儿童家庭成员（第24条）。《都柏林法规》第6条也规定了这样的合作寻找形式或方案。

在考虑有关家庭团聚的决定时，必须始终遵循儿童最大利益原则。例如，父母必须能够证明他们有能力行使父母的职责，以保障儿童利益。国家法院认定，如果遣返国没有收集足够证据表明接收国对儿童的接待和照料有妥善安排时，即将儿童遣返回其原籍国是非法的（《遣返指令》第10条第2款）。

根据欧洲理事会的法律，《欧洲人权公约》第8条并未赋予移民父母及其子女选择居住地的绝对权利。如果在其他地方建立家庭生活没有不可逾越的障碍，缔约国可以合法地驱逐或拒绝其家庭成员入境。[1]这些决定必须始终是对更广泛的公共政策的适当回应，包括驱逐或阻止参与犯罪活动父母入境。

例如：在谢诺诉荷兰一案中，欧洲人权法院确认，在争取儿童/家庭权利与更广泛的公共政策利益之间的平衡时，必须考虑三个关键因素：儿童的年龄，他们在原籍国的情况以及他们实际上依赖父母的程度。

例如：琼尼斯诉荷兰[2]案件涉及荷兰当局拒绝批准一名苏里南籍女士与一名荷兰公民结婚。此外，这对夫妻有3名子女，都随该女士一同居住在荷兰。欧洲人权法院认为，荷兰政府没有充分注意到拒绝申请人的结婚请求对申请人子女及其最大利益的损害。欧洲人权法院裁定荷兰违反了《欧洲人权公约》第8条，因为申请人与其家人在维持荷兰家庭生活方面的个人利益和政府控制移民的公共秩序利益之间没有达到合理平衡。

---

〔1〕 ECtHR, Bajsultanov v. Austria, No. 54131/10, 12 June 2012; ECtHR, Latifa Benamar and Others v. the Netherlands, Decision of inadmissibility, No. 43786/04, 5 April 2005.

〔2〕 ECtHR, Jeunesse v. the Netherlands〔GC〕, No. 12738/10, 3 October 2014.

根据国际法，儿童有权拒绝与其家庭分离，除非这么做是为了实现儿童的最大利益（《儿童权利公约》第 9 条第 1 款）。《儿童权利公约》第 10 条规定，父母居住在不同国家的儿童，有权离开或进入这些国家，以便同父母双方保持联系或家庭团结，只要不违反国家移民法的相关规定。《儿童权利公约》第 3 条所载的儿童最大利益原则是作出有关某个儿童或无人陪伴儿童家庭团聚所有决定的依据。[1]

9.4. 拘留

关键点

● 欧洲法律规定，对移民儿童而言，拘留是最后手段。
● 国家当局有义务将儿童安置在适当的住宿地点。

根据欧盟法律，《接收条件指令》（重订版）第 11 条规定，只有在其他温和措施不能有效实施的情况下，对儿童才能采取拘留这种措施。这种拘留应在尽可能短的时间内进行，并作出一切努力尽早释放被拘留者，将他们安置在适当的住处。在拘留儿童的场所内，儿童应该可以从事一些休闲活动，包括适合其年龄的娱乐活动。该指令同样规定，只有在例外情况下，无人陪伴的儿童才能被拘留，并应尽一切努力尽快释放。他们不应被关押在监狱里，而应关押在配备有人员和适龄设施的机构中。而且他们的拘留地点应该与成年人的拘留场所区分开。

《遣返指令》第 17 条规定，可以对庇护申请被拒的儿童及其家庭实行拘留，但拘留须遵守某些条件。然而，对举目无亲的儿童，需要将他们安置在提供适当的工作人员和设施的机构中，以满足其需要。目前还没有专门涉及拘留儿童的欧盟法院的判例法。

---

〔1〕 根据儿童基金会的说法，关于将儿童与其家庭在东道国团聚的要求，国家法院还必须确保父母不利用其子女，以便获得该国的居留许可。See UNICEF, Judicial implementation of Art. 3 of the CRC in Europe, p. 104. See also UNHCR, Guidelines on Determining the Best Interests of the Child, May 2008.

在欧洲理事会法律中的《欧洲人权公约》第3条和第5条讨论了移徙儿童的拘留问题。

例如：穆比兰齐拉·马耶卡和卡尼基·米坦诉比利时[1]一案，涉及一名无人陪伴的儿童被拘留问题。这名5岁儿童在没有适当照顾的情况下，被拘留在比利时成人转运中心2个月。这名儿童从刚果民主共和国出发，没有携带必要的旅行证件，她希望与在加拿大获得难民地位的母亲团聚。后来这名儿童回到了刚果民主共和国，尽管在那里没有家人可以照顾她。欧洲人权法院裁定，在这名儿童没有试图逃避比利时政府监督的情况下，将她关在一个封闭的成人转运中心是没有必要的。欧洲人权法院还指出可以采取其他措施，例如将她安置在一个专门的儿童中心或让她与寄养父母生活在一起，这样会更符合《儿童权利公约》第3条规定的儿童最大利益。因此，欧洲人权法院判决，比利时违反了《欧洲人权公约》第3条、第5条和第8条的规定。

其他案件也证明了拘留的非法性，即使所涉儿童有父母一方陪同。

例如：在马斯哈德基耶娃等人诉比利时[2]案件中，比利时将一名母亲和她的4名（年龄在7个月至7岁之间）孩子关在一个封闭的转运中心长达一个月，欧洲人权法院裁定这违反了《欧洲人权公约》第3条的规定。欧洲人权法院在作出判决时注意到，该中心本身"没有能力接收儿童"，并且可能严重损害儿童的精神健康。

---

〔1〕 ECtHR, Mubilanzila Mayeka and Kaniki Mitunga v. Belgium, No. 13178/03, 12 October 2006.

〔2〕 ECtHR, Muskhadzhiyeva and Others v. Belgium, No. 41442/07, 19 January 2010 (available in French).

例如：波波夫诉法国[1]一案，在被遣返回哈萨克斯坦之前，一个家庭在法国被行政拘留了两周。该拘留决定得到法国政府的确认。欧洲人权法院裁定该行为违反《欧洲人权公约》第3条，因为法国政府承诺对两名5个月和3岁的儿童的拘留"不会存在危害儿童的威胁"。在有关家庭方面，欧洲人权法院还裁定违反了《欧洲人权公约》第5条和第8条[2]，并提及《儿童权利公约》第37条的规定，即"所有被剥夺自由的儿童应受到人道待遇，其人格固有尊严应受尊重，并以考虑到他们这个年龄的人的需要的方式加以对待。"[3]

例如：同样，卡纳加拉特南诉比利时[4]一案中，在非正常情况下，比利时政府将一名寻求庇护的母亲及其3名子女关押在一个为外国人设立的封闭中心4个月，这违反了《欧洲人权公约》第3条和第5条的规定。尽管这些儿童在关押时由其母亲陪同，但欧洲人权法院在充分了解事实的情况下认为，比利时当局将他们关押在一个封闭的机构，这会使儿童感到焦虑和自卑，并有可能损害儿童的身心健康发展。[5]

根据国际法上《儿童权利公约》第9条第4款规定，当一名儿童被

---

〔1〕 ECtHR, Popov v. France, Nos. 39472/07 and 39474/07, 19 January 2012.

〔2〕 Ibid., para. 95.

〔3〕 Ibid., para. 90.

〔4〕 ECtHR, Kanagaratnam v. Belgium, No. 15297/09, 13 December 2011 (available in French).

〔5〕 The European Committee for the Prevention of Torture and Inhuman or Degrading Treatment or Punishment (CPT), in its 19th General Report has described safeguards for irregular migrants deprived of their liberty, and additional safeguards for children; see further: 20 years of combating torture, 19th General Report of the European Committee for the Prevention of Torture and Inhuman or Degrading Treatment or Punishment (CPT), 1 August 2008 to 31 July 2009.

拘留时，国家当局必须及时通知儿童父母其下落。[1]

9.5. 驱逐出境[2]

关键点

● 移徙儿童被驱逐的脆弱性实质上取决于其父母在东道国的居民身份。

● 最大利益原则应指导所有有关驱逐移民儿童及其家庭监护人的决定。

● 根据欧盟法律，在某些情况下，移民儿童可以留在东道国，而不受其父母法律地位的影响，特别是为了完成教育或在其他地方建立家庭生活将很困难的情况下。

根据欧盟法律，与欧盟移民法的其他领域一样，关于驱逐儿童的规则根据其国籍、父母的国籍和移民情况的不同而有所不同。一旦儿童根据欧盟自由迁徙法获得进入成员国的机会，他或她就有可能留在那里，即使他或她的欧盟移民父母不再有资格继续居住或决定离开。

具体来说，根据《迁徙自由指令》，儿童和其他家庭成员可以在最初搬迁的欧盟公民父母死亡后继续留在东道国（第 12 条第 2 款），只要父母死前他们在东道国至少居住了 12 个月。同样，他们原则上可以在父母搬离后继续留在东道国。但是，在这两种情况下，如果儿童自己或者其家庭成员是第三国公民，他们的居留权是否成立，就在于他们能否证明自己有足够的资金来维持生活。同时，他们还必须有疾病保险（第 7 条）。

对于在东道国的教育机构就读的儿童来说，规则更加宽松。在作为

---

〔1〕 关于处于拘留状况的儿童的国际保障见《酷刑和其他残忍，不人道或有辱人格的待遇或处罚问题特别报告员的报告》，2015 年 3 月 5 日，A/HRC/28/68。

〔2〕 在不同法律语境中，它又被称为返回，遣返，引渡或出境。就本章而言，"驱逐出境"一词将用于界定将非本国公民或其他人从一国境内驱逐。See also FRA and ECtHR (2014), Section 5.4 on maintaining the family -protection from expulsion.

欧盟公民的家庭成员死亡或离开后，儿童及其父母（监护人）或照顾者有权继续留在东道国，无论儿童是否具有该国国籍（《迁徙自由指令》第 12 条第 3 款）。虽然最初认为这种教育相关的特许权只适用于有足够资金家庭的儿童,[1] 但后来的判例法解释道，这种特许权延伸到可能依靠社会福利接受教育的儿童。[2]

此外，家庭成员，尤其是作为第三国公民的一方在与其作为欧盟公民的伴侣离婚后，也有权留在东道国，如果他们对其子女有主要监护权，或被授予必须在东道国行使的和子女联系的权利（《迁徙自由指令》第 13 条第 2 款第 2 项和第 13 条第 2 款第 4 项）。

欧盟法院根据《欧洲联盟运作条约》第 20 条提到了儿童作为欧盟公民的地位，即授予作为第三国公民在其境内工作的父母和居住在欧盟成员国儿童公民身份的许可。这使得儿童享有作为欧盟公民身份的权利，只要儿童不离开陪同他/她的父母。[3] 然而，后来的欧洲法院判例指出，"对成员国的公民来说仅仅出于经济原因，或者为了将自己的家人聚集在欧盟境内，认为如果其家人没有欧盟成员国国籍就无法和其一同在欧盟境内生活，这本身并不足以证明该权利没有得到保护，而且该欧盟公民将被迫离开欧盟"。[4]

《迁徙自由指令》明确规定，任何对儿童的例外驱逐都应符合《儿童权利公约》的规定（序言 24）。此外，第 28 条第 3 款第 2 项规定除非认为符合《儿童权利公约》的最大利益，否则儿童免于被驱逐。

就申请避难的儿童而言，《遣返指令》规定根据儿童的最大利益，

---

〔1〕 CJEU C-413/99, Baumbast and R v. Secretary of State for the Home Department, 17 September 2002.

〔2〕 CJEU C-480/08, Maria Teixeira v. London Borough of Lambeth and Secretary of State for the Home Department, 23 February 2010; CJEU C-310/08, London Borough of Harrow v. Nimco Hassan Ibrahim and Secretary of State for the Home Department〔GC〕, 23 February 2010. 移民儿童的教育在第 8.2 节进一步分析。

〔3〕 CJEU, C-34/09, Gerardo Ruiz Zambrano v. Office National de l'Emploi（ONEm）, 8 March 2011.

〔4〕 CJEU, C-256/11, Murat Dereci and Others v. Bundesministerium für Inneres, 15 November 2011, para. 68. See also CJEU, C-40/11, Yoshikazu Iida v. Stadt Ulm, 8 November 2012. See further, FRA and ECtHR（2014）, pp. 125~127.

应该告知与无人陪伴儿童有关的遣返决定（第 10 条）。此外，在将无人陪伴儿童驱逐出成员国之前，该成员国当局必须确信该儿童将被送回其家庭成员、指定监护人或返回国的适当接收机构（第 10 条第 2 款）。

《都柏林法规》规定，在评估寻求庇护的儿童被送回另一成员国进行庇护的请求时，决定必须遵循儿童最大利益原则（第 6 条）。此外，该法规还提供了一个检查清单，帮助当局确定哪些因素符合儿童的最大利益。这包括适当考虑到儿童家庭团聚的可能性；儿童的幸福和社会发展；安全和保障方面的考虑，特别是在儿童有可能成为人口贩卖受害者的情况下；以及儿童根据其年龄和成熟程度提出的意见。

例如：根据 MA 等人诉内政部国务卿〔1〕案件，一个在其他欧盟成员国没有家庭或亲属的无人陪伴儿童向不同欧盟成员国提交了庇护申请，欧盟法院必须决定应由哪个国家负责。欧盟法院澄清，如果在欧盟成员国内没有拥有合法居住资格的家庭成员，则由儿童实际居住的国家负责审查此类要求。这样做是依据欧盟《基本权利宪章》第 24 条第 2 款的规定，凡涉及儿童的一切行为，都以儿童的最大利益为首要考虑。

按照欧洲理事会法律，原则上允许各成员国根据《欧洲人权公约》第 8 条第 2 款限制尊重家庭生活的权利。

例如：居尔诉瑞士〔2〕一案涉及一位在瑞士生活的申请人，他的妻子和女儿都以人道主义理由获得居留证。他还希望将他们留在土耳其的小儿子带到瑞士，但瑞士当局拒绝批准他的这一要求，主要

---

〔1〕 CJEU, C-648/11, The Queen, on the application of MA and Others v. Secretary of State for the Home Department, 6 June 2013.

〔2〕 ECtHR, Gül v. Switzerland, No. 23218/94, 19 February 1996.

原因是他没有足够的谋生手段供养家人。欧洲人权法院认为，离开土耳其后，申请人本人就与他的儿子分离了。他最近对土耳其的访问表明，他在瑞士申请政治庇护的最初理由不再有效。没有任何障碍阻止其在原籍国建立家庭，因为家里的小儿子一直居住在原籍国。欧洲人权法院承认从人的角度来看他们家庭的处境确实非常困难，但欧洲人权法院认为瑞士没有违反《欧洲人权公约》第 8 条的规定。

例如：在埃纳诉荷兰[1]一案中，在确定驱逐是否是相称的应对措施时，国家应考虑驱逐给家庭中的每个儿童产生的影响。这涉及考虑："儿童的最大利益和福利，特别是任何儿童……申请人将被驱逐的国家可能遇到的困难的严重性；以及儿童与东道国和目的国的社会、文化和家庭关系的稳固性。"

例如：塔拉赫尔诉瑞士[2]一案涉及瑞士当局拒绝审查一对阿富汗夫妇及其 6 名子女的庇护申请，并决定将他们送回意大利。欧洲人权法院认为，鉴于目前意大利接收系统的情况，并且由于缺乏关于具体目的地设施详细和可靠的信息，瑞士当局无法保证，申请人如果返回意大利将会得到适合其年龄的照顾。因此，欧洲人权法院认为，根据《都柏林二号条例》，在未首先获得意大利政府保证申请人子女将以适合儿童年龄的方式得到保护，并维持家庭团聚的情况下，如果瑞士政府将申请人送回意大利，这违反了《欧洲人权公约》第 3 条的规定。

根据国际法，国家应根据请求，向父母或儿童提供有关拘留、监禁、流亡、驱逐出境、死亡等缺席家庭成员下落的基本信息，除非对儿童的健康不利（《儿童权利公约》第 9 条第 4 款）。

---

[1] ECtHR, Üner v. The Netherlands No. 46410/99, 18 October 2006, paras. 57~58. See also Boultif v. Switzerland, No. 54273/00, 2 August 2001.

[2] ECtHR, Tarakhel v. Switzerland [GC], No. 29217/12, 4 November 2014.

9.6. 诉诸司法[1]

关键点

● 移徙儿童有权得到有效的补救。

在欧盟法律下，一系列不同的法律文件中规定了移民儿童享有诉诸司法的权利。首先，欧盟《基本权利宪章》第 47 条规定了有效法律救济和公正审判的权利。这包括有权在合理时间内由独立公正的法庭进行公正公开的听证，以及有权根据第 48 条获得咨询，辩护和适当的法律代理权。对于移民儿童来说，这是由一系列次级立法规定进一步明确的。《都柏林法规》特别要求成员国确保无人陪伴的儿童由合格的专业人员代表，他们可以查阅儿童档案中的所有相关信息（第 6 条）。在《资格指令》（第 31 条）和《庇护程序指令》（第 25 条）中列出了相应的条款。第 2012/29/EU 号指令（《受害者指令》）[2] 确立了犯罪受害者权利、支持和保护的最低标准，根据该指令第 8 条，儿童获得法律代理权的权利还包括获得受害者服务和特殊保密的权利。

诉诸司法的权利并不是没有限制，可能会受到某些年龄的限制。例如，《庇护程序指令》允许成员国"在一审判决之前，无人陪伴的未成年人极有可能年满 18 岁时，不需要委任法定代表"（第 25 条第 2 款）。

根据欧洲理事会法律，欧洲人权法院排除了《欧洲人权公约》第 6 条（获得公正审判权利）在外国人入境、居留和驱逐决定案件中的适用。[3] 然而，在某些情况下，《欧洲人权公约》第 13 条（获得有效补救的权利）可能适用。

---

〔1〕 See also FRA and ECtHR（2014），Section 4.5 on legal assistance in asylum and return procedures.

〔2〕 Directive 2012/29/EU of the European Parliament and of the Council of 25 October 2012 establishing minimum standards on the rights, support and protection of victims of crime, OJ 2012 L 315/55.

〔3〕 ECtHR, Maaouia v. France〔GC〕, No. 39652/98, 5 October 2000.

例如：拉希米诉希腊案件[1]，涉及一名来自阿富汗的移民儿童通过非法程序进入希腊后，被关押在拘留中心，随后被释放并驱逐出境。欧洲人权法院在查明违反《欧洲人权公约》第13条时指出，向申请人提供的信息手册没有说明向警察局长提出申诉的程序。此外，没有以他理解的语言通知申请人，他可以对拘留条件进行申诉。根据欧洲禁止酷刑和不人道或有辱人格待遇或处罚委员会的报告，欧洲人权法院注意到希腊没有独立的权力机构检查执法机构的拘留设施。它还指出，没有公正的司法来确保补救办法有效。因此，欧洲人权法院认定该行为违反了《欧洲人权公约》第3条、第5条第1款和第4款以及第13条的规定。

《欧洲社会宪章》要求各国发展有关家庭的法律，以及社会和经济（第16条）。此外，第19条第1款要求各国保持"适足和免费的服务"，并确保移徙工人及其家属获得有关移民和迁徙的准确信息。《欧洲移徙工人法律地位公约》第6条载有类似的"信息"要求（移民获得司法的核心），但更广泛的"诉诸法院和行政当局的权利"（第26条）的规定只针对移徙工人，而不适用于他们的家庭成员。[2]

此外值得注意的是，欧洲理事会制定了非常全面的关爱儿童司法准则，其中规定了如何调整包括移民程序在内的所有司法和行政程序以适应儿童的需要。[3]

根据国际法，《儿童权利公约》第37条与被剥夺自由的移徙儿童密切相关，因为它确保这些儿童有权迅速获得法律援助和其他适当援助，并有权向法庭或其他独立和公正的权威机构申诉剥夺其自由的决定，并且这些机构的裁决必须是及时迅速的。

---

〔1〕 ECtHR, Rahimi v. Greece, No. 8687/08, 5 April 2011 (available in French).

〔2〕 Council of Europe, European Convention on the Legal Status of Migrant Workers, CETS No. 93, 1977.

〔3〕 Council of Europe, Committee of Ministers (2010), Guidelines on child friendly justice, 17 November 2010.

10. 消费者和个人数据保护

欧　盟	相关主题	欧洲理事会
《基本权利宪章》第 38 条；《欧洲联盟运作条约》第 169 条；《消费者权利指令》（Consumer Rights Directive， 2011/83/EU）；《企业对消费者不公平的商业做法指令》（Unfair Business to Consumer Commercial Practices Directive，2005/29/EC）；《一般产品安全指令》（General Product Safety Directive，2001/95/EC）；《临床试验指令》（Clinical Trials Directive，2001/20/EC）欧盟法院，第 C-244/06 号；动态媒体维特里布股份有限公司诉阿维德斯媒体公司（通过 DVD 上网销售）（Dynamic Medien Vertriebs GmbH v. Avides Media AG），2008 年；	保护儿童消费者	《欧洲跨境电视公约》（European Convention on Transfrontier Television）

欧　盟	相关主题	欧洲理事会
欧盟法院,第 C－36/02 号,欧米茄斯皮尔哈伦自动化设备有限公司诉波恩市长(Omega Spielhallen Und Automatenaufstellungs－GmbH v. Oberbürger－meisterin der Bundesstadt Bonn),2004 年(玩游戏牌照); 《关于人用药品临床试验的第536/2014 号条例》(Regulation 536/2014 on clinical trials on medicinal products for human use); 《针对特定营养用途的食品指令》(Directive on foodstuffs intended for particular nutritional uses,2009/39/EC); 《玩具安全指令》(Toy Safety Directive,2009/48/EC); 《关于可能会危害消费者健康或安全的产品的指令》(Directive concerning products which,appearing to be other than they are,endanger the health or safety of consumers,87/357/EEC); 《无国界电视指令》(Television Without Frontiers Directive,89/552/EEC); 《视听媒体服务指令》(Audiovisual Media Services Directive,2010/13/EU)		

欧　盟	相关主题	欧洲理事会
《基本权利宪章》第 7 条(尊重私人和家庭生活)、第 8 条(保护个人资料)和第 52 条(权利和原则的范围和解释); 《欧洲联盟运作条约》第 16 条; 《数据保护指令》(Data Protection Directive, 95/46/EC)	儿童和数据保护	《欧洲人权公约》第 8 条(尊重私人和家庭生活的权利); 欧洲人权法院, K. U. 诉芬兰, 第 2872/02 号, 2008 年(互联网广告); 欧洲人权法院, 阿维金娜等人诉俄罗斯(Avilkina and Others v. Russia), 第 1585/09 号, 2013 年(医疗记录的披露); 《保护个人数据自动处理公约》(Convention for the Protection of Individuals with regard to Automatic Processing of Personal Data)

本章涉及消费者和数据保护领域的欧洲立法和判例法。欧盟层面上有大量的立法和判例法,因为《欧洲联盟运作条约》明确规定了欧盟在这些问题上的权限。欧洲理事会在这个领域的贡献是比较有限的。在条约层面,有关媒体和数据保护主要有两项公约。此外,欧洲人权法院还裁决了一些关于个人数据保护的案件。

以下各节将集中讨论涉及儿童的消费者法（第 10.1 节）和数据保护（第 10.2 节）的具体内容,并且针对其中每一个问题,都分析了一般法律规定及其对儿童的适用性,并介绍保护儿童的具体规范。

10.1. 保护儿童消费者

关键点

● 根据欧盟法院,儿童消费者的最大利益和对其权利的保护凌驾于公共利益之上,这是对货物、人员、服务和资本自由流动的正当限制。

● 儿童作为消费者应获得有关信息,以便能够考虑所有相关事实并作出明智的选择。

●不正当商业行为是指不符合职业勤勉原则，可能影响成人和儿童消费者交易决策的行为。

●在临床试验中，只有当被管理的药用产品对其有直接的益处时，才能将儿童纳入其中，从而减少风险。

●欧盟和欧洲理事会的法律限制了儿童可能接触到的营销数量，但没有禁止营销。

●儿童有权获得特殊的保护，这意味着保护儿童免受任何广告和电视购物节目造成的道德或身体伤害。

●禁止在儿童节目中播放产品广告。

10.1.1. 消费者权益

根据欧盟法律，消费者保护法对儿童的保护主要是根据《欧洲联盟运作条约》第 169 条第 1 款和欧盟《基本权利宪章》第 38 条建立起来的。欧洲法院认识到，儿童的最大利益凌驾于公共利益的要求之上，从而在某种程度上限制共同市场的自由。

例如：动态媒体[1]一案涉及德国互联网上销售的日本漫画 DVD。英国已经批准 15 岁以上的儿童可以阅读该漫画。但德国有关部门对此没有作出允许的回复。欧盟法院面临的主要问题是德国的禁令是否违背了货物流通自由原则。欧洲人权法院认定，德国法律的主要目的是保护儿童免受损害其福利的信息的影响。它裁定，只要不超出成员国所追求的保护儿童之目标所必需的范围，对货物流动自由的限制就是相称的。

---

〔1〕 CJEU, C-244/06, Dynamic Medien Vertriebs GmbH v. Avides Media AG, 14 February 2008.

例如：欧米茄[1]一案涉及德国"激光穹顶"游戏的运作。"激光穹顶"提供的游戏中包括击中玩家穿的夹克上的感官目标。游戏设备由英国公司提供，游戏和设备都在英国合法销售。这个游戏在德国被禁止，理由是它违背了人的尊严等基本价值。欧盟法院认为德国当局施加的限制并不违反欧盟法律，因为这是基于公共政策的考虑。

最近，欧盟消费者法的最新变革是通过了第 2011/83/EU 号《消费者权利指令》。该指令旨在充分协调欧盟各国关于远距离销售和场外合同以及其他类型消费者合同的法律。[2] 其目的是在对消费者的高标准保护和保持企业竞争力之间寻求平衡。根据该指令第 3 条第 3 款第 1 项，《消费者权利指令》不适用于社会服务类的合同，这些社会服务包括社会住房、儿童保育和满足家庭以及成员长期或暂时需要的服务（例如长期护理）。社会服务包括为儿童和青年提供的服务，为家庭、单亲和老年人提供的援助服务以及为移民提供的服务。《消费者权利指令》特别关注合同签署前信息的提供。它以"信息需求"为基础，因为如果包括儿童在内的消费者获得了应有的信息，那么消费者将能够考虑所有相关的事实并作出明智的选择。

10.1.2. 对儿童的不公平商业行为

欧盟法律中的第 2005/29/EC 号指令，是关于内部市场上企业对消

---

〔1〕 CJEU, C-36/02, Omega Spielhallen-und Automatenaufstellungs - GmbH v. Oberbürger-meisterinder Bundesstadt Bonn, 14 October 2004.

〔2〕 Directive 2011/83/EU of the European Parliament and the Council of 25 October 2011 on consumer rights, amending Council Directive 93/13/EEC and Directive 1999/44/EC of the European Parliament and of the Council and repealing Council Directive 85/577/EEC and Directive 97/7/EC of the European Parliament and of the Council, OJ 2011 L 304/64 (it should have been implemented by 13 December 2013).

费者不公平的商业做法[1]，涵盖了所有企业对消费者的交易（无论是离线经营还是在线操作，涉及货物和服务）。儿童被列入其中的"脆弱消费者"类别（第5条第3款）。如果是商家骚扰、胁迫、不当影响或传递误导信息，那么达成的和儿童的交易不能生效，而且儿童消费者有权自由地作出是否交易的决定。该指令禁止商家进行可能与竞争对手其他产品或商标产生混淆的产品营销和广告活动，并要求以清晰易懂的方式向消费者提供所有必要的信息，使其在适当的时候作出交易决定（第6条和第7条）。

10.1.3. 产品安全

欧盟法律制定了一个全面的框架来确保只有安全和合规的产品才能进入市场。其中关于《一般产品安全指令》（2001/95/EC，GPSD），尤其关注儿童的安全问题，将其列入可能特别容易受到产品风险影响的消费者类别（GPSD）。因此，在评估产品的安全性的同时，要考虑所有相关方面，特别是产品所针对的消费者类别。

欧盟理事会第87/357/EEC号指令是一项专门的产品安全指令，是关于成员国规范危害消费者健康或安全产品的法律。[2] 它禁止营销、进口和制造看起来像食品但不可食用的产品。成员国必须进行检查，以确保没有此类产品销售。如果成员国根据该指令的条款禁止使用产品，则必须通知委员会并提供详细情况通知其他成员国。尤其是玩具安全问题将在第10.1.6节中详细讨论。

---

〔1〕 Directive 2005/29/EC of European Parliament and of the Council of 11 May 2005 concerning unfair business-to-consumer commercial practices in the internal market and amending Council Directive 84/450/EEC, Directives 97/7/EC, 98/27/EC and 2002/65/EC of the European Parliament and of the Council and Regulation (EC) No. 2006/2004 of the European Parliament and of the Council, OJ 2005 L 149/22.

〔2〕 Council Directive 87/357/EEC of 25 June 1987 on the approximation of the laws of the Member States concerning products which, appearing to be other than they are, endanger the health or safety of consumers, OJ 1987 L 192/49.

10.1.4. 儿童临床试验

根据欧盟法律的第 2001/20/EC[1] 号《关于在人用药物临床试验中实施"良好临床实践"的国家规定》，涉及无法对临床试验给予法律同意的弱势儿童（序言 3）。如果儿童直接受益于药品且这种益处超过风险，那么可以纳入临床试验（序言 3）。临床试验应该为受试者提供最好的保护（第 4 条）。

同样，关于欧盟的《人用药品临床试验的第 536/2014 号条例》也包括针对弱势儿童的具体规定（第 10 条第 1 款）。该规定旨在逐步取代第 2001/20/EC 号指令[2]。它要求对涉及儿童的临床试验的批准申请进行仔细评估。首先，儿童的法定代理人必须同意接受临床试验，儿童如果能够表达自己意见，也必须取得其同意（第 29 条第 1 款和第 8 款）。该条例规定了对儿童进行安全临床试验和确保其知情同意的具体条件（第 32 条）。这些条件具体包括：除了与参与临床试验直接相关的费用和收入损失的补偿之外，不给予受试者其他奖励；该临床试验旨在调查仅发生在儿童身上的医疗状况的治疗；并有科学依据期待参与临床试验会产生下列效果：未成年人可获得的直接利益超过所涉及的风险和负担，或为未成年人代表的人群带来一些好处，与未成年人病情的标准治疗相比，这种临床试验对未成年人造成的风险极低，对未成年人的负担也很小。只有在紧急情况下，可以不事先征得其法定代理人的同意或其个人同意，而对儿童进行临床试验（第 35 条第 1 款）。

10.1.5. 适用于婴幼儿的食物

根据欧盟法律,《针对特定营养用途的食品指令》（2009/39/EC)[3]着重于确保为 12 个月以下的婴幼儿特别制造的食品的营养成分和安全

---

[1] Directive 2001/20/EC of the European Parliament and of the Council of 4 April 2001 on the approximation of the laws, regulations and administrative provisions of the Member States relating to the implementation of good clinical practice in the conduct of clinical trials on medicinal products for human use, OJ 2001 L 121/34.

[2] Regulation (EU) 536/2014 of the European Parliament and the Council of 16 April 2014 on clinical trials on medicinal products for human use, and repealing Directive 2001/20/EC, OJ 2014 L 158/1.

[3] Directive 2009/39/EC of the European Parliament and of the Council of 6 May 2009 on foodstuffs intended for particular nutritional uses, OJ 2009 L 124/21.

性。其规则涉及婴幼儿配方食品，加工过的谷类食品和婴儿食品以及婴幼儿食品添加剂。该指令旨在保证产品安全，并向消费者提供合适的产品和适当的信息。其中规定了特定的营养使用应满足某些类别人员的特殊营养需求，包括健康状况良好的婴幼儿（第 3 条第 3 款第 3 项）。

10.1.6. 玩具安全

根据欧盟法律，《玩具安全指令》（2009/48/EC）[1] 的第 2 条将玩具定义为"为 14 岁以下儿童设计或预计使用的产品，无论是否专门用于游戏"[2]。附件一列出了一些不属于玩具但可能会引起混淆的物品清单。第 2 条第 2 款还列出了一些被排除在其适用范围之外的玩具。关于玩具安全的指令还通过限制生产玩具材料中可能含有的某些化学品的数量来保障儿童健康和建立安全标准（第 10 条）。[3]

10.1.7. 儿童广告

根据欧盟法律，《视听媒体服务指令》（2010/13/EU）（简称 AVMS 指令）[4] 扩大了第 89/552/EEC 号指令在协调成员国有关从事电视广播活动的法律、法规或行政行为的法律规定的范围（《无国界电视指令，TWF》）。《AVMS 指令》处理儿童营销的数量，质量和内容的限制，规定广告的持续时间（第 20、24 和 27 条）。该指令禁止在儿童节目中放置产品广告（第 11 条），并授权成员国禁止在儿童节目期间显

---

〔1〕 Directive 2009/48/EC of the European Parliament and of the Council of 18 June 2009 on the safety of toys, OJ 2009 L 170.

〔2〕 Ibid., Art. 2 (1).

〔3〕 欧盟委员会还与欧洲玩具行业/贸易商达成"自愿协议"，以提高玩具安全性。See further: http://ec. europa. eu/growth/sectors/toys/safety/index_en. htm.

〔4〕 Directive 2010/13/EU of the European Parliament and the Council of 10 March 2010 on the coordination of certain provisions laid down by law, regulation or administrative action in Member States concerning the provision of audiovisual media services (Audiovisual Media Services Directive), OJ 2010 L 95/1.

示赞助标志（第 10 条第 4 款）。[1]《AVMS 指令》平衡了儿童保护与其他重要的民主价值观，如言论自由。它秉承这样一种观点，父母责任的履行可以达到保护儿童的目的（序言第 48 和 59 段）。

1998 年[2]和 2006[3] 年关于保护儿童和人的尊严的建议是对有效执行《视听媒体服务指令》（2010/13/EU）的补充。

根据欧洲理事会法律，《欧洲跨境电视公约》[4] 是第一个为跨境电视节目在欧洲自由流通创建法律框架的国际条约。它特别注重保护儿童和青少年（第 7 条第 2 款），例如禁止播放涉及色情和暴力内容以及煽动种族仇恨的节目。它还确定了广告标准，并规定了广告持续时间和间隔时间。

10.2. 儿童和个人数据保护

关键点

●根据欧盟和欧洲理事会法律的规定，个人数据保护被视为一项基本权利。

●尊重私人和家庭生活、住所和通信的权利（《欧洲人权公约》第 8 条）包括保护个人数据的权利。

●除与个人数据有关的其他权利外，儿童有权反对处理其个人数

---

〔1〕 有关 AMS 指令功能的更全面概述，请参阅：COM（2012）203 final, Report from the Commission to the European Parliament, the Council, the European Economic and Social Committee and the Committee of the Regions, on the application of Directive 2010/13/EU（'Audiovisual Media Service Directive'）, Brussels, 4 May 2012 and SWD（2012）125 final, Commission Staff Working Document attached to the First Report from the Commission to the European Parliament, the Council, The European Economic And Social Committee And The Committee of the Regions on the Application of Directive 2010/13/EU 'Audiovisual Media Services' accompanying the document, Brussels, 4 May 2012.

〔2〕 Council Recommendation 98/560/EC of 24 September 1998 on the development of the competitiveness of the European audiovisual and information services industry by promoting national frameworks aimed at achieving a comparable and effective level of protection of minors and human dignity, OJ 1998 L 270.

〔3〕 Recommendation 2006/952/EC of the European Parliament and of the Council of 20 December 2006 on the protection of minors and human dignity and on the right of reply in relation to the competitiveness of the European audiovisual and on-line information services industry, OJ 2006 L 378.

〔4〕 Council of Europe, European Convention on Transfrontier Television, CETS No. 132, 1989. Amended according to the provisions of the Protocol, CETS No. 171, 2002.

据，但有正当理由的除外。

10.2.1. 欧洲数据保护法

根据欧盟法律，欧盟有权就数据保护事宜立法（《欧洲联盟运作条约》第 16 条）。[1] 欧盟《基本权利宪章》第 8 条第 2 款包含关键的数据保护原则（法律规定的公平处理，获得同意或出于合法目的，访问和撤销的权利），而第 8 条第 3 款则要求数据保护规则的遵守情况由一个独立机构进行监管。第 8 条规定的保护个人信息的权利，可以依照法律和民主社会的原则加以限制，例如他人的自由和权利（《基本权利宪章》第 52 条）。[2]

个人数据保护已经成为欧洲隐私相关法律的一个关键领域。关于保护个人信息处理和个人信息自由流通的第 95/46/EC 号指令（《数据保护指令》）[3] 是这一领域的主要法律文件。

由于数据处理是在不向公众开放的封闭空间中操作的。因此，儿童以及其他数据拥有主体通常不知道政府对自己个人数据的处理。为了减少数据主体的脆弱性，欧洲法律保障儿童（和其他数据主体）特定的个人权利，例如被告知正在收集其数据的权利、访问其存储数据的权利和了解处理操作细节的权利、拒绝数据被非法处理的权利、对数据进行更正、删除和屏蔽的权利。

负责处理的控制者必须提供有关数据处理的足够信息（《数据保护指令》第 10 条和第 11 条），并以儿童友好的方式解释，这意味着信息的语言和形式需要适应儿童的成熟程度和理解水平。作为最低要求，信息必须包括处理目的，以及控制者的身份和联系方式（《数据保护指

---

〔1〕 For a general overview of European data protection law, see: FRA and CoE (2014).

〔2〕 CJEU, Joined cases C-468/10 and C-469/10, Asociación Nacional de Establecimientos Financieros de Crédito (ASNEF) and Federación de Comercio Electrónico y Marketing Directo (FE-CEMD) v. Administración del Estado, 24 November 2011, para. 48; CJEU, C-275/06, Productores de Música de España (Promusicae) v. Telefónica de España SAU [GC], 29 January 2008, para. 68.

〔3〕 Directive 95/46/EC of the European Parliament and of the Council of 24 October 1995 on the protection of individuals with regard to the processing of personal data and on the free movement of such data (Data Protection Directive), OJ 1995 L 281.

令》第 10 条第 1 款和第 2 款）。

《数据保护指令》规定了必须取得数据主体的同意，无论所处理数据的敏感性如何（第 7 条、第 8 条和第 14 条）。对儿童友好的同意程序将需要考虑到儿童不断发展的能力，逐步使其参与进来。第一步是在征得儿童和其法律代理人的同意之前，由其法律代理人事先征求儿童的意见。

数据主体有权删除其个人数据，这就意味着在请求时既可以同意删除或删减其个人数据，还有权反对政府处理其个人数据。由于大量的儿童个人数据通过社交网络传播和提供，儿童的私人资料越来越重要。虽然欧盟法院尚未处理过有关儿童的案件，但在最近涉及成年申请者的案件中，法院认为反对权适用于数据和资料。"特别是在这些数据和资料看来不足、不恰当或不再相关，或就请求目的和时间而言超出了合理范围"。[1] 欧盟法院还认为，反对权的适用需要与其他基本权利相平衡。

根据欧洲理事会法律，欧洲人权法院将个人信息保护权纳入《欧洲人权公约》第 8 条的解释中。法院审查出现数据保护问题的情况，包括截取通讯，[2] 各种形式的监视[3] 以及防止公共当局存储个人数据。[4] 此外，欧洲人权法院裁定各成员国法律必须设定适当的措施，以确保数据受到侵犯的个人可以获得司法救济。

例如：在 K. U. 诉芬兰[5] 一案中，申请人是一名儿童。他诉称在一个互联网交友网站上，有人以他的名字刊登了性广告。由于芬兰

---

〔1〕 CJEU, C-131/12, Google Spain SL and Google Inc. v. Agencia Española de Protección de Datos（AEPD）and Mario Costeja González［GC］, 13 May 2014, para. 93.

〔2〕 See, for example：ECtHR, Malone v. the United Kingdom, No. 8691/79, 2 August 1984; ECtHR, Copland v. the United Kingdom, No. 62617/00, 3 April 2007.

〔3〕 See, for example：ECtHR, Klass and Others v. Germany, No. 5029/71, 6 September 1978; ECtHR, Uzun v. Germany, No. 35623/05, 2 September 2010.

〔4〕 See, for example：ECtHR, Leander v. Sweden, No. 9248/81, 26 March 1987; ECtHR, S. and Marper v. the United Kingdom［GC］, Nos. 30562/04 and 30566/04, 4 December 2008.

〔5〕 ECtHR, K. U. v. Finland, No. 2872/02, 2 December 2008. See further Chapter 4.

法律规定的保密义务，服务提供商拒绝透露发布信息者的身份。申请人认为，芬兰国内法没有提供足够的儿童保护，防止私人在互联网上放置涉及申请人的个人数据，而这行为可能构成犯罪。欧洲人权法院认为，国家有积极的义务，包括采取措施以确保即使在民事私法领域也尊重私人隐私。在该案中，对申请人的实际和有效的保护，要求国家采取有效步骤查明和起诉发布者。但是，国家没有提供这种保护。因此，欧洲人权法院认定芬兰违反了《欧洲人权公约》第8条的规定。[1]

例如：阿维金娜等人诉俄罗斯[2]一案，涉及在检察官要求被告知耶和华见证教派拒绝输血的所有情况后，向其披露一名两岁女孩的医疗档案。欧洲人权法院承认，在保护医疗数据机密性方面，患者和整个社区的利益可能会被调查犯罪的利益所压倒，并且指出申请人不是任何刑事诉讼中的嫌疑人或被告。此外，为申请人提供治疗的医疗专业人员，如果他们认为该名儿童处于危及生命的情况下，可以申请进行输血的司法授权。在没有任何迫切社会需要的情况下，披露与申请人有关的机密医疗信息。对此，欧洲人权法院认定俄罗斯违反了《欧洲人权公约》第8条的规定。

例如：在S.和马珀诉英国[3]一案中，一名11岁男孩的指纹和DNA因涉嫌抢劫未遂被无限期保留，尽管他最终被无罪释放。鉴于细胞样本和DNA档案中所包含的个人信息的性质和数量，其保留本身就等于干涉了第一申请人尊重私人生活的权利。欧洲理事会有关文件的核心原则以及其他缔约国的法律和惯例要求保留数据与收集目的相称，并且限制保留的时间，特别是在警察部门。如果在刑事司法系统中不惜任何代价地使用现代科学技术，而且没有仔细平衡其对重要的私人生活利益的潜在威胁，那么《欧洲人权公约》第8

---

〔1〕 FRA and CoE (2014), p. 122.

〔2〕 ECtHR, Avilkina and Others v. Russia, No. 1585/09, 6 June 2013.

〔3〕 ECtHR, S. and Marper v. the United Kingdom ［GC］, Nos. 30562/04 and 30566/04, 4 December 2008.

条所提供的保护就会受到无法接受的削弱。在这方面，英格兰和威尔士保留内容的全面性和不经删选尤其引人注目，因为它允许数据被无限期地保留，而不管犯罪性质或严重程度或嫌疑人的年龄。鉴于未成年人的特殊情况以及他们发展和融入社会的重要性，保留这些数据对于未成年人尤其有害。最后，保留数据对申请人尊重其私人生活的权利构成了不成比例的干涉。

欧洲理事会《保护个人数据自动处理公约》[1] （第 108 号公约）适用于在私营和公共部门进行的所有数据处理，并保护包括儿童在内的个人免受可能伴随个人数据处理的网络侵犯。第 108 号公约还规定了一项附加议定书，规定监督机构的设立和个人资料向公约非缔约方的跨境流通。[2]

第 108 号公约规定的与处理个人数据有关的原则涉及公平合法地收集和自动处理数据，为特定的合法目的而存储，不得用于与之不符的目的，也不得保留超过必要的时间。他们也关心数据的质量。在没有适当的法律保障的情况下，禁止处理诸如个人的种族、政治、健康、宗教、性生活或犯罪记录等"敏感"数据。该公约还规定了包括儿童在内的个人有权知道储存的关于他或她的信息，并在必要时予以更正。只有当国家安全或国防等压倒性利益受到威胁时，才有可能限制公约规定的权利。

根据国际法，数据保护权是《儿童权利公约》第 16 条所载儿童隐私权的一部分。本条规定儿童的隐私、家庭、住宅或通信不得受到任意或非法干涉，也不得非法攻击其荣誉和名誉。这个权利必须得到所有人的尊重，包括儿童的法定代理人。

---

〔1〕 Council of Europe, Convention for the Protection of Individuals with regard to Automatic Processing of Personal Data, CETS No. 108, 1981.

〔2〕 Council of Europe, Additional Protocol to the Convention for the Protection of Individuals with regard to Automatic Processing of Personal Data, regarding supervisory authorities and trans-border data flows, CETS No. 181, 2001.

11. 儿童在刑事司法和替代诉讼中的权利

欧　盟	相关主题	欧洲理事会
《基本权利宪章》第 47 条(有效补救和公正审判的权利)、第 48 条(无罪推定原则和辩护权)和第 49 条(刑事犯罪和刑罚的合法性和比例原则);《解释和翻译权利指令》(Right to Interpretation and Translation Directive, 2010/64/EU);《知情权指令》(Right to Information Directive, 2012/13/EU);《聘请律师指令》(Access to a Lawyer Directive, 2013/48/EU)	保障公正审判	《欧洲人权公约》第 6 条(公正审判);欧洲人权法院, T. 诉英国, 第 24724/94 号, 1999 年(法庭上的儿童);欧洲人权法院, 帕诺维茨诉塞浦路斯(Panovits v. Cyprus), 第 4268/04 号, 2008 年(聘请律师)

欧　盟	相关主题	欧洲理事会
《基本权利宪章》第 4 条(酷刑、不人道和有辱人格的待遇)和第 6 条(自由权)	拘留	《欧洲人权公约》第 3 条(酷刑,不人道和有辱人格的待遇)和第 5 条(自由的权利); 欧洲人权法院,布马尔诉比利时(Bouamar v. Belgium),第 9106/80 号,1988 年(教育监督拘留); 欧洲人权法院,D. G. 诉爱尔兰,第 39474/98 号,2002 年(教育监督拘留); 欧洲人权法院,纳特诉土耳其(Nart v. Turkey),第 20817/04 号,2008 年(审前拘留); 欧洲人权法院,古维萨诉土耳其(Güveç v. Turkey),第 70337/01 号,2009 年(拘留的条件)
《受害者指令》(Victims' Directive, 2012/29/EU); 欧盟法院,第 C－105/03 号,2005 年对玛丽亚·普皮诺(Maria Pupino)[GC]的刑事诉讼(儿童证人出庭)	儿童证人和受害者	《欧洲人权公约》第 3 条(酷刑,不人道和有辱人格的待遇)和第 8 条(私人生活); 欧洲人权法院,科瓦奇诉克罗地亚(Kovač v. Croatia),第 503/05 号,2007 年(儿童证人); 欧洲人权法院,S. N. 诉瑞典,第 34209/96 号,2002 年(儿童证人); 欧洲人权法院,R. R. 等人诉匈牙利,第 19400/11 号,2012 年(将证人的家庭成员排除在证人保护方案之外)

少年司法程序中的儿童权利适用于被控犯有刑事罪行而被起诉或被判刑的儿童以及作为受害者和/或证人参与司法或相关诉讼的儿童。儿童在少年司法方面的地位受到与成人和儿童有关的一般人权规定的规范。

本章概述了有关参与司法和替代诉讼的儿童的欧洲规范。它涉及保障公正审判，包括有效参与和聘请律师，拘留中的青少年罪犯的权利，审前拘留（实质性和程序性保障），拘留条件和免遭虐待的情况，以及保护儿童证人和受害者。这方面的儿童保护，特别涉及非对抗性的替代性诉讼，只要这些方法能最好地为儿童的最大利益服务，就应该使用这种方法。[1] 就儿童而言，社会融合、教育和预防再犯的刑事司法目标是重要的基本原则。[2]

11.1. 保障公正审判

关键点

● 刑事诉讼中的儿童有权得到公平对待和对儿童友好的待遇。

● 法院程序应根据儿童的需要进行调整，以确保其有效参与。

● 儿童有权在刑事诉讼的初始阶段和第一次警察讯问时会见到律师。

在简要概述欧盟和欧洲理事会层面进行公正审判的一般要求时，本节特别强调了针对具体儿童的公正审判保证。

公正审判权是民主社会的核心支柱。被怀疑或被指控犯罪的儿童有权接受公正的审判，他们应当与任何其他违反法律的人受到一样的对待。公正审判的保障从儿童接受第一次审讯开始，并在审判期间存续。但是，鉴于违法儿童特别容易受到伤害，因此可能需要额外的保护。欧

---

[1] Council of Europe, Committee of Ministers (2010), Guidelines on child friendly justice, 17 November 2010, para. 24.

[2] See further, Council of Europe, Committee of Ministers (2008), Recommendation CM/Rec (2008) 11 of the Committee of Ministers to member states on the European Rules for juvenile offenders subject to sanctions or measures, 5 November 2008, Part I. A. 2.

洲相关机构制定了一系列具体要求，以确保有效满足这些儿童的需求。

根据欧盟法律，欧盟《基本权利宪章》的若干条款确立了获得司法公正的基本权利，这是保障成年人和儿童获得公正审判的规范。第47条具体论述了获得有效补救和公正审判的权利，确定了对儿童特别重要的要求，如公平和公开听证时间的合理性以及辩护权，获得法律代表以及法律援助的建议。同样，第49条规定的刑事犯罪和刑罚的合法性和比例原则对儿童尤其重要。此外，多项欧盟指令在刑事诉讼中规定了具体的公正审判保障：解释和翻译权利指令，[1] 知情权利指令,[2] 以及聘请律师指令。[3] 前两条指令并不包括针对儿童的保证，尽管"知情权利指令"包含了更为普遍的涉及弱势嫌疑人或被指控人情况的规定。第11.1.2节详细说明了聘请律师指令中有关儿童的规定。

即使没有制定具体适用于儿童的规定，成员国在执行上述指令的规定时，也必须遵守欧盟《基本权利宪章》。因此，如果儿童是上述指令所有条款的适用主体，则应当适当考虑第24条所载儿童的最大利益等原则。迄今为止，还没有任何有关《基本权利宪章》第24条的解释和上述指令的案件被提交给欧盟法院。[4]

特别重要的是，欧盟委员会提出关于对刑事嫌疑人或被告儿童的程序保障的指令，[5] 其目的是在刑事诉讼的各个阶段为儿童提供强制性的律师服务。它还规定，儿童应当及时获得有关其权利的信息，并得到父母（或其他适当人员）的协助和闭门问询。此外，被剥夺自由的儿

---

〔1〕 Directive 2010/64/EU of the European Parliament and of the Council of 20 October 2010 on the right to interpretation and translation in criminal proceedings, OJ 2010 L 280/1.

〔2〕 Directive 2012/13/EU of the European Parliament and of the Council of 22 May 2012 on the right to information in criminal proceedings, OJ 2012 L 142/1.

〔3〕 Directive 2013/48/EU of the European Parliament and of the Council of 22 October 2013 on the right of access to a lawyer in criminal proceedings and in European arrest warrant proceedings, and on the right to have a third party informed upon deprivation of liberty and to communicate with third persons and with consular authorities while deprived of liberty, OJ 2013 L 294/1.

〔4〕 欧盟法院在涉及国际绑架儿童的诉讼中对第24条进行了解释。（见第5.4节）。

〔5〕 European Commission (2013), Proposal for a Directive of the European Parliament and of the Council on procedural safeguards for children suspected or accused in criminal proceedings, COM (2013) 822 final, Brussels, 27 November 2013.

童应有权接受适当的教育、指导、培训和医疗，并与成年人分开关押。[1]

根据欧洲理事会法律，《欧洲人权公约》第 6 条规定了公正审判权，依据该条款产生了欧洲人权法院最丰富的判例法。《欧洲人权公约》第 6 条第 1 款包括一些明确的公正审判保障：公正公开的听证/公告（除非有违青少年的利益）；在合理的时间内进行审判的权利；由独立公正的法庭进行审判的权利；[2] 以及由依法设立的法庭审判的权利。作为公正审判概念的内在要求，欧洲人权法院已制定了保障措施：平等的法律地位和对抗性的诉讼；保持沉默的权利；会见律师；有效参与；出席听证会和合理的判决。此外，依法证明有罪之前，每个人都必须被推定无罪（《欧洲人权公约》第 6 条第 2 款）。

任何被控犯有刑事罪行的人都应享有以下最低标准的权利：以他所了解的语言立即详细地通知他被指控的事实（《欧洲人权公约》第 6 条第 3 款第 1 项）；有足够的时间和便利来准备辩护（《欧洲人权公约》第 6 条第 3 款第 2 项）；有权自行选择法律援助（《欧洲人权公约》第 6 条第 3 款第 3 项）；询问证人的权利（《欧洲人权公约》第 6 条第 3 款第 4 项）；获得翻译免费协助的权利（《欧洲人权公约》第 6 条第 3 款第 5 项）。这些规则适用于成人和儿童。然而，法院对重要的儿童权利的判决促使儿童特定的判例法出现，其中包括有效参与的权利以及聘请律师的权利。因此，本章进一步阐述了这两项具体的保障公正审判的权利。

欧洲理事会《儿童友好型司法准则》对于儿童嫌疑人/被指控者至关重要。[3] 即使该准则不具有法律约束力，也是确保包括刑事司法系

---

〔1〕 See further Section 11. 2. Of relevance for child protection can also be the European Commission（2013），Proposal for a Directive of the European Parliament and of the Council on provisional legal aid for suspects or accused persons deprived of liberty and legal aid in European arrest warrant proceedings, COM（2013）824 final, Brussels, 27 November 2013.

〔2〕 ECtHR, Nortier v. the Netherlands, No. 13924/88, 24 August 1993；ECtHR, Adamkiewicz v. Poland, No. 54729/00, 2 March 2010.

〔3〕 Council of Europe, Committee of Ministers（2010），Guidelines on child friendly justice, 17 November 2010.

统在内的司法程序考虑到儿童的具体需要的奠基石。它建立在现有的欧洲人权法院判例法以及其他欧洲和国际法律标准上，如《儿童权利公约》。对于处理儿童问题的专业人员来说，这是一个有用的文件。根据第1.1节，该准则适用于司法（刑事或非刑事）程序或者此类程序的替代程序中的儿童。在刑事诉讼中，特别重要的是向儿童和父母解释有关刑事指控的信息，使他们了解确切的指控（第 IV.A.1.5 节）；仅在律师/父母或信托人在场的情况下才受讯问的权利［第 C（30）节］；迅速进行诉讼的权利［第 D（4）节］和及时与儿童进行会见的权利［第 D（5）节］。

2014年6月，欧洲理事会议会通过了一项关于儿童友好司法的决议，强调有必要保障违反法律儿童的基本权利并给予其特殊对待。[1]欧洲理事会议会呼吁成员国执行关于少年司法的国际人权标准，包括欧洲理事会《儿童友好型司法准则》，并使国家法律和实践符合这些标准。欧洲理事会议会建议仅将剥夺自由作为最后手段和设置尽可能短的期限；规定14岁为最低刑事责任年龄，不允许在严重犯罪案件中有例外；并建立专门的少年司法制度，包括分流机制，非拘禁措施并配备专业人员。

根据国际法，《儿童权利公约》第40条承认，被指控为或认为触犯刑法的每一名儿童均有权得到公平对待，这种待遇应考虑到儿童的年龄。根据《儿童权利公约》第40条，少年司法的主要目标是促进儿童重返社会并在社会中发挥积极作用。《儿童权利公约》第40条第2款承认儿童享有获得公正审判的权利，而且儿童还享有一些特殊权利，包括接受父母协助的权利，上诉的权利及其隐私在诉讼的所有阶段均得到充分尊重的权利。

此外，其他文件还规定了类似《儿童权利公约》关于公正审判的原则和以特定儿童的方式进行处理的权利，其中包括将剥夺自由作为最后手段，仅在最短的适当时期内予以处理（第37条第2款）；还包括了

---

〔1〕 Parliamentary Assembly of the Council of Europe, Resolution 2010（2014），"Child-friendly juvenile justice: from rhetoric to reality".

《联合国少年司法最低限度标准规则》（《北京规则》）[1]《联合国预防少年犯罪准则》（《利雅得准则》）[2] 和《联合国保护被剥夺自由少年规则》（也称为《哈瓦那规则》）[3]。《北京规则》就执行《儿童权利公约》第 40 条的公正审判要求和对儿童的特殊待遇提供了详细指导，包括少年司法、隐私保护、调查和起诉、审前拘留、审判和处置的目的，以及国家机构和非国家机构对儿童的待遇。《哈瓦那规则》涉及对被剥夺自由的青少年的待遇，包括有关剥夺自由的定义、警察拘留和审前拘留、少年教养机构条件、纪律程序、甄别方法和使用武力或限制武力的规则、申诉机制、检查和监测机制以及未成年人的重返社会。最后，《利雅得准则》提供了对预防青少年犯罪政策的详细指导。

联合国《儿童权利公约》就儿童与少年司法问题发表了一份关于儿童与少年司法的一般性意见（第 10 号），[4] 在少年司法方面，就如何解释和执行《儿童权利公约》提供了详细指导。这一意见规定了重要的少年司法原则，包括有效参与权作为公正审判权的一部分（见第11.1.1 节的进一步内容），剥夺自由作为最后手段，并应当确定最短的剥夺期限；利用青少年犯罪的转移和预防，将儿童的最大利益原则和不歧视原则以及年龄限制嵌入少年司法制度。联合国《儿童权利公约》建议将刑事责任的最低年龄定为 12 岁及以上。它还建议给予所有儿童在少年司法制度下得到审理的权利，并禁止在严重犯罪案件中将 16 岁和 17 岁的儿童转移到成年犯罪制度里审理。其他一般性意见，例如听取意见的权利（与有效参与司法程序的权利有关）以及防止一切形式

---

〔1〕 UN, General Assembly（GA）（1985）, UN Standard Minimum Rules for the Administration of Juvenile Justice, UN Doc. GA Res. 40/33, 19 November 1985.

〔2〕 UN, General Assembly（GA）（1990）, UN Guidelines for the Prevention of Juvenile Delinquency, UN Doc. GA Res. 45/112, 14 December 1990.

〔3〕 UN, General Assembly（GA）（1990）, UN Rules for the Protection of Juveniles Deprived of their Liberty, UN Doc. GA Res. 45/113, 14 December 1990.

〔4〕 UN, Committee on the Rights of the Child（2007）, General Comment No. 10 on Children's rights in juvenile justice, CRC/C/GC/07, 25 April 2007.

暴力的权利也与少年司法有关。[1]

11.1.1. 有效参与

根据欧盟法律，欧盟《基本权利宪章》第 47 条规定了与《欧洲人权公约》第 6 条相类似的内容，包括在合理的时间内由独立和公正的法庭进行公正和公开审理的权利，法律代理权和获得有效补救的权利。拟议的关于刑事嫌疑人或被告儿童程序保障的指令规定了有效参与的权利以及获得法律代理人的权利。[2]

根据欧洲理事会法律规定，欧洲人权法院在第 6 条中阐述了确保儿童有效参与刑事审判的具体要求。作为一般规则，诉讼程序应确保考虑到儿童的年龄、成熟程度和情感能力。[3] 有效参与的具体情况包括在听证会期间儿童参与，举行带录像的听证会，有限的公开审理，确保儿童了解案件的利害关系和有限的法庭会议程序。迄今为止，欧洲人权法院并未认为将刑事责任年龄设定太低本身就构成违反《欧洲人权公约》第 6 条的情形。在评估儿童是否能够有效参与国家诉讼时，欧洲人权法院需要根据个案的具体情况决定。

例如：在 T. 诉英国[4]一案中，两名 10 岁儿童谋杀了一名 2 岁儿童。他们在媒体的高度关注下不得不公开审判。虽然法院修改了部分审理程序以保障儿童利益，如在较短的时间内举行庭前会议，并且允许申请人的父母陪伴，而且在休息期间提供游戏区等。然而，申请人和他的同案被告都是在成人法庭受审，并且该刑事审判的大部

---

〔1〕 UN, Committee on the Rights of the Child（CRC）（2009）, General Comment No.12（2009）：The right of the child to be heard, CRC/C/GC/12, 1 July 2009；UN, Committee on the Rights of the Child（2011）, General Comment No.13（2011）-The right of the child to freedom from all forms of violence, CRC/C/GC/13, 18 April 2011.

〔2〕 European Commission（2013）, Proposal for a Directive of the European Parliament and of the Council on procedural safeguards for children suspected or accused in criminal proceedings, COM（2013）822 final, Brussels, 27 November 2013.

〔3〕 ECtHR, T. v. the United Kingdom［GC］, No.24724/94, 16 December 1999, para.61.

〔4〕 ECtHR, T. v. the United Kingdom［GC］, No.24724/94, 16 December 1999.

分内容被严格保存下来。欧洲人权法院认为，由于会议的广泛宣传和媒体的高度关注，以及申请人无法有效和代理律师交流，并提供充分证词，所以申请人未能有效参与这次诉讼。申请人根据《欧洲人权公约》第6条规定享有的权利受到侵犯。

对有效参与权的承认也是欧洲理事会《对儿童友好司法准则》的核心。儿童司法程序（包括少年司法在内的）应该是"可及的、适龄的、迅速的、勤勉的，适应并关注儿童的需求和权利，尊重儿童权利，包括确保程序正当、儿童参与和了解诉讼程序、尊重儿童的私人和家庭生活、坚持廉洁审判和维护儿童尊严等权利"。[1] 准则就如何在少年司法或其他司法程序中对待儿童提供了具体的指导。儿童应有机会诉诸法院和司法程序，并应保障其获得法律顾问和法律代理人的权利以及发表意见和听取其意见的权利；应当避免不必要的拖延，应该以对儿童友好的方式（这会影响到诉讼环境和诉讼使用的语言）进行审理，并应制定特殊的保障措施，来对儿童提供的证据或者陈述进行采纳和回应。[2]

11.1.2. 会见律师

根据欧盟法律，将于2016年11月27日实施的第2013/48/EU号聘请律师指令[3]——在其序言第52和55段，以及第5条第2款至第4款直接提及了儿童。根据序言第55段和该指令第5条第2款的规定，如果儿童被剥夺自由，应通知其父母或监护人并告知相关理由，除非这样做会违背儿童的最大利益。在后一种情况下，还应通知另一名适当的成年人。根据第2条的规定，从犯罪嫌疑人或被告人知道犯有刑事罪行

---

〔1〕 Council of Europe, Committee of Ministers (2010), Guidelines on child friendly justice, 17 November 2010, para. II. C.

〔2〕 Ibid. , Section D.

〔3〕 Directive 2013/48/EU of the European Parliament and of the Council of 22 October 2013 on the right of access to a lawyer in criminal proceedings and in European arrest warrant proceedings, and on the right to have a third party informed upon deprivation of liberty and to communicate with third persons and with consular authorities while deprived of liberty, OJ 2013 L 294/1.

到诉讼程序结束，抑或是有罪或无罪的最终裁定作出为止，这一指令都是适用的。此外，第3条第3款规定，会见法律人员的权利包括嫌疑人/被告人私下会见和与律师沟通的权利，包括在第一次讯问之前，律师的出席和有效的参与以及律师参与多次调查或证据收集。

根据欧洲理事会法律规定，欧洲人权法院认为聘请律师是公正审判权的基本要素之一。[1] 被控犯有刑事罪行的个人有权在警方调查的早期阶段会见和聘请律师。这种权利在特殊情况下可能受到限制，只要这种限制不会不当地损害被告的权利。欧洲人权法院发现，如果根据儿童在没有与律师会见的情况下所作的陈述定罪，就可能损害儿童利益。[2] 在涉及儿童的案件中，欧洲人权法院对申请人是否有效会见律师的审查更为严格。[3]

例如：帕诺维茨诉塞浦路斯[4]一案涉及一名被控谋杀和抢劫罪的17岁男孩。他在父亲的陪同下来到警察局。随后，男孩被抓起来，并在没有父亲或律师陪同的情况下被带到一个单独的房间进行讯问。当该名男孩被审问时，他的父亲被告知男孩有聘请律师的权利。几分钟后，父亲被告知其儿子认罪了。欧洲人权法院发现，鉴于申请人的年龄，在其发表任何声明之前，不能认为申请人已经知道其享有法律代理权。在涉及谋杀的刑事程序中，如果没有律师的协助，他也不可能合理地理解他被讯问的后果。尽管如果申请人提出要求，当局似乎一直都允许其得到律师的协助，但是当局没有让申请人知道在必要时有权要求政府免费派遣律师。没有证据表明申请人或其父亲明确无误地放弃了获得法律援助的权利。因此，欧洲人权法院认定塞浦路斯违反了《欧洲人权公约》第6条第3款第3项和第6条第1款的规定。

---

〔1〕 ECtHR, Salduz v. Turkey〔GC〕, No. 36391/02, 27 November 2008, para. 51.

〔2〕 Ibid., para. 62.

〔3〕 Ibid., para. 60.

〔4〕 ECtHR, Panovits v. Cyprus, No. 4268/04, 11 December 2008.

11.2. 关于拘留中的青少年罪犯的权利

关键点

●剥夺儿童的自由只能作为最后的手段，并应确定最短的剥夺期限。

●如果被拘留，儿童的年龄要合乎规定，并尊重他们的尊严。

●儿童不应该与成年人一起被拘留。

每个人都有自由权。因此，剥夺自由属于例外情况，其中包括根据司法或行政机构的决定，把儿童安置在不允许随意离开的机构中。[1]为了更好地维护儿童权利，以及考虑到遵守儿童最大利益的重要性，应当从儿童的特定角度考虑剥夺儿童自由的例外情况。

虽然在许多情况下都可能被拘留，但本节重点介绍刑事司法系统下对儿童的拘留。

国际文件普遍规定拘留必须是最后手段。这意味当国家当局面临拘留儿童的事项时，首先应充分考虑替代方案，以保护儿童的最大利益，并促使儿童重新融入社会（《儿童权利公约》第 40 条第 1 款）。替代方案可以包括以下内容，例如"照管、指导和监督令；辅导；察看；寄养；教育和职业培训方案"（《儿童权利公约》第 40 条第 3 款第 2 项）。只有在替代方案不可行的情况下，才应考虑拘留。此外，只有在最短的时间内和提供适当的实质性和程序性的保证下，才能进行拘留。同时考虑到其年龄和脆弱性，儿童在被拘留时应受到特殊的保障。

11.2.1. 拘留形式（实质和程序性保障）

根据欧盟法律，目前刑事司法程序法律框架并没有关于拘留儿童的有法律约束力的文件。

根据欧洲理事会，《欧洲人权公约》第 5 条规定人人享有自由权。拘留是国家法律应该规定的例外，不应该是任意的。此外，拘留必须根

---

〔1〕 Rule 21.5 of Council of Europe, Committee of Ministers（2008）, Recommendation CM/Rec（2008）11 on the European Rules for juvenile offenders subject to sanctions or measures, 5 November 2008.

据第 5 条第 1 款第 1 至 6 项所列举的 6 种详尽情况之一提出理由。在下列情况下，拘留刑事司法程序中的儿童是合法的：根据第 1 项，由具有管辖权的法院定罪后对某个人的合法拘留；根据第 3 项，采取审前拘留措施；或根据第 4 项，为教育性监督目的而拘留。后两者应加以具体分析，因为会产生政府的具体职责。

审前羁押

"审前羁押"是指因个人因涉嫌犯罪被警方羁押或者还押候审的情形。以被拘留为开始时间，以一审法院对案件的案情判决为结束时间。[1] 虽然儿童享有与成年人相同的保障，但欧洲人权法院还制定了若干额外原则，以加强儿童在国内刑事诉讼中的地位。

欧洲人权法院一般将《欧洲人权公约》第 5 条第 1 款第 3 项和第 5 条第 3 款解释为，只有在合理怀疑他/她有犯罪行为的情况下，才能对其采取审前羁押措施。此外，审前羁押不应超过合理的时间且应进行合理的审查。拘留时间越长，要求当局提出的拘留理由应当越有力。根据欧洲人权法院的判例法，被控犯罪的人必须在审判前获释，除非国家有足够的理由证明继续拘留是合理的。[2]

欧洲人权法院制定了四个基本可以接受的，在审前羁押的情况下拒绝对被拘留者保释的合理性理由，即：潜逃、妨碍司法公正、可能再次犯罪、保释会造成公共秩序混乱。此外，继续审前羁押的理由是绝对必要的，国家必须审查所有支持或反对存在真正公共利益的情况，以证明继续剥夺自由是正当的。[3]

在涉及儿童的案件中，欧洲人权法院要求国家当局在平衡针对审前羁押的有关论点时应特别注意儿童的年龄；它应该作为最后的手段，且

---

〔1〕 ECtHR, Idalov v. Russia, No. 5826/03, 22 May 2012, para. 112.

〔2〕 ECtHR, Smirnova v. Russia, No. 46133/99 and 48183/99, 24 July 2003, para. 58.

〔3〕 Ibid., paras. 58 ~ 59；ECtHR, Ladent v. Poland, No. 11036/03, 18 March 2008, para. 55.

应在尽可能短的时间内实施结束。[1] 这意味着当局应该考虑替代审前羁押的措施。[2] 此外，国家当局应当努力在合理的时间内让儿童接受审理。[3]

例如：在纳特诉土耳其[4]一案中，17岁的申请人因涉嫌抢劫杂货店而被捕。他在审判前48天被关押在一个成人监狱。特别需要注意的是申请人是一名未成年人。对此，欧洲人权法院指出，"对未成年人的审前羁押只能作为最后措施；拘留时间应尽可能短，在确实需要拘留的情况下，应将未成年人与成年人分开拘留"。[5] 在这个案件中，当局试图以"证据状况"为依据为审前拘留进行辩解。但是，欧洲人权法院认为，仅仅这个理由不足以证明申请人拘留时间过长的合理性。因此，欧洲人权法院认定土耳其违反了《欧洲人权公约》第5条第3款的规定。

以教育监督为目的的拘留

这种形式的拘留是在有性格问题和暴力行为的儿童特别需要教育监督的情况下采取的。《欧洲人权公约》第5条第1款第4项主要针对少年司法制度范围以外的拘留形式。

---

〔1〕 ECtHR, Korneykova v. Ukraine, No. 39884/05, 19 January 2012, paras. 43~44. See also ECtHR, Selçuk v. Turkey, No. 21768/02, 10 January 2006, paras. 35~36; ECtHR, J. M. v. Denmark, No. 34421/09, 13 November 2012, para. 63.

〔2〕 ECtHR, Dinç and Çakır v. Turkey, No. 66066/09, 9 July 2013, para. 63 (available in French); ECtHR, Güveç v. Turkey, No. 70337/01, 20 January 2009, para. 108.

〔3〕 ECtHR, Kuptsov and Kuptsova v. Russia, No. 6110/03, 3 March 2011, para. 91.

〔4〕 ECtHR, Nart v. Turkey, No. 20817/04, 6 May 2008.

〔5〕 Ibid., para. 31.

例如：布马尔诉比利时[1]的案件涉及一名被关进看守所9次的儿童，关押持续时间约15天。申请人是一名有性格问题和暴力行为的青少年。比利时政府表示，申请人被安置在看守所是为了进行教育监督。欧洲人权法院指出，在看守所临时安置本身并不违反《欧洲人权公约》第5条第1款第4项，只要当局的目的是将这名少年置于教育监督之下。然而欧洲人权法院在申请人的案件中发现，当局未能表明他们有意或可能将他安置在一个机构中，使他能够从教育监督中受益。因此，欧洲人权法院认定比利时违反了《欧洲人权公约》第5条第1款第4项的规定。

例如：D.G.诉爱尔兰[2]案件涉及将一名有暴力倾向的小孩安置在看守所。欧洲人权法院认为，"教育监督"的概念不应该严格等同于课堂教学。教育监督还包括地方当局从有关人员的利益和保护的角度想，而行使父母权利的许多方面。欧洲人权法院认为，国内当局可以将青少年临时安置在拘留设施中，直到找到合适的住所为止，只要这种情况持续较短。而在申请人的案件中，尽可能快速释放的要求没有得到满足，因为他在被释放6个多月后才被安置在合适的住处。因此，欧洲人权法院认定违反了《欧洲人权公约》第5条第1款第4项的规定。

在拘留时要求迅速审查和会见律师

欧洲人权法院要求国家当局在涉及被拘留儿童的案件中应特别谨慎。除上述保证外，国家当局还必须确保儿童有权在合理的时间内对拘留的合法性提出质疑，并在诉讼程序中确定拘留的合法性。此外，这些都需要国内法院迅速作出决定。欧洲人权法院从《欧洲人权公约》第5条第4款规定中确立了这些程序性保障。

---

〔1〕 ECtHR, Bouamar v. Belgium, No. 9106/80, 29 February 1988.
〔2〕 ECtHR, D. G. v. Ireland, No. 39474/98, 16 May 2002.

例如：在布马尔诉比利时[1]一案中，欧洲人权法院发现违反了《欧洲人权公约》第5条第4款，因为确定申请人拘留的听证会是在没有律师的情况下进行的；他们没有迅速决定；由于国内法院认为申请人的上诉缺乏目的性，因此没有对"拘留是否合法"作出实质性的决定。

11.2.2. 拘留条件

根据欧盟法律，欧盟《基本权利宪章》第4条规定禁止酷刑和不人道或有辱人格的待遇。然而，由于《基本权利宪章》只适用于欧盟法律范围内，因此第4条必须与另一个涉及拘留的欧盟法律文件一同适用，以便更好在这方面约束成员国行为。迄今为止，欧盟法院没有处理过任何有关《基本权利宪章》第4条的案件。

根据欧洲理事会法律，欧洲人权法院认定，将儿童与成年人拘留在一起可能导致违反《欧洲人权公约》第3条[2]或第5条。[3] 此外，拘留期间缺乏适当的医疗护理也可能引起第3条规定的问题。[4] 第3条可能引起问题的其他方面包括可用的牢房、照明和娱乐活动。[5] 在评估拘留条件与《欧洲人权公约》第3条标准是否相符时，欧洲人权法院经常依赖于欧洲防止酷刑和不人道或有辱人格待遇或处罚委员会制定的一套标准，依照《欧洲防止酷刑和不人道或有辱人格的待遇或处罚公约》的规定，通过对欧洲理事会成员国进行实地访问，监测监狱条件。[6]

---

[1] ECtHR, Bouamar v. Belgium, No. 9106/80, 29 February 1988.

[2] ECtHR, Güveç v. Turkey, No. 70337/01, 20 January 2009.

[3] ECtHR, Nart v. Turkey, No. 20817/04, 6 May 2008.

[4] ECtHR, Güveç v. Turkey, No. 70337/01, 20 January 2009；ECtHR, Blokhin v. Russia, No. 47152/06, 14 November 2013 (referred to the GC on 24 March 2014).

[5] ECtHR, Kuptsov and Kuptsova v. Russia, No. 6110/03, 3 March 2011, para. 70.

[6] See, for example, ECtHR, Güveç v. Turkey, No. 70337/01, 20 January 2009.

> 例如：在古维萨诉土耳其[1]一案中，一名 15 岁的男孩因涉嫌参加库尔德工人党（PKK）而被捕。他被国家安全法院拘留在成年人监狱长达 5 年。欧洲人权法院认为，对这名儿童的拘留违反了土耳其的法律和土耳其根据国际条约承担的义务，例如《儿童权利公约》第 37 条第 3 款，其中要求将儿童与成年人分开关押。欧洲人权法院还指出，申请人在监狱中开始出现心理问题，这使得他一再试图自杀。此外，土耳其当局未能向申请人提供适当的医疗照顾。因此，考虑到申请人的年龄，与成年人一起被关押在监狱里的时间，以及土耳其当局没有为他的心理问题提供适当的医疗护理，也没有采取措施阻止他一再试图自杀。欧洲人权法院毫无疑问地认定，申请人遭受了不人道和有辱人格的待遇。因此土耳其违反了《欧洲人权公约》第 3 条的规定。

欧洲社会权利委员会对《欧洲社会宪章》第 17 条的一贯解释是，如果儿童被拘留或监禁，他们应该与成年人分开关押。

《欧洲理事会关于受制裁或惩治措施的欧洲少年犯规定》对拘留条件提供了详细的指导。他们还规定，青少年不应该关押在成年人监狱中，而应关押在专门为他们设置的监狱中。[2]

根据国际法，《儿童权利公约》载有剥夺儿童自由的单独条款。其中规定儿童必须与成年人分开关押，除非这样做不符合他们的最大利益（《儿童权利公约》第 37 条第 3 款）。该条还规定儿童原则上有通过信件或探访与家人保持联系的权利。

11.2.3. 禁止虐待和不人道待遇

根据欧洲理事会法律规定，欧洲人权法院一再认定，国内当局有责任保护个人不受由其他在押人员或当局造成的死亡、侮辱或虐待。国家

---

〔1〕 Ibid.

〔2〕 Council of Europe, Committee of Ministers (2008), CM/Rec (2008) 11 on the European Rules for juvenile offenders subject to sanctions or measures, 5 November 2008, Rule 59. 1.

在这方面的义务特别重要，因为被拘留者是受国家权力控制的。[1] 除了采取合理措施保护囚犯之外，国家当局还必须对有争议的虐待或死亡指控进行有效调查。

例如：科西拉夫诉土耳其的案件涉及一名曾经多次企图自杀但未成功的青少年在狱中自杀[2]。在知道其自杀企图之后，当局把他从少年看守所转移到成人拘留所。法院首先确定，当局知道或应该知道对申请人儿子的生命存在真实和直接的风险，然后指出，当局未能采取合理措施来防止自杀风险。欧洲人权法院高度重视死者的年龄以及他与成年人一起被拘留的事实。因此，欧洲人权法院认定土耳其违反了《欧洲人权公约》第 2 条的实质性内容。另外，由于当局没有对申请人的儿子死亡进行有效的调查，法院认定这违反了第 2 条的程序规定。支持这些调查结果的原因包括：当局未及时通知申请人他们的儿子死亡的消息；控方未能检查被指控的无效的防止自杀措施；以及随后的行政程序拖延。

11.3. 保护儿童受害者和证人

关键点

●受害的儿童和儿童证人有权免受进一步的伤害，恢复和重返社会以及切实参与刑事和其他替代性诉讼。

根据欧盟和欧洲理事会的法律，儿童被害人和儿童证人的地位得到了承认。

---

[1] ECtHR, Anguelova v. Bulgaria, No. 38361/97, 13 June 2002；ECtHR, H. Y. and Hü. Y. v. Turkey, No. 40262/98, 6 October 2005.

[2] ECtHR, Çoşelav v. Turkey, No. 1413/07, 9 October 2012.

根据欧盟法律,《受害者指令》(第 2012/29 号欧盟条例)[1] 明确承认儿童受害者的立场。它规定,当受害者是小孩时,他或她的最大利益是首要考虑因素,必须在个人基础上进行评估。此外,必须采取对儿童谨慎的做法,这意味着必须考虑到儿童的年龄、成熟度、意见、需求和关切。此外,指令旨在确保儿童和父母责任持有人(或其他法定代理人)被告知专门针对儿童的任何措施或权利(第 1 条第 2 款)。儿童受害者也有权在刑事诉讼期间发表意见,成员国还必须确保儿童也能作证,而且必须适当考虑到儿童的年龄和成熟程度(第 10 条第 1 款)。此外,该指令的目的是在刑事诉讼期间保护儿童受害者的隐私和身份,防止二次伤害等(第 21 条第 1 款,另见第 26 条)。此外,该指令还规定了关于在刑事诉讼期间保护儿童受害者的权利的特别条款(第 24 条),其中涉及对儿童被害人访谈的录音录像及其在刑事诉讼中作为证据的用途,任命儿童的特别代表,以及如果儿童受害者与父母责任持有人之间存在利益冲突,则以儿童自己的名义委托法律代理人的权利。此外,该指令还包含有关保护受害者的一般规定,例如获得受害者支持服务的条款。而对于儿童或其他弱势群体,还应提供专家支持服务(序言第 38 段)[2]。

在被第 2001/220/JHA 号《受害者指令框架决定》替代之前,刑事诉讼中受害人的权利包括受害人参与诉讼的权利和获得公平待遇。它承认弱势受害者的特殊地位,尽管它没有明确提到儿童。根据这一框架决定,欧盟法院裁定,考虑到儿童的年龄和作为受害者的地位,儿童具有被视为弱势群体的资格。因此,儿童有权受到特别措施的保护,例如在庭外和庭审前听取儿童的意见。[3] 欧盟法院还裁定,为保护受害人所设计的一切措施必须使被告人得到公正的审判。换句话说,保护被害人

---

[1] Directive 2012/29/EU of the European Parliament and of the Council of 25 October 2012 establishing minimum standards on the rights, support and protection of victims of crime, OJ 2012 L 315/55.

[2] See FRA (2014b), p. 36.

[3] CJEU, C-105/03, Criminal proceedings against Maria Pupino [GC], 16 June 2005, para. 53.

和证人的措施不得损害被告人得到公正审判的权利（另见欧洲人权法院判例法）[1]。

> 例如：在普皮诺[2]一案中，一名意大利教师因虐待学生而被起诉。根据《意大利刑事诉讼法》，一般情况下证人在审判期间必须在法庭上作证。但是，在特殊情况下，证人证据可以通过特殊程序在审判前提交给法官。在该案件审理时，检察官要求国内法院允许他事先提供幼童的证词作为证据，但是被国内法院拒绝。欧盟法院第一次对刑事诉讼中作为被害人和证人的儿童地位问题的一些条款进行解释。它强调第 2001/220/JHA 号框架决定要求成员国确保对弱势受害者的特殊保护，这意味着各国法院必须授权弱势受害者以保护其不受伤害的方式作证，例如在审判前以及在庭外提交证据。欧盟法院表示"不管作为少数者的受害人能否被归类为第 2001/220/JHA 号框架决定所认定的弱势受害者，都不能否认在这个案件中儿童声称受到教师的侮辱和虐待。这些受害儿童特别符合这种分类，特别是考虑到他们的年龄以及作为受害者所受到的罪行的性质和后果"[3]。此外，欧盟法院裁定，所有有关保护和防止二次受害的措施都必须以被告仍然得到公正审判的方式来设计。[4]

　　根据欧洲理事会法律，欧洲人权法院裁定国家有义务保护受害者的利益。参加刑事诉讼的证人的情况也是如此。《欧洲人权公约》条款（如第 2 条和第 8 条）中控方的利益必须与辩护方的利益相平衡。[5] 欧洲人权法院曾有一些关于性犯罪的裁决，在审理中儿童对被指控的加害

---

〔1〕　CJEU, C-105/03, Criminal proceedings against Maria Pupino〔GC〕, 16 June 2005. See also CJEU, C-507/10, Criminal proceedings against X, 21 December 2011.

〔2〕　CJEU, C-105/03, Criminal proceedings against Maria Pupino〔GC〕, 16 June 2005.

〔3〕　Ibid., para. 53.

〔4〕　Ibid., para. 59.

〔5〕　ECtHR, Doorson v. the Netherlands, No. 20524/92, 26 March 1996.

者进行作证。这些判例法表明，欧洲人权法院认识到，有关性犯罪的刑事诉讼"通常被认为是对受害人的折磨，特别是当后者不情愿面对被告时"，而这一点在儿童方面更为突出。[1] 因此，欧洲人权法院认为，在这种情况下可以采取某些特殊措施来保护儿童受害者。但是，它也指出，这些措施不能妨碍充分和有效地行使辩护权，因此可能需要司法当局采取措施来平衡控辩两方的利益。[2]

例如：在科瓦奇诉克罗地亚[3]一案中，一名12岁的女孩在一名调查法官面前作证说，申请人对她实施了不雅行为。申请人在上述证词中没有出庭作证或任命代理人出庭，也没有机会质疑受害人的陈述。欧洲人权法院重申，作为一项规则，所有证据必须在被告人在场的情况下与公开庭审中提供，以便进行质证。如果只以警方调查或司法调查阶段的陈述为证据，这本身并不符合《欧洲人权公约》第6条的规定，被告应当有充分和适当的机会质问证人，无论是在发表声明时还是在诉讼的后期阶段。在该申请人的案件中，受害人陈述是针对申请人案件事实的唯一直接证据，而且这一证据在法院作出有罪判决时是决定性的。但是，申请人未能就其在这方面的申请提出异议或从国内法院获得答复。更重要的是，受害人的实际陈述从未在审判法庭宣读过。相反，法官只是指出，受害人坚持她在调查法官面前的陈述。因此，欧洲人权法院裁定，申请人没有得到公正的审判，违反了《欧洲人权公约》第6条第3款第4项和第6条第1款的规定。

---

〔1〕 ECtHR, S. N. v. Sweden, No. 34209/96, 2 July 2002, para. 47.

〔2〕 ECtHR, Bocos-Cuesta v. the Netherlands, No. 54789/00, 10 November 2005; ECtHR, A. L. v. Finland, No. 23220/04, 27 January 2009; ECtHR, W. v. Finland, No. 14151/02, 24 April 2007; ECtHR, Kovač v. Croatia, No. 503/05, 12 July 2007.

〔3〕 ECtHR, Kovač v. Croatia, No. 503/05, 12 July 2007.

例如：在 S. N. 诉瑞典[1]案件中一名 10 岁男孩向警方作证，说他被申请人性虐待。这名男童曾接受过两次在儿童虐待案件方面经验丰富的警务督察的审问。第一次进行了采访录像，第二次进行了录音。申请人的律师没有参加第二次面谈，而是与警方督察就需要讨论的问题达成了一致意见。审判期间，地方法院法官播放了与儿童面谈的录音，但没有亲自和儿童会面。瑞典法院最终几乎完全依靠儿童的证词将申请人定罪。上诉法院维持了判决。调查发现，警方的采访为申请人的罪行提供了充分的证据，尽管它承认没有技术证据支持儿童的指控，这种指控有时并不准确。欧洲人权法院认为，在性犯罪案件中，对证人的盘问并不总是可靠的，在这种情况下，应该极其谨慎地对待证人证词。尽管儿童的言论实际上是对被告定罪的唯一证据，但整个诉讼程序是公平的：在审讯和上诉听证期间播放了录像带，并在地区法院宣读了第二次面谈的记录；录音带也在上诉法庭上播放。这使申请人有足够的机会在刑事诉讼过程中质疑儿童的证词。因此，这没有违反《欧洲人权公约》第 6 条第 3 款第 4 项的规定。

欧洲人权法院的判例法不仅要平衡保护受害儿童和被告得到公正审判的权利，还要保护证人及其家属，包括儿童的生命权（根据《欧洲人权公约》第 2 条），如下面提及的案件所示。

例如：R. R. 等人诉匈牙利[2]一案涉及一名在法庭上公开作证的贩卖毒品的囚犯，这名囚犯与妻子以及两名子女一起进入官方证人保护项目，因为他们面临受到报复的危险。匈牙利当局意识到这名

---

〔1〕 ECtHR, S. N. v. Sweden, No. 34209/96, 2 July 2002.

〔2〕 ECtHR, R. R. and Others v. Hungary, No. 19400/11, 4 December 2012.

囚犯仍然与其他犯罪分子有联系的时候，就以违反保护条款为由把他及其家人从证人保护项目中排除出去。根据《欧洲人权公约》第2条，这个家庭声称将他们排除在证人保护项目之外，已经使他们的生命面临黑社会报复的危险。欧洲人权法院认为，申请人被纳入证人保护项目以及其父亲与当局的合作意味着，在最初采取措施时申请人的生命就处于危险之中。由于保护计划的取消不是因为风险降低，而是因为申请人违反了保护条款，所以欧洲人权法院不认可当局对受报复的风险已经不复存在的证明。此外，可以合理假设如果这个家庭的隐藏身份被揭开之后，他们的身份和下落可以被任何想要伤害他们的人得知。通过这种方式，匈牙利当局可能使该家庭面临危及生命的危险，这违反了《欧洲人权公约》第2条的规定。

《兰萨罗特公约》第31条指出，在调查和刑事诉讼的各个阶段，成员国应采取一般性保护措施来保护受害者的权利和利益，包括满足证人的特殊需要（第31条第1款）。这些措施具体包括告知下列信息，作为受害者享有的权利，可获得的服务，调查或诉讼的总体进展，保护其隐私和安全（包括有关释放被起诉人或定罪的人的信息），还包括采取措施避免受害者和肇事者在法庭和执法机构的场所碰面。此外，第31条规定，受害人必须能够得到法律援助（第31条第3款）。法院所提供的信息必须考虑到儿童的年龄和成熟程度，并使用儿童所能理解的语言（第31条第6款）。

欧洲理事会《儿童友好型司法准则》[1] 也关注儿童受害者和儿童证人的情况，特别是当他或她在司法程序中提供证据时。这些指导方针呼吁成员国"为儿童在最有利的环境和最合适的条件下，考虑到他们的

---

[1] Council of Europe, Committee of Ministers (2010), Guidelines on child friendly justice, 17 November 2010. See also FRA (2015b).

年龄、成熟程度、理解程度和交流困难而采取措施"。[1] 为此目的，应该提供受过培训的专业人员，还应该采取例如鼓励视听证据等措施。儿童还应该有机会在没有被指控的犯罪嫌疑人在场的情况下提供刑事案件的证据。该准则还承认，这种对儿童友善的做法应该尊重被告对儿童陈述内容提出质疑的权利。此外，该准则规定应保护儿童证人的隐私和家庭生活（《欧洲理事会关于儿童友好司法的指导准则》第 4 节第 1 款第 9 项），这些程序最好以录像形式进行。

根据国际法，《儿童权利公约》第 39 条明确承认儿童受害者的地位。该条规定，缔约国必须采取一切适当措施，促进儿童受害者的身心康复和重返社会。这种康复和重返社会必须在促进儿童健康、自尊和尊严的环境中进行。

同样重要的是，联合国已通过《关于儿童被害人和证人的司法准则》。[2]该准则要求对儿童受害者和证人采取"对儿童友好的方式"，它"是一种保障儿童权利并考虑到儿童个人需要和观点的方法"。[3]该准则就如何实施这些方面提供了非常详细的指导。联合国儿童权利委员会还在一般性意见中强调了《儿童权利公约》第 12 条（听取儿童意见权）与该联合国准则的关联性。[4] 根据该委员会的规定，必须让儿童受害者和儿童证人有机会充分行使自由表达意见的权利，特别是"意味着必须尽一切努力确保就涉及受审查案件的相关事项咨询儿童被害人和/或证人，并使他们能够以自己的方式自由表达其参与司法程序的意见和关切"。[5] 委员会还称，"儿童受害者和证人的权利与下列事项有关：保健、心理和社会服务的可获得性，受害儿童和/或证人的作用等

---

〔1〕 Council of Europe, Committee of Ministers (2010), Guidelines on child friendly justice, 17 November 2010, para. 64.

〔2〕 UN Economic and Social Council (ECOSOC), Resolution 2005/20, Guidelines on Justice in Matters involving Child Victims and Witnesses of Crime, 22 July 2005.

〔3〕 Ibid., para. 9 (d).

〔4〕 UN, Committee on the Rights of the Child (2009), General Comment (2009): The right of the child to be heard, CRC/C/GC/12, 1 July 2009, paras. 62~64.

〔5〕 Ibid., para. 63.

问题,'提问'的方式,儿童提交投诉、参与调查和法庭程序的现有支持机制,听证的具体地点和时间,保护措施的可用性,获得赔偿的可能性和上诉条件。"[1]

---

[1] Ibid. , para. 64.

拓展阅读

1. 欧洲儿童权利法导论：背景和主要原则

Breen, C. (2002), "The emerging tradition of the best interests of the child in the European Convention on Human Rights", in: Breen, C., *The standard of the best interest of the child*, Dordrecht, Martinus Nijhoff.

Cullen, H. (2004), "Children's rights", in: Peers, S. and Ward, A. (eds.), *The EU Charter of Fundamental Rights: Politics, law and policy*, Oxford, Hart Publishing, pp. 323~348.

González Bou, E., González Viada, N., Aldecoa Luzárraga, F. and Forner Delaygua, J. (2010), La protección de los niños en el derecho internacional y en las relaciones internacionales: Jornadas en conmemoración del 50 aniversario de la Declaración Universal de los Derechos del Niño y del 20 aniversario del Convenio de Nueva York sobre los Derechos del Niño, Marcial Pons.

Kilkelly, U. (1999), *The child and the ECHR*, Aldershot, Ashgate.

Kilkelly, U. (2014), "The CRC and the ECHR: The contribution of the European Court of Human Rights to the implementation of Article 12 of the CRC", in: Liefaard, T. and Doek, J. (eds.), *Litigating the Rights of the Child*, London, Springer, pp. 193~209.

Lamont, R. (2014), "Article 24", in: Peers, S., Hervey, T., Kenner, J. and Ward, A. (eds.), *The EU Charter of Fundamental Rights: A commentary*, Oxford, Hart Publishing, pp. 209~215.

Liefaard, T. and Doek, J. (2015), "Kinderrechten in de rechtspraak: Een internationaal perspectief", *Tijdschrift voor Familieen Jeugdrecht*, 2015/12 (4), pp. 82~87.

McGlynn, C. (2002), "Rights for children? The potential impact of the European Union Charter of Fundamental Rights", *European Public Law*, Vol. 8, No. 3, pp. 387~400.

Pulles, G. (2013), "Het Europese Hof voor de Rechten van de Mens en het IVRK: receptie in het belang van het kind", in: Graaf, J. H. de, Mak, C., Montanus, P. J. and Wijk, F. K. van (eds.), *Rechten van het kind en waardigheid*, *Nijmegen*, Ars Aequi Libri, pp. 109~138.

Stalford, H. (2012), *Children and the European Union: Rights, welfare and accountability*, Oxford, Hart Publishing.

Stalford, H. (2014), "Using the Convention on the Rights of the Child in litigation under EU law", in: Liefaard, T. and Doek, J. (eds.), *Litigating the Rights of the Child*, London, Springer, pp. 1~11.

Stalford, H. and Schuurman, M. (2011), "Are we there yet? The impact of the Lisbon Treaty on the EU Children's Rights Agenda", *International Journal of Children's Rights*, Vol. 19, No. 3, pp. 381~403.

Trinidad Núñez, P. (2003), "¿Qué es un niño? Una visión desde el Derecho Internacional Público", *Revista española de educación comparada* (Ejemplar dedicado a: La infancia y sus derechos), No. 9, pp. 13~48.

Trinidad Núñez, P. (2002), *El niño en el derecho internacional de los derechos humanos*, Universidad de Extremadura Servicio de Publicaciones.

UNICEF, Innocenti Research Centre (2009), *Reformas Legislativas e a Implementação sobre os Direitos da Criança*, UNICEF.

UNICEF, Innocenti Research Centre (2013), *In difesa dei diritti dell' infanzia: Uno studio globale sulle istituzioni indipendenti dei diritti umani per l'infanzia-Relacione di sintesi*, UNICEF.

Verheyde, M. (2004), "Kinderen en het Europese Verdrag voor de

Rechten van de Mens", in: Verhellen, E. , Cappelaere, G. and Decock, G. (eds.), *Kinderrechtengids*: *Commentaren*, *regelgeving*, *rechtspraak en nuttige informatie over de maatschappelijke en juridische positie van het kind*, Gent, Mys en Breesch, pp. 1~76.

Villagrasa Alcaide, C. and Ravetllat Ballesté, I. (2009), *Por los derechos de la infancia y de la adolescencia*: *un compromiso mundial desde el derecho departicipación en el XX aniversario de la Convención sobre los Derechos del Niño*, Editorial Bosch, S. A. , pp. 55~80.

2. 基本公民权利和自由

Brems, E. (2006), "Article 14: The right to freedom of thought, conscience and religion", in: Alen, A. , Vande Lanotte, J. , Verhellen, E. , Ang, F. , Berghmans, E. and Verheyde, M. (eds.), *A commentary on the United Nations Convention on the Rights of the Child*, Leiden, Martinus Nijhoff Publishers, pp. 7~40.

Daly, A. , Eurobarometer (2011), "The right of children to be heard in civil proceedings and the emerging law of the European Court of Human Rights", *The International Journal of Human Rights*, Vol. 15, No. 3, http://ec. europa. eu/public_opinion/archives/quali/ql_right_child_sum_en. pdf.

Enkelaar, A. and Zutpen, M. (2010) "De autonomie van het kind in de rechtszaal", in: Graaf, J. H. de, Mak, C. , Wijk, F. K. van and Mulders, L. A. (eds.), *Rechten van het kind en autonomie*, Nijmegen.

European Commission (2014), *Summary of contextual overviews on children's involvement in criminal judicial proceedings in the 28 Member States of the European Union*, Luxembourg, Publications Office of the European Union (Publications Office).

FRA (2010a), *Developing indicators for the protection, respect and promotion of the rights of the child in the European Union*, Luxembourg, Publications Office.

FRA and ECtHR (2011), *Handbook on European non-discrimination law*, Luxembourg, Publications Office.

Koeren, M. (2013), "Recht op informatie?", in: Graaf, J. H. de, Mak, C., Montanus, P. J. and Wijk, F. K. van, *Rechten van het kind en waardigheid*, Nijmegen.

Lundy, L. (2007), " 'Voice' is not enough: Conceptualising Article 12 of the United Nations Convention on the Rights of the Child", *British Educational Research Journal*, Vol. 33, No. 6, pp. 927~942.

Mazey, S. (2002), "Gender mainstreaming strategies in the EU: Delivering on an agenda", *Feminist Legal Studies*, Vol. 10, No. 3~4, pp. 227~240.

Nowak, M. (2005), *U. N. Covenanton Civil and Political Rights*, *CCPR commentary*, 2nd revised edition, Kehl, Strasbourg and Arlington: N. P. Engel Publisher.

Partsch, K. J. (1981), "Freedom of conscience and expression, and political freedoms", in: Henkin, L. (ed.), *The International Bill of Rights: The Covenant on Civil and Political Rights*, New York, Columbia University Press.

Schutter, O. de, European Network of Legal Experts in the non-discrimination field (2011), *The prohibition of discrimination under European Human Rights Law: Relevance for the EU non-discrimination directives——an update*, European Commission Directorate-Genreal for Justice, Luxembourg, Publications Office.

Tomuschat, C. (1993), "Freedom of association", in: Macdonald, R. St. J., Matscher, F. and Petzold, H., *The European system for the protection of human rights*, Dordrecht, Martinus Nijhoff Publishers.

Wheatley Sacino, S. (2011), "Article 17: Access to a diversity of mass media sources", in: Alen, A., Vande Lanotte, J., Verhellen, E.,

Ang, F. , Berghmans, E. and Verheyde, M. (eds.), *A commentary on the United Nations Convention on the Rights of the Child*, Leiden, Martinus Nijhoff Publishers.

Woodward, A. E. (2008), "Too late for gender mainstreaming? Taking stock in Brussels", *Journal of European Social Policy*, Vol. 18, pp. 289~302.

3. 平等和不歧视

Breen, C. (2006), *Age discrimination and children's rights: Ensuring equality and acknowledging difference*, Leiden, Martinus Nijhoff.

Carmona Luque, M. (2003), "La no discriminación como principio rector de la Convención sobre los Derechos del Niño", *Cursos de derechos humanos de Donosti-San Sebastián*, Vol. 4, pp. 173~188.

FRA (2010b) *Separated, Asylum-seeking children in European Union Member States*, Comparative Report, Luxembourg, Publications Office.

FRA (2011a), *Fundamental rights of migrants in an irregular situation in the European Union*, Luxembourg, Publications Office.

FRA (2011b), *Migrants in an irregular situation: access to health care in 10 European Union Member States*, Luxembourg, Publications Office.

FRA and ECtHR (2011c), *Handbook on European non-discrimination law*, Luxembourg, Publications Office.

FRA (2014a), *Guardianship for children deprived of parental care: A handbook to reinforce guardianship systems to cater for the specific needs of child victims of trafficking*, Luxembourg, Publications Office.

Karagiorgi, C. (2014), "The concept of discrimination by association and its application in the EU Member States", *European Anti-Discrimination Law Review*, Vol. 18, pp. 25~36.

Toggenburg, G. (2008), "Discrimination by association: a notion covered by EU equality law?", *European Law Reporter*, Vol. 3, pp. 82~87.

4. 个人身份问题

Doek, J. (2006a), "The CRC and the Right to Acquire and to Pre-serve a Nationality", *Refugee Survey Quarterly*, Vol. 25, No. 3, pp. 26~32.

Doek, J. (2006b), "Article 8-The Right to Preservation of Identity; Article 9-The Right Not to be Separated from His or Her Parents", in: Alen, A., Vande Lanotte, J., Verhellen, E., Ang, F., Berghmans, E. and Verheyde, M. (eds.), *A Commentary on the United Nations Convention on the Rights of the Child*, Leiden, Martinus Nijhoff.

FRA (2015a), *The fundamental rights situation of intersex people*, FRA Focus, Vienna, 2015.

Mak, C. (2008), "Baas in eigen buik? De rechtsgeldigheid in nakom-ing van draagmoederschapsovereenkomsten in het licht van grondrechten", in: Graaf, J. H. de, Mak, C. and Wijk, F. K. van (eds.), *Rechten van het kind en ouderlijke verantwoordelijkheid*, Nijmegen.

Vonk, M. (2010), "De autonomie van het kind in het afstamming-srecht", in: Graaf, J. H. de, Mak, C., Wijk, F. K. van and Mulders, L. A. (eds.), *Rechten van het kind en autonomie*, Nijmegen.

Waas, L. E. van (2008), *Nationality matters. Statelessness under inter-national law*, Antwerp, Intersentia.

Ziemele, I. (2007), "Article 7-The Right to Birth Registration, Name and Nationality, and the Right to Know and Be Cared for by Parents", in: Alen, A., Vande Lanotte, J., Verhellen, E., Ang, F., Berghmans, E. and Verheyde, M. (eds.), *A commentary on the United Nations Conven-tion on the Rights of the Child*, Leiden, Martinus Nijhoff.

5. 家庭生活

Bueren, G. van (2007), *Child rights in Europe, convergence and diver-gence in judicial protection*, Strasbourg, Council of Europe Publishing.

Kilkelly, U. (2010a), "Protecting children's rights under the ECHR:

The role of positive obligations", *NILQ*, Vol. 61, No. 3, pp. 245~261.

Kilkelly, U. (2010b), "Relocation: A children's rights perspective", *Journal of Family Law and Practice*, Vol. 1, No. 1, pp. 23~35.

Lázaro González, I. (2011), "Intervención pública en la protección de los menores y respecto a la vida en familia: aportaciones del Tribunal de Estrasburgo", *Icade: Revista de las Facultades de Derecho y Ciencias Económicas y Empresariales*, No. 83~84, pp. 255~290.

6. 选择家庭照顾或收养

FRA (2014a), *Guardianship for children deprived of parental care: A handbook to reinforce guardianship systems to cater for the specific needs of child victims of trafficking*, Luxembourg, Publications Office.

O'Halloran, K. (2009), *The politics of adoption: International perspectives on law*, policy and practice, Dordrecht, Springer.

Vité, S. and Boéchat, H. (2008), "Article 21-Adoption", in: Alen, A., Vande Lanotte, J., Verhellen, E., Ang, F., Berghmans, E. and Verheyde, M. (eds.), *A commentary on the United Nations Convention on the Rights of the Child*, Leiden, Martinus Nijhoff.

7. 保护儿童免受暴力和剥削

Fitch, K., Spencer-Chapman, K. and Hilton, Z. (2007), *Protecting children from sexual abuse in Europe: Safer recruitment of workers in a border free Europe*, London, NSPCC.

Forder, C. (2007), "Child protection in accordance with human rights and children's rights", in: Meuwese, S. et al. (eds.), 100 *years of child protection*, Nijmegen, Wolf Legal Publishers.

FRA (2009), *Child trafficking in the European Union: Challenges, perspectives and good practices*, Luxembourg, Publications Office.

FRA (2014b), *Victims of crime in the EU: The extent and nature of sup-*

port for victims, Luxembourg, Publications Office.

FRA (2014c), *Violence against women: An EU-wide survey, Main Results*, Luxembourg, Publications Office.

FRA (2015b), *Child-friendly justice. Perspectives and experiences of professionals on children's participation in civil and criminal judicial proceedings in 10 EU Member States*, Luxembourg, Publications Office.

FRA (2015c), *Severe labour exploitation: workers moving within or into the European Union, States' obligations and victims' rights*, Luxembourg, Publications Office.

FRA and ECtHR (2014), *Handbook on European law relating to asylum, borders and immigration*, Luxembourg, Publications Office.

Fredette, K. (2009), "International legislative efforts to combat child sex tourism: Evaluating the Council of Europe Convention on Commercial Child Sexual Exploitation", *Boston College International and Comparative Law Review*, Vol. 32, No. 1, pp. 1~43.

Hartwig, M. (2008), "The elimination of child labour and the EU", in: Nesi, G., Nogler, L. and Pertile, M. (eds.), *Child labour in a globalized world: A legal analysis of ILO action*, Aldershot, Ashgate.

Lalor, K. and McElvaney, R. (2010), "Overview of the nature and extent of child sexual abuse in Europe", *Protecting children from sexual violence: A comprehensive approach, Council of Europe*, Strasbourg, Council of Europe Publishing, pp. 13~36.

Liefaard, T. and Doek, J. (2013), "Fysieke en geestelijke mishandeling vankinderen: over begripsvorming en de grenzen van het toelaatbare, volgens Nederlands recht", in: Deetman, W. et al. (ed.), *Seksueel misbruik van en geweld tegen meisjes in de Rooms-Katholieke kerk: Een vervolgonderzoek*, Amsterdam: Uitgeverij Balans, pp. 247~282.

Ruelle, E. (2010), "sexual violence against children: The European legislative framework and outline of Council of Europe conventions and European Union policy", *Protecting children from sexual violence: A comprehensive approach*, Council of Europe, Strasbourg, Council of Europe Publishing.

Staiger, I. (2005), "Trafficking in children for the purpose of sexual exploitation in the EU", *European Journal of Crime, Criminal Law and Criminal Justice*, Vol. 13, No. 4, pp. 603~624.

UNICEF, Innocenti Research Centre (2010), *Handbuch zum Fakultativprotokoll Betreffend den Verkauf von Kindern, die Kinderprostitution und die Kinderpornografie, Kinderhilfswerk der Vereinten Nationen*, UNICEF.

UNICEF (2006), *Behind closed doors: The impact of domestic violence on children.*

Vrancken, P. (2007), "Child trafficking and Article 4 of the European Convention for the Protection of Human Rights and Fundamental Freedoms: Foreign judicial decisions", *South African Yearbook of International Law*, Vol. 32, pp. 285~510.

8. 经济、社会、文化权利和适当生活水准权

Eide, A. (2006), "Article 27–The Right to an Adequate Standard of Living", in: Alen, A., Vande Lanotte, J., Verhellen, E., Ang, F., Berghmans, E. and Verheyde, M. (eds.), *A Commentary on the United Nations Convention on the Rights of the Child*, Leiden, Martinus Nijhoff.

Eide, A. and Eide, W. B. (2006), ´Article 24– The Right to Health´, in: Alen, A., Ang, F., Berghmans, E., Vande Lanotte, J., Verhellen, E. and Verheyde, M. (eds.), *A commentary on the United Nations Convention on the Rights of the Child*, Leiden, Martinus Nijhoff.

FRA (2010b), *Separated, asylum–seeking children in European Union Member States*, Luxembourg, Publications Office.

FRA and ECtHR (2014), *Handbook on European law relating to asylum, borders and immigration*, Luxembourg, Publications Office.

Koch, I. E. (2009), "*Human rights as indivisible rights: the protection of socioeconomic demands under the European Convention on Human Rights*", Leiden, Brill. Nolan, A. （2011）, *Children's socioeconomic rights, democracy and the courts*, Oxford, Hart Publishing.

Stoecklin, D. （2012）, "Droits et capabilité des enfants", in: Meyer-Bisch, P. （ed.）, *L'enfant témoin et sujet. Les droits culturels de l'enfant*, Genève-Zurich-Bâle, Schultess Editions Romandes, Collection interdisciplinaire, pp. 123~146.

Vandenhole, W. （2007）, "Article 26 -The Right to Benefit from Social Security", in: Alen, A. , Ang, F. , Berghmans, E. , Vande Lanotte, J. , Verhellen, E. and Verheyde, M. （eds.）, *A commentary on the United Nations Convention on the Rights of the Child*, Leiden, Martinus Nijhoff.

Verheyde, M. （2006）, "Article 28 - The Right to Education", in: Alen, A. , Ang, F. , Berghmans, E. , Vande Lanotte, J. , Verhellen, E. and Verheyde, M. （eds.）, *A commentary on the United Nations Convention on the Rights of the Child*, Leiden, Martinus Nijhoff.

9. 移徙和庇护

Council of Europe, Parliamentary Assembly （2011）, Recommendation 1969 （2011） on unaccompanied children in Europe: Issues of arrival, stay and return, 15 April 2011.

European Parliament Committee on Civil Liberties （2013）, Report on the situation of unaccompanied minors in the EU （2012/2263 （INI））, 26 August 2013.

Eurydice, European Commission （DG Education and Culture） （2004）, Integrating immigrant children into schools in Europe: Communication with families and opportunities for mother tongue learning.

FRA （2010b）, *Separated, asylum-seeking children in European Union Member States*, Luxembourg, Publications Office.

FRA （2011a）, *Fundamental rights of migrants in an irregular situation in the European Union*, Luxembourg, Publications Office.

FRA（2011b）, *Migrants in an irregular situation：Access to healthcare in 10 European Union Member States*, Luxembourg, Publications Office.

FRA and ECtHR（2014）, *Handbook on European law relating to asylum, borders and immigration*, Luxembourg, Publications Office.

Ktistakis, Y.（2013）, *Protecting migrants under the European Convention on Human Rights and the European Social Charter*, Strasbourg, Council of Europe Publishing.

Lázaro González, I., Benlloch Sanz, P. and Moroy Arambarri, B.（2010）, "Los menores extranjeros no acompañados", Universidad Pontificia Comillas, Tecnos. Lodder, G. and Rodrigues, P（eds.）（2012）, *Het kind in het immigratierecht*, Den Haag.

McBride, J., European Committee on Legal Co-operation（2009）, *Access to justice for migrants and asylum seekers in Europe*, Strasbourg, Council of Europe Publishing.

Spijkerboer, T（2009）, "structural instability：Strasbourg case law on children's family reunion", *European Journal of Migration and Law*, Vol. 11, No. 3, pp. 271~293.

Stalford, H.（2012）, *Children and the European Union：Rights, welfare and accountability*, Oxford, Hart Publishing.

10. 消费者和个人数据保护

Bergkamp, L.（2002）, "EU data protection policy the privacy fallacy：Adverse effects of Europe's data protection policy in an information driven economy", *Computer Law & Security Review*, Vol. 18, No. 1, pp. 31~47.

Buckingham, D.（2011）, The Material Child, Cambridge, Polity. Cook, D. T.（2008）, "The missing child in consumption theory", *Journal of Consumer Culture*, Vol. 8, No. 2, pp. 219~243.

Cook, D. T.（2013）, "Taking exception with the child consumer",

Childhood, Vol. 20, No. 4, pp. 423~428.

De Hert, P. and Papakonstantinou, v. （2012）, "The proposed data protection regulation replacing Directive 95/46/EC: A sound system for the protection of individuals", *Computer Law & Security Review*, Vol. 28, No. 2, pp. 130~142.

Garde, A. （2012）, "The best interest of the child and EU consumer law and policy: A major gap between theory and practice?", in: Devenney, J. and Kenny, M. （eds.）, *European consumer protection: Theory and practice*, Cambridge, Cambridge University Press, pp. 164~201.

FRA and CoE （2014）, *Handbook on European data protection law*, Luxembourg, Publications Office.

Hughes, K. （2012）, "The child's right to privacy and Article 8 European Convention on Human Rights", in: Freeman, M. （ed.）, *Current Legal Issues: Law and Childhood Studies*, Vol. 14, pp. 456~486.

Kunnecke, A. （2014）, "New standards in EU consumer rights protection? The new Directive 2011/83/EU", *European Scientific Journal*, Vol. 1, pp. 426~437.

Marsh, J. （ed.）（2005）, *Popular culture, new media and digital literacy in early childhood*, London, Routledge Falmer.

Tonner, K. and Fangerow, K. （2012）, "Directive 2011/83/EU on consumer rights: a new approach, in European consumer law?", *EUVR*, Vol. 2, p. 74.

Wuermeling, U. （2012）, "Modernization of European data protection law at a turning point", *Computer Law & Security Review*, Vol. 28, No. 28, pp. 587~588.

11. 儿童在刑事司法和替代诉讼中的权利

Bartels, H （2013）, "De rechtspositie van het verdachte kind tijdens het plotieverhoor", in: Graaf, J. H. de, Mak, C. , Montanus, P. J. and Wijk, F. K. van, *Rechten van het kind en waardigheid*, Nijmegen.

Brink, Y. van den and Liefaard, T. (2014), "Voorlopige hechtenis van jeugdige verdachten in Nederland", *Strafblad*, Vol. 12, No. 1, pp. 44~55.

Doek, J. (2008), "Juvenile justice: International rights and standards", in: R. Loeber, R. , Slot, N. W. , van der Laan, P. van der and Hoeve, M. (eds.), *Tomorrow's criminals*, Farnham and Burlington, Ashgate, pp. 229~246.

Dünkel, F. (2009), "Diversion: A meaningful and successful alternative to punishment in European juvenile justice systems", in: Junger–Tas, J. and Dünkel, F. (eds.), *Reforming juvenile justice*, Dordrecht, Springer.

Dünkel, F. (2010), "Where do we go from here?: Current trends in developing juvenile justice in Europe", in: Groenhuijsen, M. et al. (eds.), *Fervet opus: Liber amicorum Anton van Kalmthout*, Apeldoorn and Antwerp and Portland, Maklu, pp. 49~62.

Dünkel, F. (2014), "Juvenile justice systems in Europe: Reform developments between justice, welfare and 'new punitiveness'", *Kriminologijos Studijos*, Vol. 1.

FRA (2014b), *Victims of crime in the EU: The extent and nature of support for victims*, Luxembourg, Publications Office.

FRA (2015b), *Child–friendly justice. Perspectives and experiences of professionals on children's participation in civil and criminal judicial proceedings in 10 EU Member States*, Luxembourg, Publications Office.

Goldson, B. and Kilkelly, U. (2013), "International human rights standards and child imprisonment: Potentialities and limitations", *International Journal of Children's Rights*, Vol. 21, No. 2, pp. 345~371.

Jonge, G de. and Linden, A van der (2013), *Handboek Jeugd en strafrecht*, Deventer.

Liefaard, T. (2007), "The right to be treated with humanity: Implications of Article 37 （c） CRC for children in detention", in: Alen, A. et al. （eds. ）, *The UN Children's Rights Convention: Theory meets practice*, Antwerp and Oxford, Intersentia Publishing.

Liefaard, T. （2008）, *Deprivation of liberty of children in light of international human rights law and standards*, Antwerp, Oxford and Portland, Intersentia Publishing.

Newell, P. （2008）, "The principles of child-friendly justice at international level", *International justice for children*, Strasbourg, Council of Europe Publishing, pp. 129~132.

判例法

Case law of the Court of Justice of the European Union

Asociación Nacional de Establecimientos Financieros de Crédito (AS-NEF) and Federación de Comercio Electrónico y Marketing Directo (FE-CEMD) v. Administración del Estado, Joined cases C-468/10 and C-469/10, 24 November 2011.

Barbara Mercredi v. Richard Chaffe, C-497/10 PPU, 22 December 2010.

Baumbast and R v. Secretary of State for the Home Department, C-413/99, 17 September 2002.

Carlos Garcia Avello v. Belgian State, C-148/02, 2 October 2003.

Criminal proceedings against Maria Pupino [GC], C-105/03, 16 June 2005.

Criminal proceedings against X, C-507/10, 21 December 2011.

Donato Casagrande v. Landeshauptstadt München, C-9/74, 3 July 1974.

Doris Povse v. Mauro Alpago, C-211/10 PPU, 1 July 2010.

Dynamic Medien Vertriebs GmbH v. Avides Media AG, C-244/06, 14 February 2008.

5. v. B. , C-436/13, 1 October 2014.

European Parliament v. Council of the European Union [GC], C-540/03, 27 June 2006.

Gerardo Ruiz Zambrano v. Office National de l'Emploi（ONEm），C-34/09，8 March 2011.

Google Spain SL and Google Inc. v. Agencia Española de Protección de Datos（AEPD）and Mario Costeja González［GC］，C-131/12，13 May 2014.

J. Nold, Kohlen-und Baustoffgroßhandlung v. Commission of the European Communities, C-4/73, 14 May 1974.

J. McB. v. L. E. , C-400/10 PPU, 5 October 2010.

Jasna Deticˇek v. Maurizio Sgueglia, C-403/09 PPU, 23 December 2009.

Joseba Andoni Aguirre Zarraga v. Simone Pelz, C-491/10 PPU, 22 December 2010.

Konstantinos Maïstrellis v. Ypourgos Dikaiosynis, Diafaneias kai Anthropinon Dikaiomaton, C-222/14, 16 July 2015.

Kunqian Catherine Zhu and Man Lavette Chen v. Secretary of State for the Home Department, C-200/02, 19 October 2004.

London Borough of Harrow v. Nimco Hassan Ibrahim and Secretary of State for the Home Department［GC］，C-310/08, 23 February 2010.

M. J. E. Bernini v. Minister van Onderwijs en Wetenschappen, C-3/90, 26 February 1992.

María Martínez Sala v. Freistaat Bayern, C-85/96, 12 May 1998.

Maria Teixeira v. London Borough of Lambeth and Secretary of State for the Home Department, C-480/08, 23 February 2010.

Murat Dereci and Others v. Bundesministerium für Inneres, C-256/11, 15 November 2011.

Omega Spielhallen-und Automatenaufstellungs-GmbH v. Oberbürgermeisterin der Bundesstadt Bonn, C-36/02, 14 October 2004.

Productores de Música de España（Promusicae）v. Telefónica de España SAU［GC］，C-275/06, 29 January 2008.

19. Coleman v. Attridge Law and Steve Law［GC］, C-303/06, 17 July 2008.

Stefan Grunkin and Dorothee Regina Paul［GC］, C-353/06, 14 October 2008.

The Queen, on the application of MA and Others v. Secretary of State for the Home Department, C-648/11, 6 June 2013.

Yoshikazu Iida v. Stadt Ulm, C-40/11, 8 November 2012.

Z v. A Government Department, The Board of Management of a Community School［GC］, C-363/12, 18 March 2014.

Zoi Chatzi v. Ypourgos Oikonomikon, C-149/10, 16 September 2010.

Case law of the European Court of Human Rights

L. v. Finland, No. 23220/04, 27 January 2009

A. M. M. v. Romania, No. 2151/10, 14 February 2012

Adamkiewicz v. Poland, No. 54729/00, 2 March 2010

Airey v. Ireland, No. 6289/73, 9 October 1979

Ali v. the United Kingdom, No. 40385/06, 11 January 2011

Anayo v. Germany, No. 20578/07, 21 December 2010

Anguelova v. Bulgaria, No. 38361/97, 13 June 2002

Assenov and Others v. Bulgaria, No. 24760/94, 28 October 1998.

Avilkina and Others v. Russia, No. 1585/09, 6 June 2013

2. v. Romania (No. 2), No. 1285/03, 19 February 2013

3. B. B. and F. B. v. Germany, Nos. 18734/09 and 9424/11, 14 March 2013

Bah v. the United Kingdom, No. 56328/07, 27 September 2011.

Bajsultanov v. Austria, No. 54131/10, 12 June 2012

Blokhin v. Russia, No. 47152/06, 14 November 2013

Bouamar v. Belgium, No. 9106/80, 29 February 1988

Bocos-Cuesta v. the Netherlands, No. 54789/00, 10 November 2005

Boultif v. Switzerland, No. 54273/00, 2 August 2001

4. N. and v. v. France, No. 67724/09, 11 October 2012.

C. N. v. the United Kingdom, No. 4239/08, 13 November 2012

Campbell and Cosans v. the United Kingdom, Nos. 7511/76 and 7743/76, 25 February 1982

Case "Relating to certain aspects of the laws on the use of languages in education in Belgium" v. Belgium, Nos. 1474/62, 1677/62, 1691/62, 1769/63, 1994/63 and 2126/64, 23 July 1968

Catan and Others v. Moldova and Russia [GC], Nos. 43370/04, 8252/05 and 18454/06, 19 October 2012

Centre for Legal Resources on behalf of Valentin Câmpeanu v. Romania [GC], No. 47848/08, 17 July 2014

Christian Democratic People's Party v. Moldova, No. 28793/02, 14 February 2006

Connors v. the United Kingdom, No. 66746/01, 27 May 2004

Copland v. the United Kingdom, No. 62617/00, 3 April 2007

Costello-Roberts v. the United Kingdom, No. 13134/87, 25 March 1993

Cusan and Fazzo v. Italy, No. 77/07, 7 January 2014

Çoşelav v. Turkey, No. 1413/07, 9 October 2012

5. G. v. Ireland, No. 39474/98, 16 May 2002

D. H. and Others v. the Czech Republic [GC], No. 57325/00, 13 November 2007

Darby v. Sweden, No. 11581/85, 23 October 1990

Dinç and Çakır v. Turkey, No. 66066/09, 9 July 2013

Dogru v. France, No. 27058/05, 4 December 2008

Doorson v. the Netherlands, No. 20524/92, 26 March 1996

E. B. v. France [GC], No. 43546/02, 22 January 2008

Eriksson v. Sweden, No. 11373/85, 22 June 1989

Eremia v. the Republic of Moldova, No. 3564/11, 28 May 2013

Fabris v. France [GC], No. 16574/08, 7 February 2013

Folgerø and Others v. Norway [GC], No. 15472/02, 29 June 2007

Gas and Dubois v. France, No. 25951/07, 15 March 2012

Gaskin v. the United Kingdom, No. 10454/83, 7 July 1989

Genovese v. Malta, No. 53124/09, 11 October 2011

Glass v. the United Kingdom, No. 61827/00, 9 March 2004

Godelli v. Italy, No. 33783/09, 25 September 2012.

Grzelak v. Poland, No. 7710/02, 15 June 2010

Guillot v. France, No. 22500/93, 24 October 1993

Gül v. Switzerland, No. 23218/94, 19 February 1996

Güveç v. Turkey, No. 70337/01, 20 January 2009

Handyside v. the United Kingdom, No. 5493/72, 7 December 1976

Harroudj v. France, No. 43631/09, 4 October 2012

Hasan and Eylem Zengin v. Turkey, No. 1448/04, 9 October 2007

Havelka and Others v. the Czech Republic, No. 23499/06, 21 June 2007

8. Y. and Hü. Y. v. Turkey, No. 40262/98, 6 October 2005

Horych v. Poland, No. 13621/08, 17 April 2012

Idalov v. Russia, No. 5826/03, 22 May 2012

Ignaccolo-Zenide v. Romania, No. 31679/96, 25 January 2000

Iliya Petrov v. Bulgaria, No. 19202/03, 24 April 2012

M. v. Denmark, No. 34421/09, 13 November 2012

Jeunesse v. the Netherlands [GC], No. 12738/10, 3 October 2014

Johansson v. Finland, No. 10163/02, 6 September 2007

11. and T. v. Finland [GC], No. 25702/94, 12 July 2001

K. A. v. Finland, No. 27751/95, 14 January 2003

K. U. v. Finland, No. 2872/02, 2 December 2008

Kayak v. Turkey, No. 60444/08, 10 July 2012

Kanagaratnam v. Belgium, No. 15297/09, 13 December 2011

Kearns v. France, No. 35991/04, 10 January 2008

Kervanci v. France, No. 31645/04, 4 December 2008

Kjeldsen, Busk Madsen and Pedersen v. Denmark, Nos. 5095/71, 5920/72 and 5926/72, 7 December 1976

Klass and others v. Germany, No. 5029/71, 6 September 1978

Konstantin Markin v. Russia [GC], No. 30078/06, 22 March 2012

Kontrová v. Slovakia, No. 7510/04, 31 May 2007

Korneykova v. Ukraine, No. 39884/05, 19 January 2012.

Kovač v. Croatia, No. 503/05, 12 July 2007

Krušković v. Croatia, No. 46185/08, 21 June 2011

Kuptsov and Kuptsova v. Russia, No. 6110/03, 3 March 2011

Labassee v. France, No. 65941/11, 26 June 2014

Ladent v. Poland, No. 11036/03, 18 March 2008

Latifa Benamar and Others v. the Netherlands, Decision of inadmissibility, No. 43786/04, 5 April 2005

Lautsi and Others v. Italy [GC], No. 30814/06, 18 March 2011

Lavida and Others v. Greece, No. 7973/10, 30 May 2013

Leander v. Sweden, No. 9248/81, 26 March 1987

Levin v. Sweden, No. 35141/06, 15 March 2012

M. A. K. and R. K. v. the United Kingdom, Nos. 45901/05 and 40146/06, 23 March 2010

L. C. v. Bulgaria, No. 39272/98, 4 December 2003

Maaouia v. France [GC], No. 39652/98, 5 October 2000

Malone v. the United Kingdom, No. 8691/79, 2 August 1984

Marckx v. Belgium, No. 6833/74, 13 June 1979

Markovics and Others v. Hungary, Decision of inadmissibility, Nos. 77575/11, 19828/13 and 19829/13, 24 June 2014

Maslov v. Austria [GC], No. 1638/0323, 23 June 2008

Mazurek v. France, No. 34406/97, 1 February 2000

McMichael v. the United Kingdom, No. 16424/90, 24 February 1995

Mennesson v. France, No. 65192/11, 26 June 2014

Mikulić v. Croatia, No. 53176/99, 7 February 2002

Mizzi v. Malta, No. 26111/02, 12 January 2006

Mubilanzila Mayeka and Kaniki Mitunga v. Belgium, No. 13178/03, 12 October 2006.

Muskhadzhiyeva and Others v. Belgium, No. 41442/07, 19 January 2010

Mustafa and Armağan Akin v. Turkey, No. 4694/03, 6 April 2010

Nart v. Turkey, No. 20817/04, 6 May 2008

Nencheva and Others v. Bulgaria, No. 48609/06, 18 June 2013

Neulinger and Shuruk v. Switzerland [GC], No. 41615/07, 6 July 2010

Nortier v. the Netherlands, No. 13924/88, 24 August 1993

O'Keeffe v. Ireland [GC], No. 35810/09, 28 January 2014

Odièvre v. France [GC], No. 42326/98, 13 February 2003

Olsson v. Sweden (No. 1), No. 10465/83, 24 March 1998

Oršuš and Others v. Croatia [GC], No. 15766/03, 16 March 2010

Oyal v. Turkey, No. 4864/05, 23 March 2010

V. v. Spain, No. 35159/09, 30 November 2010

Panovits v. Cyprus, No. 4268/04, 11 December 2008

Pini and Others v. Romania, Nos. 78028/01 and 78030/01, 22 June 2004.

Ponomaryovi v. Bulgaria, No. 5335/05, 21 June 2011

Popov v. France, Nos. 39472/07 and 39474/07, 19 January 2012

Povse v. Austria, Decision of inadmissibility, No. 3890/11, 18 June 2013

P. M. S. v. Spain, No. 28775/12, 18 June 2013

R. R. and Others v. Hungary, No. 19400/11, 4 December 2012

Rahimi v. Greece, No. 8687/08, 5 April 2011

Rantsev v. Cyprus and Russia, No. 25965/04, 7 January 2010

Rand Marper v. the United Kingdom [GC], Nos. 30562/04 and 30566/ 04, 4 December 2008

S. N. v. Sweden, No. 34209/96, 2 July 2002

Sahin v. Germany [GC], No. 30943/96, 8 July2003

Salduz v. Turkey [GC], No. 36391/02, 27 November 2008

Salgueiro da Silva Mouta v. Portugal, No. 33290/96, 21 December 1999

Saviny v. Ukraine, No. 39948/06, 18 December 2008

Schneider v. Germany, No. 17080/07, 15 September 2011

Schwizgebel v. Switzerland, No. 25762/07, 10 June 2010

Selçuk v. Turkey, No. 21768/02, 10 January 2006

Şen v. the Netherlands, No. 31465/96, 21 December 2001

Siliadin v. France, No. 73316/01, 26 July 2005

Slivenko and Others v. Latvia [GC], Decision on admissibility, No. 48321/99, 23 January 2002

Smirnova v. Russia, Nos. 46133/99 and 48183/99, 24 July 2003

Sommerfeld v. Germany [GC], No. 31871/96, 8 July 2003

Söderman v. Sweden [GC], No. 5786/08, 12 November 2013

Stummer v. Austria [GC], No. 37452/02, 7 July 2011

20. v. the Czech Republic, No. 19315/11, 17 July 2014

T. v. the United Kingdom [GC], No. 24724/94, 16 December 1999

Tarakhel v. Switzerland [GC], No. 29217/12, 4 November 2014

Tuquabo-Tekle and Others v. the Netherlands, No. 60665/00, 1 December 2005

Tyrer v. the United Kingdom, No. 5856/72, 25 April 1978

Üner v. The Netherlands, No. 46410/99, 18 October 2006

Uzun v. Germany, No. 35623/05, 2 September 2010

Valsamis v. Greece, No. 21787/93, 18 December 1996

Vidal v. Belgium, No. 12351/86, 22 April 1992

Vojnity v. Hungary, No. 29617/07, 12 February 2013

23. v. Finland, No. 14151/02, 24 April 2007

W. v. the United Kingdom, No. 9749/82, 8 July 1987

Wallová and Walla v the Czech Republic, No. 23848/04, 26 October 2006

X and Others v. Austria [GC], No. 19010/07, 19 February 2013

X v. Latvia [GC], No. 27853/09, 26 November 2013

Y. C. v. the United Kingdom, No. 4547/10, 13 March 2012

Yazgül Yilmaz v. Turkey, No. 36369/06, 1 February 2011

Z and Others v. the United Kingdom [GC], No. 29392/95, 10 May 2001

Zorica Jovanović v. Serbia, No. 21794/08, 26 March 2013

Case law of the European Committee of Social Rights

Association for the Protection of All Children (APPROACH) v. Belgium, Complaint No. 98/2013, 29 May 2015

Association for the Protection of All Children (APPROACH) v. Czech Republic, Complaint No. 96/2013, 29 May 2015

Association for the Protection of All Children (APPROACH) v. Slovenia, Complaint No. 95/2013, 27 May 2015

Defence for Children International (DCI) v. Belgium, Complaint No. 69/2011, 23 October 2012

Defence for Children International (DCI) v. the Netherlands, Complaint No. 47/2008, 20 October 2009

European Action of the Disabled (AEH) v. France, Complaint No. 81/2012, 11 September 2013

European Committee for Home-Based Priority Action for the Child and the Family (EUROCEF) v. France, Complaint No. 82/2012, 19 March 2013

European Roma Rights Centre (ERRC) v. Italy, Complaint No. 27/2004, 7 December 2005

Federation of Catholic Family Associations in Europe (FAFCE) v. Ireland, No. 89/2013, 12 September 2014

General Federation of Employees of the National Electric Power Corporation (GENOP – DEI) and Confederation of Greek Civil Servants' Trade Unions (ADEDY) v. Greece, Complaint No. 66/2011, 23 May 2012. 140, 159

International Association Autism Europe (IAAE) v. France, Complaint No. 13/2002, 4 November 2003

International Centre for the Legal Protection of Human Rights (INTERIGHTS) v. Croatia, Complaint No. 45/2007, 30 March 2009

International Commission of Jurists (ICJ) v. Portugal, Complaint No. 1/ 1998, 9 September1999

International Federation of Human Rights Leagues (FIDH) v. France, Complaint No. 14/2003, 8 September 2004

Médecins du Monde – International v. France, Complaint No. 67/2011, 11 September 2012

Mental Disability Advocacy Center (MDAC) v. Bulgaria, Complaint No. 41/2007, 3 June 2008

Syndicat des Agrégés de l' Enseignement Supérieur (SAGES) v. France, Complaint No. 26/2004, 15 June 2005

World Organisation against Torture (OMCT) v. Belgium, Complaint No. 21/2003, 7 December 2004

World Organisation Against Torture (OMCT) v. Greece, Complaint No. 17/2003, 7 December 2004

World Organisation against Torture (OMCT) v. Ireland, Complaint No. 18/2003, 7 December 2004

Case law of national courts

United Kingdom, Court of Appeal, R (on the application of B) v. The

Mayor and Burgesses of the London Borough of Merton ［2003］ EWHC 1689, 14 July 2003

United Kingdom, Court of Appeal, R (on the application of CJ) v. Cardiff County Council ［2011］ EWCA Civ 1590, 20 December 2011

United Kingdom, Upper Tribunal, R (on theapplication of MK) v. Wolverhampton City Council ［2013］ UKUT 00177 (IAC), 26 March 2013

如何查询欧盟法院的案件

欧洲人权法院：HUDOC 判例法数据库

HUDOC 数据库免费提供欧洲人权法院判例法：http：//HUDOC. echr. coe. int。

该数据库有英文和法文版本，并提供了简便快捷的搜索工具，用户可以很容易地找到所需的判例法。

视频教程和用户手册可在 HUDOC 帮助页面上找到。有关如何使用筛选条件和搜索一栏的详细信息和示例，用户可以通过将鼠标指针放置在 HUDOC 界面中每个搜索工具的右侧来得知。

本手册中的判例法参考文献为读者提供了全面的信息，使读者能够轻松找到所引用的判决或决定的全文。

在开始搜索之前，请注意，默认设置会按照最新判决的顺序显示大审判庭和审判庭的判决。若要在其他集合（如决定）中搜索，用户应在显示在屏幕左上角的"文档集合"一栏中勾选相应的框。

查找案例的最简单方法是在屏幕右上角的"高级搜索"下的"申请号码编号"一栏中输入申请号码编号，然后单击蓝色的"搜索"按钮。

要进一步访问与某个问题有关的判例法，例如与儿童有关的案件，用户可以使用屏幕右上部分的放大镜显示的搜索一栏。在搜索一栏中，用户可以使用以下内容搜索文本：

·单个单词（如儿童）

·短语（如"移徙儿童"）

·案例标题

·国家

·布尔短语（如替代照料中的儿童）

简单的布尔搜索只需单击在搜索一栏中出现的箭头即可要求帮助用户执行文本搜索。简单的布尔搜索还提供了六种搜索可能性：包含这个确切的单词或短语的内容，包含所有这些单词的内容，包含这些单词中的任何一个的内容，不包含这些单词的内容，包含与这些单词相近意义的单词的内容，自动的布尔搜索。

一旦搜索结果出现，用户可以使用屏幕左侧的"筛选条件"一栏中显示的筛选条件（例如"语言"或"国家"）轻松缩小搜索结果。筛选条件可以单独使用或组合使用，以进一步缩小结果。"关键字"筛选条件是一个有用的工具，因为它通常包含从《欧洲人权公约》（以下简称《公约》）文本中摘录的术语，并与欧洲人权法院的推理和结论直接相关。

例如：要查找欧洲人权法院将寻求庇护者驱逐出境，使其可能受到根据《公约》第 3 条所规定的酷刑、不人道或有辱人格的待遇的相关判例法。

1. 用户首先在搜索栏里输入"寻求庇护者"一词，然后单击蓝色的"搜索"按钮。

2. 在搜索结果出现后，用户再在"筛选条件"一栏中的"违反《公约》哪一条"下选择"3"，将搜索结果缩小到只与违反《公约》第 3 条有关的判决。

3. 然后，用户可以选择"关键字"筛选条件下的相关关键字将搜索结果进一步缩小，例如关键字"（第 3 条）禁止酷刑"。

在查找更具体的案件时，HUDOC 数据库可以提供法律摘要。其法律摘要包括描述性的标题，简明的事实和法律阐述，重点的法律利益争议点。此外，如果一个案件有法律摘要，在搜索结果中其法律摘要链接将和有关判决或决定的链接一同显示。用户也可以通过在"文档集合"一栏中勾选"法律摘要"框来专门搜索相关的法律摘要。

如果某个特定案件的非官方翻译已经发布，那么在搜索结果中将会出现其语言版本的链接以及判决或决定文本的链接。HUDOC 数据库还提供链接到其他翻译欧洲人权法院判例法的第三方互联网站点。有关更多信息，请参阅 HUDOC 数据库"帮助"部分下的"语言版本"。

欧盟法院：CURIA 判例法数据库

CURIA 判例法数据库免费提供欧盟法院判例法：http：//curia. europa. eu。

该搜索工具的内容可以以任何欧盟官方语言获取[1]。用户可以在其屏幕的右上方选择语言。该搜索工具还可以用来搜索欧洲法院，普通法院和公务员法庭已经审结和待决案件的所有文件中的信息。

该搜索工具的帮助页面在如下网页：http：//curia. europa. eu/common/juris/en/aideGlobale. pdf#。

此外，每个搜索框还有一个帮助页面，可以通过点击图标访问，并且其中包含有用的信息以帮助用户尽可能便捷地使用该工具。

在该搜索工具中查找特定案例最简单的方法是将完整的案例编号输入到名为案号的搜索框中，然后单击绿色的"搜索"按钮。用户也可以使用案例编号的一部分来搜索案例。例如，在"案件编号"一栏中输入 122，将会出现来自任何一年的，以及这三个法院中的任何一个：欧洲法院，普通法庭和/或公务员法庭的含有 122 编号的案件。

此外，用户也可以使用"当事方"一栏来搜索案件的通用名称。当事方搜索通常是使用案件当事人姓名的简化形式。

该搜索工具总共有 16 个多功能搜索字段可用于帮助缩小搜索结果。

---

〔1〕 自 2004 年 4 月 30 日起可用：西班牙文，丹麦文，德文，希腊文，英文，法文，意大利文，荷兰文，葡萄牙文，芬兰文和瑞典文；自 2004 年 5 月 1 日起：捷克，爱沙尼亚，拉脱维亚，立陶宛，匈牙利，波兰，斯洛伐克和斯洛文尼亚等国的语言；自 2007 年 1 月 1 日起：保加利亚和罗马尼亚的语言；自 2007 年 4 月 30 日以来：马耳他的语言；自 2011 年 12 月 31 日起：爱尔兰语言；第（EC）920/2005 号法规和第（EU）1257/2010 号法规规定了暂时的欧盟官方语言。在克罗地亚加入之日生效的次级立法正在翻译成克罗地亚文，并将逐渐在欧洲联盟官方刊物刊登。

不同的搜索字段是用户友好型的，可进行各种组合。这些字段通常有搜索列表，可以通过点击图标并选择可用的搜索词来访问。

对于更广泛的搜索，使用"文本"一栏会在 1954 年以来的欧洲法院报告以及 1994 年以来的欧洲法院报告——员工案例（ECR-SC）中发布的所有文档中产生基于关键字搜索的结果。

对于更多特定主题的搜索，可以使用主题字段。这需要点击字段右侧的图标并从列表中选择相关的主题，然后搜索结果将根据字母表顺序显示欧洲法院，普通法院，公务员法庭和总检察长的意见所涉及的法律问题有关的特定文件。

CURIA 网站还有其他判例法工具：

数字查询：这一部分收录了向这三个法院提交的所有案件信息。这些案件依据案件编号列出，并按照向有关登记处提交的顺序进行编号。可以通过点击案例号查询案例。"数字访问"部分可从以下网址获得：http：//curia. europa. eu/jcms/jcms/Jo2_7045/。

案例摘要：这一部分对有关判决或决定所述法律要点的判例法总结进行了系统分类。这些总结尽可能以该决定的实际措辞为基础。"摘要"部分可从以下网址获得：http：//curia. europa. eu/jcms/jcms/Jo2_7046/。

判决注释：这一部分包含法律评论员关于三个法院自成立以来作出的判决的说明。判决书按照案件编号遵从时间顺序分法院或法庭列出，法律评论员的注释按照其出现的时间顺序排列。参考文献以其最初的语言显示。"判决注释"部分可在以下网址获得：http：//curia. europa. eu/jcms/jcms/Jo2_7083/。

国家判例法数据库：这个外部数据库可以通过 CURIA 网站访问。它提供有关欧盟法律的相关国家判例法。该数据库收录了基于欧盟成员国国家法院和/或法庭的判例法。这些信息是通过有选择性的法律杂志拖网收集的，并直接与众多国家法院和法庭进行联系。"国家判例法数据库"有英文和法文版本，可查阅以下网址：http：//curia. europa. eu/jcms/jcms/Jo2_7062/。

所引用的法律文件

联合国法律文件

关于联合国的核心条约，包括《儿童权利公约》及其监督机构，参见：

www. ohchr. org/EN/ProfessionalInterest/Pages/CoreInstruments. aspx。

关于海牙国际私法会议，国际儿童保护与家庭财产关系参见：

www. hcch. net/index_en. php？ act＝text. display&tid＝10#family。

欧洲理事会法律文件

所有欧洲理事会法律文件均可在网上查阅，网址如下：

http：//conventions. coe. int/Treaty/。

有关欧盟成员国接受欧洲理事会法律文件情况的信息，请参阅 FRA 网站上的"国际义务"部分：

http：//fra. europa. eu/en/publications-and-resources/data-and-maps/int-obligations。

	标　题
儿童权利或公民权利	
《欧洲人权公约》	经第 11 号和第 14 号议定书修正的《保护人权与基本自由公约》，CETS 编号：第 005 号，罗马，1950 年 11 月 4 日，第 1~15 页。

	标　题
《欧洲人权公约议定书》	经第 11 号议定书修正的《保护人权和基本自由公约议定书》，CETS 编号：第 009 号，巴黎，1952 年 3 月 20 日，第 1~3 页。
《欧洲人权公约第 12 号议定书》	《保护人权和基本自由公约第 12 号议定书》，CETS 编号：第 177 号，罗马，2000 年 11 月 4 日，第 1~3 页。
《欧洲儿童权利行使公约》	《欧洲儿童权利行使公约》，第 160 号，斯特拉斯堡，1996 年 1 月 25 日，第 1~10 页。
《欧洲非婚生子女法律地位公约》	《欧洲非婚生子女法律地位公约》，CETS 编号：第 085 号，斯特拉斯堡，1975 年 10 月 15 日，第 1~5 页。
《人权与生物医学公约》（《奥维耶多公约》）	《保护人权和人的尊严公约》，《生物和医学应用：人权和生物医学公约》，CETS 编号：第 164 号，奥维耶多，1997 年 4 月 4 日，第 1~12 页。
个人身份问题	
《保护少数民族框架公约》	《保护少数民族框架公约》，CETS 编号：第 157 号，斯特拉斯堡，1995 年 2 月 1 日，第 1~10 页。
《欧洲国籍公约》	《欧洲国籍公约》，CETS 编号：第 166 号，斯特拉斯堡，1997 年 11 月 6 日，第 1~13 页
《避免与国家继承有关的无国籍问题公约》	欧洲理事会《关于国家继承中避免无国籍问题的公约》，CETS 编号：第 200 号，斯特拉斯堡，2006 年 5 月 19 号，第 1~7 页。
家庭生活和父母照顾	

续表

	标　题
《关于与儿童联系的公约》	《儿童探望公约》，CETS 编号：第 192 号，斯特拉斯堡，2003 年 5 月 15 日，第 1~13 页。
《关于儿童收养的欧洲公约（修订）》	《关于儿童收养的欧洲公约（修订）》，CETS 编号：第 202 号，斯特拉斯堡，2008 年 11 月 27 日，第 1~11 页。
《欧洲承认和执行关于儿童监护权和恢复儿童监护权的决定公约》	《欧洲承认和执行关于儿童监护权和恢复儿童监护权的决定公约》，欧洲理事会第 105 号，卢森堡，1980 年 5 月 20 日，第 1~12 页。
保护儿童不受暴力和剥削	
《保护儿童免受性剥削和性虐待公约》（《兰萨罗特公约》）	欧洲理事会《保护儿童免受性剥削和性虐待公约》，CETS 编号：第 201 号，兰萨罗特，2007 年 10 月 25 日，第 1~21 页。
《欧洲防止酷刑和不人道或有辱人格的待遇或处罚公约》	《欧洲防止酷刑和不人道或有辱人格的待遇或处罚公约》，CETS 编号：第 126 号，斯特拉斯堡，1986 年 11 月 26 日，第 1~9 页。
《网络犯罪公约》	《网络犯罪公约》，CETS 编号：第 185 号，布达佩斯，2001 年 11 月 23 日，第 1~27 页。
欧洲理事会《打击人口贩卖行动公约》	《欧洲理事会打击贩卖人口行动公约》，CETS 编号：第 197 号，华沙，2005 年 5 月 16 日，第 1~21 页。
《防止和打击暴力侵害妇女行为及家庭暴力公约》（《伊斯坦布尔公约》）	欧洲理事会《防止和打击暴力侵害妇女行为及家庭暴力公约》，CETS 编号：第 210 号，伊斯坦布尔，2011 年 5 月 11 日，第 1~31 页。
经济，社会和文化权利	
《欧洲社会宪章》	《欧洲社会宪章》，CETS 编号：第 035 号，都灵，1961 年 10 月 18 日，第 1~18 页。
《欧洲社会宪章（修订版）》	《欧洲社会宪章（修订版）》，CETS 编号：第 163 号，斯特拉斯堡，1995 年 5 月 3 日，第 1~29 页。

	标　题
移徙和庇护问题	
《欧洲未成年人遣返公约》	《欧洲未成年人遣返公约》，CETS 编号：第 071 号，海牙，1970 年 5 月 28 日，第 1~9 页。
《欧洲移徙工人法律地位公约》	《欧洲移徙工人法律地位公约》，CETS 编号：第 093 号，斯特拉斯堡，1977 年 11 月 19 日，第 1~14 页。
《欧洲社会保障公约》	《欧洲社会保障公约》，CETS 编号：第 078 号，巴黎，1972 年 12 月 14 日，第 1~42 页。
《欧洲社会保障法》	《欧洲社会保障法》，CETS 编号：第 048 号，斯特拉斯堡，1964 年 4 月 16 日，第 1~33 页。
消费者和数据保护	
《个人数据自动处理保护公约》	《个人数据自动处理保护公约》，CETS 编号：第 108 号，斯特拉斯堡，1981 年 1 月 28 日，第 1~10 页。
《欧洲跨境电视公约》	《欧洲跨境电视公约》，CETS 编号：第 132 号，斯特拉斯堡，1989 年 5 月 5 日，第 1~20 页。

欧盟法律文件

所有欧盟法律文件均可通过以下网站在线获取：http：//eur-lex. europa. eu。

简称	标题
不歧视	
种族平等指令（2000/43/EC）	2000 年 6 月 29 日第 2000/43/EC 号理事会指令，实行不分种族或族裔的人人平等原则，OJL 180，2000 年 7 月 19 日，第 22~26 页。
就业平等指令（2000/78/EC）	2000 年 11 月 27 日第 2000/78/EC 号理事会指令，建立了就业和职业平等待遇的一般框架，OJL 303，2000 年 12 月 2 日，第 16~22 页。

简称	标题
商品和服务性别指令（2004/113/EC）	2004 年 12 月 13 日第 2004/113/EC 号理事会指令，执行男女在获取和供应商品和服务方面享受平等待遇原则，OJL 373，2004 年 12 月 21 日，第 37~43 页。
家庭生活和父母照顾	
布鲁塞尔二号法规（二）的第 2201/2003 号	欧洲理事会条例 2003 年 11 月 27 日第 2201/2003 号，关于婚姻事宜和父母责任的判决的承认和执行，并废除欧洲理事会第 1347/2000 号条例，OJL 338，23.12，2003 年，第 1~29 页。
维护条例第 4/2009 号	2008 年 12 月 18 日理事第 4/2009 号条例，该条例是关于管辖权、适用法律、判决的承认和执行有关维护义务的决定和合作，OJL 7，2009 年 10 月 1 日，第 1~79 页。
调解指令（2008/52/EC）	欧洲议会和理事会在 2008 年 5 月 21 日通过的关于民事和商事调解方面的指令第 2008/52/EC 号，OJL 136，2008 年 5 月 24 日，第 3~8 页。
司法诉讼指令（2002/8/EC）	2003 年 1 月 27 日理事会第 2002/8/EC 号指令，该指令通过确立有关此类争议的法律援助的最低共同规则，以完善跨国界争端的诉诸司法途径，OJL 26，2003 年 1 月 31 日，第 41~47 页。
保护儿童不受暴力和剥削	
保护青年工作者指令（94/33/EC）	1994 年 6 月 22 日关于保护年轻工作者权益的理事会第 94/33/EC 号指令，OJ L 216，1984 年 8 月 20 日，第 12~20 页。

简称	标题
反贩卖指令（2011/36/EU）	欧洲议会和理事会在 2011 年 4 月 5 日通过的防止和打击人口贩卖和保护受害者第 2011/36/EU 号指令，进而取代理事会第 2002/629/JHA 号决议，OJL 101，2011 年 4 月 15 日，第 1~11 页。
关于打击对儿童的性虐待和性剥削及儿童色情制品的指令（2011/93/EU）	欧洲议会和理事会在 2011 年 12 月 13 日通过的关于打击对儿童的性虐待和性剥削和儿童色情制品第 2011/93/EU 号指令，并取代理事会第 2004/68/JHA 号决议，OJL 335，2011 年 12 月 17 日，第 1~14 页。
受害者保护指令（2012/29/EU）	欧洲议会和理事会 2012 年 10 月 25 日第 2012/29/EU 号指令确立了支持和保护犯罪受害者权利的最低标准，并取代了理事会第 2001/220/JHA 号理事会决议，LJL 315，2012 年 11 月 14 日，第 57~73 页。
反贩卖指令受害者居留许可（2004/81/EC）	2004 年 4 月 29 日第 2004/81/EC 号理事会指令，其中规定向贩卖人口受害者的第三国公民颁发居留许可，或与当地主管当局合作协助非法移民的行动，OJL 261，2004 年 8 月 6 日，第 19~23 页。
欧盟委员会第 2007/689/EC 号决议	委员会 2007 年 10 月 29 日通过修订第 2007/116/EC 号决定，关于引入以 116 开头的附加保留号［根据 C（2007）5139 号文件通知］（尤其是与欧洲联盟经济区有相关规定），OJL 284，2007 年 10 月 30 日，第 31~32 页。

续表

简称	标题
移民和庇护，包括移民儿童的社会权利	
庇护程序指令（2013/32/EU）	欧洲议会和理事会 2013 年 6 月 26 日通过的关于授予和撤销国际保护的共同程序的第 2013/32/EU 号指令，OJ L 180，2013 年 6 月 29 日，第 60~95 页。
都柏林法规（604/2013）	欧洲议会和理事会 2013 年 6 月 26 日通过的第 604/2013 号条例确定了由一个第三方成员国向其中一个成员国提交的确定负责审查第三国公民或无国籍人士申请国际保护的成员国的标准和机制，OJL 180，2013 年 6 月 29 日，第 31~59 页。
资格指令（2011/95/EU）	欧洲议会和理事会 2011 年 12 月 13 日通过的关于第三国公民或无国籍人作为国际保护受益人资格标准的第 2011/95/EU 号指令，规定难民或有资格获得次级保护者的平等地位以及所授予保护的内容，OJL 337，2011 年 12 月 20 日，第 9~26 页。
欧盟第 492/2011 号法规	欧盟议会和欧洲理事会 2011 年 4 月 5 日通过的第 492/2011 号条例规定欧盟以及欧洲联盟经济区内工人的行动自由，OJL 141，2011 年 5 月 27 日，第 1~12 页。

简称	标题
迁徙自由指令（2004/38/EC）	欧盟议会和理事会 2004 年 4 月 29 日通过的关于欧盟公民及其家庭成员在欧盟成员国境内自由迁徙和居住的权利的第 2004/38/EC 号指令，修正了第 1612/68 号欧盟条例，并废除第 64/221/EEC 号，第 68/360/EEC 号，第 72/194/EEC 号，第 73/148/EEC 号，第 75/34/EEC 号，第 75/35/EEC 号，第 90/364/EEC 号，第 90/365/EEC 号以及第 93/96/EEC 号条例（以上是与欧洲联盟经济区有关的文件），OJ L 158，2004 年 4 月 30 日，第 77~123 页。
关于移徙工人子女教育的理事会第 77/486/EEC 号指令	1977 年 7 月 25 日通过的关于移徙工人子女教育的理事会第 77/486/EEC 号指令，OJL 199，1977 年 8 月 6 日，第 32~33 页。
家庭团聚指令（2003/86/EC）	2003 年 9 月 22 日通过的关于家庭团聚权的欧盟理事会第 2003/86/EC 号指令，OJ L 251，2003 年 10 月 3 日，第 12~18 页。
临时保护指令（2001/55/EC）	2001 年 7 月 20 日通过的关于在流离失所者大规模流入时提供临时保护的最低标准的理事会第 2001/55/EC 号指令，以及促进成员国在接受这些流离失所者之间作出平衡努力并采取相关措施，OJL 212，2001 年 8 月 7 日，第 12~23 页。
接待条件指令（2013/33/EU）	欧洲议会和理事会 2013 年 6 月 26 日通过的第 2013/33/EU 号指令规定了接受国际保护申请人的标准，OJL 180，2013 年 6 月 29 日，第 96~116 页。

简称	标题
遣返指令（2008/115/EC）	欧洲议会和理事会 2008 年 12 月 16 日第 2008/115/EC 号指令，关于成员国遣返非法停留的第三国公民的共同标准和程序，OJL 348，2008 年 12 月 24 日，第 98~107 页。
长期居住居民保护指令（2003/109/EC）	2003 年 11 月 25 日通过的关于长期居住的第三国公民的地位的欧盟理事会第 2003/109/EC 号指令，OJL 16，2004 年 1 月 23 日，第 44~53 页。
申根边境法（EC）第 562/2006 号	欧洲议会和理事会第 562/2006 号条例（2006 年 3 月 15 日）制定关于跨境移民规则的社区守则（申根边界守则），OJL 105，2006 年 4 月 13 日，第 1~32 页。
消费者和个人数据保护	
消费者权利指令 （2011/83/EU）	欧洲议会和理事会 2011 年 10 月 25 日通过的关于消费者权利的第 2011/83/EU 号指令，该指令修订了欧洲议会和理事会第 93/13/EEC 号和第 1999/44/EC 号指令，并废止理事会第 85/577/EEC 号指令和欧洲议会和理事会关于欧洲联盟经济区相关的第 97/7/EC 号指令，OJ L 304，2011 年 11 月 22 日，第 64~88 页。
关于可能会危害消费者健康或安全的产品的指令（87/357/EEC）	1987 年 6 月 25 日理事会通过第 87/357/EEC 号指令，该指令关于成员国对显示危害消费者健康或安全的产品的法律规定，OJL 192，1987 年 7 月 11 日，第 49~50 页。

简称	标题
远距离销售指令（97/7/EC）	欧洲议会和理事会 1997 年 5 月 20 日通过的关于签署远距离销售合同以保护消费者的第 97/7/EC 号指令，该指令包含理事会和议会关于第 6 条第 1 款的声明以及理事会关于第 3 条第 1 款的声明，第一次提及，OJL 144，1997 年 6 月 4 日，第 19~27 页。
一般产品安全指令（2001/95/EC）	欧洲议会和理事会 2001 年 12 月 3 日通过的关于一般产品安全的第 2001/95/EC 号指令（与欧洲联盟经济区的有相关规定），OJL 11，2002 年 1 月 15 日，第 4~17 页。
关于特定营养用途食品的指令（2009/39/EC）	欧洲议会和理事会在 2009 年 5 月 6 日通过关于用于特定营养用途的食品的指令，2009/39/EC（改版）（与欧洲联盟经济区相关文本），OJ L 124，2009 年 5 月 20 日，第 21~29 页。
玩具安全指令（2009/48/EC）	欧洲议会和理事会 2009 年 6 月 18 日通过关于玩具安全的指令 2009/48/EC（与欧洲联盟经济区有关的文本），OJ L 170，2009 年 6 月 30 日，第 1~37 页。
无国界电视指令（89/552/EEC）	1989 年 10 月 3 日理事会第 89/552/EEC 号指令，该指令旨在协调成员国在电视及广播活动方面有关的法律、法规和行政条例的规定，OJL 298，1989 年 10 月 17 日，第 23~30 页。
视听媒体服务指令（2010/13/EU）	欧洲议会和理事会 2010 年 3 月 10 日通过的关于协调各成员国有关提供视听媒体服务的法律、法规或行政条例的相关规定（欧洲联盟经济区有相关规定），2010/13/EU 号指令，OJ L 95，2010 年 4 月 15 日，第 1~24 页。

续表

简称	标题
数据保护指令（95/46/EC）	1995 年 10 月 24 日欧洲议会和理事会通过的关于保护个人在处理个人数据和这些数据自由流通方面的第 95/46/EC 号指令，OJ L 281，1995 年 11 月 23 日，第 31~50 页。
有关电子通信行业处理个人资料和保护个人隐私的指令（2002/58/EC）	欧洲议会和理事会 2002 年 7 月 12 日通过的有关电子通信行业处理个人资料和保护个人隐私的第 2002/58/EC 号指令（隐私和电子通信指令），OJ L 201，2002 年 7 月 31 日，第 37~47 页。
企业对消费者不公平的商业做法指令（2005/29/EC）	欧洲议会和欧盟理事会第 2005/29/EC 号指令是 2005 年 5 月 11 日通过的，关于在内部市场存在的企业对消费者不公平的商业惯例，该指令修正了欧洲议会第 84/450/EEC 号指令，第 97/7/EC 号指令，第 98/27/EC 号指令和第 2002/65/EC 号指令以及理事会第 2006/2004 号条例（"不公平商业惯例指令"）（欧洲联盟经济区有类似规定），OJ L 149，2005 年 6 月 11 日，第 22~39 页。
临床试验指令（2001/20/EC）	欧洲议会和理事会 2001 年 4 月 4 日通过的第 2001/20/EC 号指令，关于各成员国有关在药品临床试验中对人体试验实施完善临床实践的法律、规章和行政规定，OJL 121，2001 年 5 月 1 日，第 34~44 页。
关于对人体使用药品临床试验的第 536/2014 号条例	欧洲议会和欧洲理事会 2014 年 4 月 16 日通过的关于人体使用药物临床试验的欧盟第 536/2014 号法规，废除了第 2001/20/EC 号指令（欧洲联盟经济区使用的相关规定），OJL 158，2014 年 5 月 27 日，第 1~76 页。

续表

简称	标题
刑事司法和其他诉讼	
解释和翻译权利指令（2010/64/EU）	欧洲议会和理事会 2010 年 10 月 20 日通过的关于刑事诉讼中进行司法解释和翻译的权利的第 2010/64/EU 号指令，OJL 280，2010 年 10 月 26 日，第 1~7 页。
知情权指令（2012/13/EU）	欧洲议会和理事会 2012 年 5 月 22 日通过的关于刑事诉讼中保障知情权的第 2012/13/EU 号指令，OJL 142，2012 年 6 月 1 日，第 1~10 页。
聘请律师指令（2013/48/EU）	欧洲议会和理事会 2013 年 10 月 22 日通过的关于在刑事诉讼和欧洲逮捕令程序中犯罪嫌疑人聘请律师的权利的第 2013/48/EU 号指令，该指令还规定了在犯罪嫌疑人被剥夺自由情况下通知第三方，并保障其与第三方或领事馆进行沟通，OJL 294，2013 年 11 月 6 日，第 1~12 页。
基本权利宪章	欧洲联盟基本权利宪章，OJ C 326，2012 年 10 月 26 日，第 391~407 页。
残疾儿童	
理事会第 2010/48/EC 号决议	理事会关于欧洲共同体缔结《联合国残疾人权利公约》的第 2010/48/EC 号决议，OJL 23，2010 年 1 月 27 日，第 35~61 页。

互联网上提供了大量有关欧盟基本权利机构的信息。可以访问以下网站：fra. europa. eu。

有关欧洲人权法院判例法的进一步资料可在法院网站上查阅，网址如下：echr. coe. int。

HUDOC 搜索界面提供英文和/或法文的判决和决定，以及翻译成其他语言的判决，法律摘要，新闻稿和有关法院工作的其他信息。

如何获得这些欧盟的出版物？

1. 免费出版物：

● 只需要一份副本：通过欧盟书店购买，网址如下（http：//book-shop. europa. eu）；

● 需要不止一份副本或海报/地图：

来自欧盟的代表（http：//ec. europa. eu/represent_en. htm）；

来自非欧盟国家的代表团

（http：//eeas. europa. eu/delegations/index_en. htm）；

通过直接联系欧洲相关服务商

（http：//europa. eu/europedirect/index_en. htm）或致电 00 800 6 7 8 9 10 11（在欧盟任何地方拨打该电话号码都是免费的）（＊）。

（＊）所提供的信息是免费的，大部分电话都是免费的（尽管有些运营商、电话亭或酒店可能会收取费用）。

2. 定价出版物：

● 通过欧盟书店购买（http：//bookshop. europa. eu）；

图书在版编目（ＣＩＰ）数据

欧洲儿童权利法律手册/欧盟基本权利机构，欧洲理事会著；张伟，刘林语译
北京：中国政法大学出版社，2021.10
书名原文：Handbook on European law relating to the rights of the child
ISBN 978-7-5764-0106-6

Ⅰ.①欧…　Ⅱ.①欧…②欧…③张…④刘…　Ⅲ.成年人保护法－欧洲－手册
Ⅳ.①D950.27-62

中国版本图书馆CIP数据核字(2021)第188508号

书　　名	欧洲儿童权利法律手册 Ouzhou Ertong Quanli Falü　Shouce	
出 版 者	中国政法大学出版社	
地　　址	北京市海淀区西土城路 25 号	
邮　　箱	fadapress@163.com	
网　　址	http://www.cuplpress.com (网络实名：中国政法大学出版社)	
电　　话	010-58908435(第一编辑部) 58908334(邮购部)	
承　　印	北京中科印刷有限公司	
开　　本	650mm×960mm　1/16	
印　　张	16.25	
字　　数	236 千字	
版　　次	2021 年 10 月第 1 版	
印　　次	2021 年 10 月第 1 次印刷	
定　　价	79.00 元	